The Gentle Genius of Cécile Périn

SELECTED AND TRANSLATED BY
NORMAN R. SHAPIRO

INTRODUCTION BY
LIANA BABAYAN

BLACK WIDOW PRESS
Boston, MA

The Gentle Genius of Cécile Périn

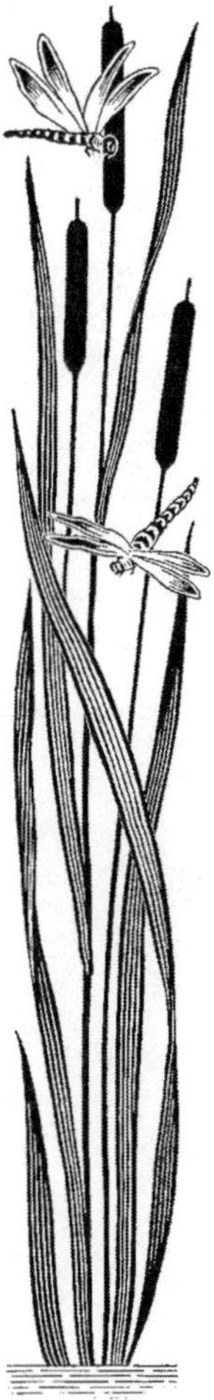

The Gentle Genius of Cécile Périn
 Black Widow Press wishes to thank Viviane Isambert-Jamati and Lise Jamati for their generous permission to reprint Cécile Périn's poetry, and also for providing the photos of Cécile (printed with their permission).

Black Widow Press wishes to thank Wesleyan University for its support. Publication of this book has been aided by a grant from the Thomas and Catharine McMahon Fund of Wesleyan University, established through the generosity of the late Joseph McMahon.

Black Widow Press is an imprint of Commonwealth Books, Inc., Boston, MA. Distributed to the trade by NBN (National Book Network) throughout North America, Canada, and the U.K. All Black Widow Press books are printed on acid-free paper, and glued into bindings. Black Widow Press and its logo are registered trademarks of Commonwealth Books, Inc.

Joseph S. Phillips and Susan J. Wood, Ph.D., Publishers
www.blackwidowpress.com

Design & production: Kerrie Kemperman

ISBN-13: 978-0-9971725-5-3

Printed in the United States
10 9 8 7 6 5 4 3 2 1

ACKNOWLEDGMENTS

I am happy to acknowledge the many friends and associates who have helped in the preparation and publication of this volume. Foremost among them are the poet's granddaughters, Mme Viviane Isambert-Jamati and the late Mme Lise Jamati, both constant in their encouragement, from the volume's conception and throughout its development.

My very special thanks to Professor Liana Babayan for her perceptive and thoughtful Introduction, to Kerrie Kemperman for her indispensable technical support in the face of my own computer illiteracy, to Chase Carpenter for his much appreciated editorial assistance, and, no less, to Joseph Phillips of Black Widow Press for his good nature and confidence in my admiration of Cécile Périn.

And a grateful "thank you" to my friends at Au Bon Pain for keeping me properly coffee'd and tea'd.

This collection is gratefully dedicated
to Cécile Périn's loving granddaughters,
Viviane Isambert-Jamati and the late Lise Jamati.

TABLE OF CONTENTS*

Foreword ~ 25
Introduction ~ 27

Vivre! (1906)

La Vie en fleur

Le Verger ~ 36 / The Orchard ~ 37
Les Mots ~ 38 / Words ~ 39

La Rose ardente

Nuptiæ ~ 40 / Nuptials ~ 41
L'Etreinte ~ 42 / The Embrace ~ 43
Printemps ~ 44 / Spring ~ 45

Petites Chansons pour mon ami

« Des vers légers comme des ailes . . . » ~ 46
"Verses, light as the fluttering wings . . . " ~ 47
Désir ~ 48 / Desire ~ 49
« Au calice d'or des caresses . . . » ~ 50
"In the gold chalice of caresses . . . " ~ 51
« Je ne veux rien de plus . . . » ~ 52
"I want no more, dear friend . . . " ~ 53
« Dans le lointain des bois . . . » ~ 54
"Deep in the distant wood . . . " ~ 55
Chant triste ~ 56 / Sad Song ~ 57

* I apologize for Périn to any reader confused by the frequent repetition of some of her favorite titles. Had she known that this collection was to be undertaken, I suspect she might have retitled a few of the several "Eté," "Printemps," "Soir," "Les Ephémères," "La Chimere," *et al.*

Les Claires Souvenances

« Tandis que lentement . . . » ~ 58
"When night falls slowly . . . " ~ 59
Mélancolie ~ 60 / Melancholy ~ 61
Impression de Tamise ~ 62 / Thames Impression ~ 63

Jardins

« Décor léger de rêve et de fine dentelle . . . » ~ 64
"Dream décor, laced with many a fairy-frill . . . " ~ 65
« Dans le grand parc tout blanc de neige . . . » ~ 66
"In the great park snowed all in white . . . " ~ 67
« Quelque parc imprégné de mortelle tristesse . . . » ~ 68
"A park, plunged deep in deathly silence . . . " ~ 69
« Aux mains légères du Printemps . . . » ~ 70
"In Spring's light-grazing hands . . . " ~ 71
« Dans le jardin où tu m'aimas . . . » ~ 72
"This garden, where you loved me . . . " ~ 73
« Jardin fleuri, jardin charmant . . . » ~ 74
"Fair flower-garden! Ah! Farewell! . . . " ~ 75

Des larmes

« Je n'aime plus . . . » ~ 76 / "No more I love . . . " ~ 77
Notre Bonheur ~ 78 / Our Happiness ~ 79

Les Pas légers (1907)

Aquarelles

Choisir ~ 82 / To Choose ~ 83
« Pigeon vole . . . » ~ 82 / "Fly, pigeon, fly! . . . " ~ 83
Ronde ~ 84 / Roundelay ~ 85
Intimité ~ 86 / Intimacy ~ 87
La Poupée ~ 88 / The Doll ~ 89
Paresse ~ 88 / Idleness ~ 89
Sommeil d'enfant ~ 90 / A Child Asleep ~ 91

Mystères

Toi . . . ~ 92 / You . . . ~ 93
Chanson de fillette ~ 94 / Tot's Song ~ 95
Passions d'enfants ~ 96 / Children's Emotions ~ 97

Inquiétudes

Tristesse ~ 98 / Sadness ~ 99

Sanglots

Berceuse ~ 100 / Lullaby ~ 101

Tendresses

Transmission ~ 102 / Transmission ~ 103

Variations du cœur pensif (1911)

Remous

« Je t'ai cherchée en gémissant . . . » ~ 106
"I sought you, Truth, groaning my way . . . " ~ 107
« L'inconnu de la chair . . . » ~ 108
"Our spirit is tormented . . . " ~ 109
« Ce que je n'aime pas m'attrite . . . » ~ 108
"What does not please me pains me . . . " ~ 109
« Ma jeunesse riait vers ta jeunesse . . . » ~ 110
"My youth would laugh with yours . . . " ~ 111
« O donnez-moi, Seigneur . . . » ~ 112
"Grant me, O Lord, a child's heart . . . " ~ 113

Au gré des paysages

Aube ~ 112 / Dawn ~ 113
« J'ai revu le jardin . . . » ~ 114 / "I saw again that garden . . . " ~ 115
Eté ~ 116 / Summer ~ 117
Pluie ~ 118 / Rain ~ 119

Anxiétés

« Ile aux feuillages verts . . . » ~ 118
“Isle... Lush green canopy... ” ~ 119
Jalousie ~ 120 / Jealousy ~ 121
Le Doute ~ 122 / Doubt ~ 123
Chanson ~ 124 / Song ~ 125

Sanglots dans l’ombre

« O mon ami, pardonne-moi . . . » ~ 126
“My friend, I pray you pardon me . . . ” ~ 127
« J’ai vécu passionnément . . . » ~ 128
“I lived my life impassionedly . . . ” ~ 129

Lueurs au crépuscule

« Tu riais. La maison . . . » ~ 130
“You laughed. And the whole house . . . ” ~ 131
« Je songe, ô mes amis d’enfance . . . » ~ 130
“I muse, dear childhood friends . . . ” ~ 131
« Si ce soir j’ai blotti . . . » ~ 132 / “If I nestled tonight . . . ” ~ 133
Sur le sommet ~ 134 / On the Summit ~ 135

La Pelouse (1914)

Côte à côte

Plénitude ~ 138 / Rich Hour ~ 139
Berceuse ~ 138 / Lullaby ~ 139
Crépuscule d’hiver ~ 140 / Winter Twilight ~ 141
Câlinerie ~ 142 / Caress ~ 143
Les Habitudes ~ 142 / Habits ~ 143
« Mon ami, tu connais . . . » ~ 144 / “My friend, you know . . . ” ~ 145

Le Parc

« Une branche qui se balance . . . » ~ 144
“A branch against the sky . . . ” ~ 145

« Ne bouge pas . . . » ~ 146 / “Stand still . . . ” ~ 147
« Crépuscule de perle rose . . . » ~ 148
“Twilight pink-pearled . . . ” ~ 149
« Sous l’averse des mots . . . » ~ 150
“Showers of heartless words . . . ” ~ 151
« Que mon désir te soit sensible . . . » ~ 150
“May my yearning surround you . . . ” ~ 151
« Le Paysage est comme un lac . . . » ~ 152
“This rustic space, like soulless lake . . . ” ~ 153

Du livre de l’amitié

« O les riens charmants . . . » ~ 154
“Oh, the sweet nothings . . . ” ~ 155
« Nous nous regardons . . . » ~ 156
“We look at one another . . . ” ~ 157
Lettre ~ 158 / Letter ~ 159

La Ruche

« Mon cœur est une ruche . . . » ~ 160
“My heart is like a hive . . . ” ~ 161
« La maison où riait notre jeunesse . . . » ~ 162
“Shut, now, our childhood house . . . ” ~ 163
« Que le silence emplisse la chambre . . . » ~ 162
“Let silence fill the room . . . ” ~ 163
« Tu n’es qu’une lumière . . . » ~ 164
“You are a fragile beam . . . ” ~ 165
« Pourquoi prier dans une église . . . » ~ 164
“Why pray at church . . . ” ~ 165

Les Captives (1919)

Avril de guerre ~ 168 / April at War ~ 169
« Les mères ont sur leur cœur . . . » ~ 168
“Mothers clasped to their breasts . . . ” ~ 169

« Les hommes sont partis . . . » ~ 170
"The men left for their valiant task . . . " ~ 171
« Quand on regarde bien . . . » ~ 172
"When one sees women passing by . . . " ~ 173
« Vos fils de dix-huit ans . . . » ~ 172
"Your sons—eighteen-year-olds . . . " ~ 173
« Logis que l'amitié fit si chaude . . . » ~ 174
"House, once warmed sweet . . . " ~ 175
« C'est le troisième été . . . » ~ 176
"This, the third summer . . . " ~ 177
« Je plains ceux qui sont morts . . . » 178
"I pity those who died . . . " ~ 179
« A quoi bon, chers absents . . . » 178
"What good, to bear this useless load . . . " ~ 179
« La beauté des jardins . . . » ~ 180
"The beauty of the gardens . . . " ~ 181
Permission ~ 182 / Short Leave ~ 183
« Toujours ce mot terrible . . . » 182
"Always that frightful word . . . " ~ 183
Marché ~ 184 / Market ~ 185
« Quand on voit ces petits . . . » ~ 184
"When we see those . . . " ~ 185
« Visages ravagés des femmes des usines . . . » 186
"Factory-worker women, faces worn . . . " ~ 187
« Que la vie aux regards éblouis . . . » ~ 188
"How dazzling bright was life . . . " ~ 189
Vent de mai ~ 188 / May Wind ~ 189
« Une femme qui coud . . . » ~ 190 / "A woman sewing . . . " ~ 191
« Je pense à ceux . . . » 192 / "I think of those . . . " ~ 193
Beaucoup ne verront plus . . . » ~ 192
"Many shall never see. . ." ~ 193
« Nous qui aurons gardé . . . » ~ 194
"We who shall have survived . . . " ~ 195
« Les femmes ne pourront . . . » ~ 196
"Our women shall not sing . . . " ~ 197
Cloches ~ 198 / Bells ~ 199

Les Ombres heureuses (1922)

Les Visages du bonheur

« Une danseuse en robe éclatante . . . » ~ 202
"Her dress flashing in colorful éclat . . . " ~ 203
« Dans le feuillage gris et frémissant . . . » ~ 204
"Willow's gray, shuddering leaves . . . " ~ 205
« Effeuille cette rose en rêvant . . . » ~ 204
"Dreaming, pluck free the petals . . . " ~ 205
« Ce soir la joie a ri . . . » ~ 206 / "Tonight joy laughed . . . " ~ 207
« Je vous tiens dans mes doigts . . . » ~ 208
"I hold you in my fingers . . . " ~ 209
« Le silence est plus doux . . . » ~ 210 / "Silence is softer . . . " ~ 211
« Nous laissions sur nos mains . . . » ~ 212
"We let the cool, fresh water flow . . . " ~ 213
« Je me couche dans l'herbe . . . » ~ 212
"I call you, low, as in the grass . . . " ~ 213
« Cette femme qui passe . . . » ~ 214
"The woman with the lilac armfuls . . . " ~ 215

Images

« Tu riais, tu dansais . . . » ~ 216
"You would laugh, drunken light . . . " ~ 217
« Sous le mystérieux entrelacs . . . » ~ 218
"The water, rustling . . . " ~ 219
« Voile pourpre qui brille . . . » ~ 218
"The sun sinks low, casting a dying veil . . . " ~ 219
« Ce parfum d'œillet blanc . . . » ~ 220
"That white-carnation scent . . . " ~ 221
« La lune se levait ronde et pure . . . » ~ 220
"The moon rose round and pure . . . " ~ 221
« Certains jours notre esprit . . . » ~ 222
"Some days our spirits' music . . . " ~ 223
« Pourquoi ai-je arraché . . . » ~ 224
"Why did I pluck that ivy leaf . . . " ~ 225

Reliquaire

Dimanche ~ 226 / Sunday ~ 227
La Maison ~ 228 / The House ~ 229
Appel ~ 230 / Appeal ~ 231
Jonchery ~ 232 / Jonchery ~ 233
Sur un carnet d'ivoire ~ 234 / On an Ivory Dance-Card ~ 235

Paroles à l'enfant

« La Vie a peu de jours aux rires . . . » ~236
"Life has few days of laughter . . . " ~ 237

Finistère (1924)

Sous le voile d'argent

« Tout le jour des passants . . . » ~ 240 / "Passers-by, all day . . . " ~ 241
« Ces rocs s'écrouleront . . . » ~ 242 / "These rocks, one night . . . " ~ 243
« La tempête a jeté sur le rivage . . . » ~ 242
"The storm has flung upon the beach . . . " ~ 243
« Un grand rocher domine l'eau . . . » ~ 244
"A great rock, like a tower-keep . . . " ~ 245
« Tout le jour le brouillard . . . » ~ 246
"All day the fog held fast . . . " ~ 247
« Délicate et nacrée . . . » ~ 248
"Fragile—a shell-like mottled gray . . . " ~ 249
« Enorme et sombre brise-lames . . . » ~ 250
"Enormous breakers on the shore's . . . " ~ 251

Sur la lande et sur les flots

« Un mur de pierre . . . » ~ 252 / "A rock-wall cliff . . . " ~ 253
« Matin d'été . . . » ~ 252 / "Summer-dawn rising . . . " ~ 253
« Un souple lézard glisse . . . » ~ 254 / "A lizard's slitherings . . . " ~ 255
« Il n'y a qu'un oiseau . . . » ~ 254 / "One bird circles the water . . . " ~ 255
« Je t'adore en tremblant, ô toi . . . » ~ 256
"I worship you trembling, O power . . . " ~ 257

Ames et visages bretons

L'Homme ~ 256 / Man ~ 257
Jeunes filles ~ 258 / Young Lasses ~ 259
Soir ~ 260 / Evening ~ 261
Légendes ~ 262 / Legends ~ 263
Ferme bretonne ~ 264 / Breton Farm ~ 265
Les Femmes du pays ~ 264 / The Country Women ~ 265
Soir de tempête ~ 266 / Stormy Evening ~ 267

Adoration

« Tu me parles si haut . . . » ~ 266
"Ocean! So strong your voice . . . " ~ 267
« D'autres lieux de la terre . . . » ~ 268
Other places on earth . . . " ~ 269
« On n'entend que la voix . . . » ~ 270
"Voice of the rolling tide . . . " ~ 271
« Une femme que guide un enfant . . . » ~ 272
"A woman, guided by a child . . . " ~ 273
« Je me couche à l'abri d'un roc . . . » ~ 274
"Sheltered beside a lofty cliff . . . " ~ 275

Océan (1926)

Chants dans le vent

Océan ~ 278 / Ocean ~ 279
« Enfle tes grandes voix . . . » ~ 280
"Raise your great voices, swelling . . . " ~ 281
Clair de lune ~ 280 / Moonlight ~ 281
Voix d'enfants ~ 282 / Children's Voices ~ 283
La Grotte ~ 284 / The Grotto ~ 285
Tentatives ~ 286 / Vains Efforts ~ 287
Horizons ~ 286 / Horizons ~ 287

Le double visage

Soleil couchant ~ 288 / Setting Sun ~ 289
Aube scintillante ~ 290 / Glistening Dawn ~ 291
Eté ~ 292 / Summer ~ 293
Soir de tempête ~ 294 / Stormy Evening ~ 295
Croquis d'ombres ~ 296 / Shadow Sketch ~ 297
Sacrilège ~ 296 / Sacrilege ~ 297
Les Galettes ~ 298 / The Cakes ~ 299
Automne ~ 300 /Autumn ~ 301

Prières devant l'océan

« Retrouvons pour marcher . . . » ~ 302
"Close by that humble chapel . . . " ~ 303
« La vague vient heurter . . . » ~ 304
"The wave pounding against . . . " ~ 305
« Esprit léger que le vent grise . . . » ~ 306
"Spirit of weightless, windswept bliss . . . " ~ 307
« La pente qui s'incline . . . » ~ 308
"The slope beside the sea . . . " ~ 309
« Accordez-moi, Seigneur, au seuil de la vieillesse . . . » ~ 310
"Lord, when I reach old age's threshold . . . " ~ 311

La Féerie provençale (1930)

Provence

Dans le val désert ~ 314 / In the deserted valley ~ 315
Au bord d'une fontaine ~ 316 / Beside a fountain ~ 317
Février ~ 318 / February ~ 319
Midi ~ 320 / Noon ~ 321
La Branche d'amandier ~ 322 / The Almond-Bough ~ 323
Mas en Provence ~ 324 / *Mas* in Provence ~ 325
Intérieur ~ 326 / Interior ~ 327
Temps gris ~ 328 / Gray Day ~ 329
Petite pluie ~ 330 / Soft Rain ~ 331

Saint-Tropez ~ 332 / Saint-Tropez ~ 333
Bagarède ~ 334 / Bagarède ~ 335
Clair de lune sur la mer ~ 334 / Moonlight on the Sea ~ 335
Crépuscule ~ 336 / Dusk ~ 337
Hameaux alpins ~ 336 / Alpine Hamlets ~ 337
Barques ~ 338 / Skiffs ~ 339
Découverte ~ 340 / Discovery ~ 341
Méditerranée ~ 340 / The Mediterranean ~ 341
La Forêt vendue ~ 342 / The Forest, Sold ~ 343

Vers la sérénité

Aigues-Mortes ~ 344 / Aigues-Mortes ~ 345
Le Moulin ~ 346 / The Mill ~ 347
Eblouissement ~ 348 / Bedazzlement ~ 349
La Montée ~ 350 / The Climb ~ 351
Cimes ~ 350 / Peaks ~ 351
Vers la lumière ~ 352 / Toward the Light ~ 353

Offrande (1933)

Ciel étoilé

Dédicace ~ 356 / Dedication ~ 357
Accueil ~ 356 / Welcome ~ 357
Le Phare ~ 358 / The Beacon ~ 359
Accord ~ 360 / One Chord ~ 361
Le Félin ~ 362 / The Feline ~ 363
Le Tilleul sous la pluie ~ 362 / The Linden in the Rain ~ 363
Crépuscule au jardin ~ 364 / Twilight in the Garden ~ 365
Septembre ~ 366 / September ~ 367
Soir ~ 368 / Evening ~ 369
Clair de lune ~ 370 / Moonlight ~ 371
Palmeraies ~ 372 / Palm Groves ~ 373
Berceuse ~ 374 / Lullaby ~ 375
Dans le miroir ~ 376 / In the Looking-Glass ~ 377

Ténèbres

Au-dessus du Léthé ~ 378 / Over the Lethe ~ 379
Reflets ~ 380 / Reflections ~ 381
Les Oiseaux expirants ~ 382 / The Dying Birds ~ 383
Vers l'invisible route ~ 382 / Toward the Path Unseen ~ 383
Sous l'amandier ~ 384 / Under the Almond-Tree ~ 385
Dans la maison solitaire ~ 386 / In the Lonely House ~ 387
Les Dieux éphémères ~ 388 / The Short-lived Gods ~ 389
Inutile Splendeur ~ 390 / Vain Splendor ~ 391
La Mer ~ 392 / The Sea ~ 393
Appel dans la nuit ~ 392 / Cry in the Night ~ 393
Le Puits inépuisable ~ 394 / The Limitless Well ~ 395

Dicté par une ombre (1934)

Transmission ~ 398 / Message ~ 399
La Source ~ 400 / The Brook ~ 401
Harmonie ~ 402 / Harmony ~ 403
Le Miroir nocturne ~ 404 / Night Mirror ~ 405
La Paon blanc ~ 406 / The White Peacock ~ 407
Apparition ~ 408 / Apparition ~ 409
Les Ephémères ~ 410 / The Mayflies ~ 411
Novembre ~ 412 / November ~ 413
Cauchemar ~ 414 / Nightmare ~ 415
Rencontre ~ 416 / Encounter ~ 417
Grelots ~ 418 / "Pitapat" ~ 419
Insomnie ~ 420 / Insomnia ~ 421
Vibrations ~ 422 / Vibrations ~ 423
Orgueil ~ 424 / Pride ~ 425
Soir ~ 426 / Evening ~ 427
L'Amulette ~ 428 / Amulet ~ 429
Bacchanale ~ 430 / Bacchanale ~ 431
La Chimère ~ 432 / The Chimera ~ 433

Miroirs du bonheur (1935)

Dans la maison déserte

Crépuscule ~ 436 / Twilight ~ 437
La Lyre ~ 438 / The Lyre ~ 439
La Porte entr'ouverte ~ 440 / The Door Ajar ~ 441
La Douleur muette ~ 440 / The Silent Pain ~ 441
Amour... ~ 442 / Love... ~ 443

En songe

Nocturne ~ 442 / Nocturne ~ 443
En songe ~ 444 / Dreaming ~ 445
L'Archet ~ 444 / The Bow ~ 445
Eveil ~ 446 / Waking ~ 447
Nuit de juin ~ 446 / June Night ~ 447
La Fée ~ 448 / The Fairy ~ 449
Les Jets d'eau ~ 448 / The Fountain-Jets ~ 449

Sortilèges

Andante ~ 450 / Andante ~ 451
L'Allée ~ 452 / The Lane ~ 453
Chuchotement ~ 454 / Whispering ~ 455
Clair de lune ~ 456 / Moonlight ~ 457
Fugitive ~ 458 / Fleeting Moment ~ 459
Le Miroir de lumière ~ 460 / The Looking-Glass of Light ~ 461
Nuit ~ 462 / Night ~ 463

L'Attrait funèbre

Obsession ~ 464 / Obsession ~ 465
Epouvante ~ 466 / Terror ~ 467

La Coupe (1937)

La Coupe ~ 470 / The Cup ~ 471
La Chimère ~ 470 / The Chimera ~ 471
Les Initiés ~ 472 / The Acolytes ~ 473
Trêve ~ 474 / Pause ~ 475
Abeilles ~ 474 / Bees ~ 475
Visage ~ 476 / Visage ~ 477
Arc-en-Ciel ~ 476 / Rainbow ~ 477
Le Courant ~ 478 / The Current ~ 479
Bruine ~ 480 / Mist ~ 481
Jeunesse ~ 482 / Youth ~ 483
Clarté ~ 484 / Clarity ~ 485
Echo ~ 486 / Echo ~ 487
Petite Chanson ~ 488 / Little Song ~ 489
Vieille Chanson ~ 488 / Old Song ~ 489
La Colombe ~ 490 / The Dove ~ 491
Guirlande ~ 492 / Garland ~ 493
Le Sylphe ~ 492 / The Sylph ~ 493
Les Présents ~ 494 / The Gifts ~ 495

Mélodies (1943)

Mélodies

Délivrance ~ 498 / Deliverance ~ 499
Leit motiv ~ 500 / Leitmotiv ~ 501
Cantique ~ 502 / Canticle ~ 503
Mélodie ~ 504 / Melody ~ 505
L'Ombre ~ 506 / Shadow ~ 507
Sylphe ~ 506 / Sylph ~ 507
A voix basse ~ 508 / Soft and Low ~ 509
Danse païenne ~ 510 / Pagan Dance ~ 511
Discordance ~ 512 / Dissonance ~ 513
Lied ~ 514 / Song ~ 515

Essaim ~ 516 / Swarm ~ 517
En sourdine ~ 516 / Muted ~ 517
Les Mains fées ~ 518 / Fairy Fingers ~ 519

Crédo

Gardienne de colombes ~ 520 / She Who Keeps Doves ~ 521
Colombes assassinées ~ 522 / Doves Struck Down ~ 523
Printemps 42 ~ 524 / Spring '42 ~ 525
Un Instant ~ 526 / A While ~ 527

Elégies

« Entre. Voici le pain, le sel, les fruits . . . » ~ 526
"Come in. Bread, salt, fruit . . . " ~ 527
« Nous mettrons en commun . . . » ~ 528
"Yours, mine, together . . . " ~ 529
« Dans les jardins déserts . . . » ~ 528
"Abandoned gardens . . . " ~ 529
« Dans le verger où neigent . . . » 530
"Mid the white-snowing . . . " ~ 531
« Dans l'enclos morne . . . » ~ 530 / "In the dark niche . . . " ~ 531
« Ivre du paysage . . . » ~ 532/ "Drunk on the landscape . . . " ~ 533

Guirlande pour Elia

Harmonie ~ 534 / Harmony ~ 535

Pénélope (1950)

Pénélope ~ 538 / Penelope ~ 539
Danse ~ 540 / Dance ~ 541
Transfiguration ~ 542 / Transfiguration ~ 543
Soupir ~ 544 / Sighing ~ 545
Clarines ~ 546 / Sheep-Bells ~ 547
Dans la pinède ~ 548 / In the Pinegrove ~ 549
Effeuillaison ~ 550 / Falling Petals ~ 551

Rouvre les yeux ~ 552 / Open Your Eyes ~ 553
Silence dans la forêt ~ 554 / Silence in the Forest ~ 555
Vers les cimes ~ 556 / Toward the Peaks ~ 557
Solitude ~ 558 / Solitude ~ 559
Le Voile ~ 560 / The Veil ~ 561
Hiver ~ 562 / Winter ~ 563
Le Dépositaire ~ 564 / The Legatee ~ 565

Bretagne (1951)

Pipeaux ~ 568 / Pipes ~ 569
Dimanche ~ 568 / Sunday ~ 569
Sur la place du village ~ 570 / On the Village Square ~ 571
Bretonnes ~ 572 / Breton Women ~ 573
Paysage ~ 574 / Landscape ~ 575
Sous-bois au bord de l'océan ~ 574 / Underbrush by the Ocean ~ 575
Crépuscule ~ 576 / Twilight ~ 577
O vent ! ~ 576 / O Wind! ~ 577
O mélancolique pays . . . ~ 578 / O Melancholy Land . . . ~ 579
Houle ~ 580 / Swell ~ 581
« Rentre au port . . . » ~ 580 / "Return to port . . . " ~ 581
L'Arche ~ 582 / The Arch ~ 583
Marine ~ 582 / Seascape ~ 583
L'Oiseau posé ~ 584 / The Perched Bird ~ 585
Mer montante ~ 586 / Rising Tide ~ 587
Les Ephémères ~ 588 / The Mayflies ~ 589
Le Goéland blessé ~ 590 / The Wounded Gull ~ 591

D'une Chambre ouverte sur le ciel (1953)

Mistral ~ 594 / Mistral ~ 595
Legs ~ 596 / Bequests ~ 597
Epine noire ~ 598 / Black Thorn ~ 599

Nocturne ~ 600 / Nocturne ~ 601
Source ~ 600 / Fount ~ 601
Flottilles à l'ancre ~ 602 / Fleet at Anchor ~ 603
Couchant ~ 604 / Sunset ~ 605
Brume ~ 606 / Mist ~ 607
Phares ~ 608 / Beacons ~ 609
Crépuscule ~ 610 / Twilight ~ 611
L'Etoile ~ 612 / The Star ~ 613
Blancheur ~ 614 / Whiteness ~ 615
Joie ~ 614 / Joy ~ 615
Flamme ~ 616 / Flame ~ 617
Coup de mistral ~ 618 / Mistral Attack ~ 619

Paroles à l'enfant (1954)

La plus belle aventure

Ronde ~ 622 / Roundelay ~ 623
Chagrin d'enfant ~ 624 / Child's Woe ~ 625
Pas légers ~ 626 / Light Tread ~ 627
« Près de toi . . . » ~ 626 / "Close to you . . . " ~ 627
Printemps ~ 628 / Spring ~ 629
« Dans tes beaux yeux . . . » ~ 628
"Deep in your pretty eyes . . . " ~ 629
« Ouvre ta porte . . . » ~ 630 / "Open your door . . . " ~ 631

Aubes et aurores

La Chaîne ~ 630 / The Chain ~ 631
Convoitise ~ 632 / Greed ~ 633
Luxembourg d'antan ~ 634 / The Luxembourg of Yesteryear ~ 635
Source ~ 636 / Fount ~ 637
Vœu ~ 638 / Wish ~ 639
Incantation ~ 640 / Incantation ~ 641
L'Etoile filante ~ 642 / The Shooting Star ~ 643

Regards vers l'ombre (1956) *

« Un être a disparu . . . » ~ 646 / "A being has died . . . " ~ 647
La Pente ~ 646 / The Slope ~ 647
Dans la nuit ~ 648 / In the Dark of Night ~ 649
Devant l'océan ~ 648 / Before the Ocean ~ 649
La Loi ~ 650 / The Law ~ 651
Sous un ciel serein ~ 650 / Under a Peaceful Sky ~ 651
Soir d'hiver ~ 652 / Winter Evening ~ 653
Dans la cathédrale ~ 652 / In the Cathedral ~ 653
L'Etincelle ~ 654 / The Spark ~ 655
Passants ~ 654 / Passers-by ~ 655
Lampes ~ 656 / Lamps ~ 657
Des Ombres ~ 656 / Shades ~ 657
L'Enigme ~ 658 / The Riddle ~ 659
Nobles Présents ~ 658 / Majestic Gifts ~ 659
Clarine ~ 660 / Sheep-Bell ~ 661
Sous un ciel de Provence ~ 660 / Under a Provence Sky ~ 661
Fraîcheur d'Avril ~ 662 / April Freshness ~ 663
L'Invisible Grève ~ 662 / The Unseen Shore ~ 663
Etre humain ~ 664 / Human Being ~ 665
Feuille morte ~ 666 / Dead Leaf ~ 667
Passant halluciné ~ 668 / Passer-by, Raving ~ 669
Dialogue ~ 670 / Dialogue ~ 671
« Ceux qui sont nés . . . » ~ 672
"Those who, three or four thousand years ago . . . " ~ 673
Après l'orage ~ 672 / After the Storm ~ 673

Note on the Translator ~ 675

* Regrettably, I have been unable to consult the rather rare 128-page collection *Images,* ostensibly published Au Divan in 1959, the year of Périn's accidental death.

FOREWORD*

For a poet with her extensive bibliography, and many prestigious literary awards, the rather scant available biography of Cécile Périn is indeed a surprise. Few sources, few concrete facts... One is tempted to assume that she either led a rather uneventful life or jealously guarded her privacy. But certainly her twenty-odd collections, produced between 1906 and her death in 1959, offer posterity a more valuable legacy than the reams of biographical detail and engaging historical chitchat with which many less productive poets provide readers and scholars.

From *Vivre!,* first of those collections, published in her native Reims, to the last, published—like most of the rest—in Paris, three years before her death, she gave her native, instinctive poetic talent free rein, apparently untouched by the theories and techniques of the literary movements of the moment, producing a seemingly spontaneous, uncomplicated, and (mercifully) not overly sophisticated body of verse that can be read with all the more pleasure in that it seldom invites the reader into complex or subtle byways of interpretive ingenuity. In short, whether singing the joys of motherhood and family, the delights or mysteries of the natural landscape, or firsthand folkloric evocations of Provence or Brittany, Cécile Périn seems to take a simple joy in the transparency of her subjects. No less straightforward, too, are her patriotic poems in *Les Captives* inspired by the horrors of World

* The following is taken from the section on Périn in my book, *French Women Poets of Nine Centureies: The Distaff and the Pen* (Baltimore, The Johns Hopkins Press, 2008).

War I, which, afflicting mothers, wives, and daughters, affected her deeply. As Jeanine Moulin observes, these sincere elegies "avoid that jingoistic bombast into which the finest poets let themselves fall!"[1]

Born Cécile Martin in 1877, she began writing poetry as a lycée student and sharing her creative enthusiasm with music, painting, and sculpture. In 1898, she married Georges Périn, a native of Metz, who, himself an accomplished poet, encouraged her to develop her obvious talent.[2] United by their common interest, both husband and wife frequented many of the leading poets and other literati of the day, most prominent among them Apollinaire, Gustave Kahn, Georges Duhamel, and Jules Romains. Both were regular contributors to the influential journal *La Plume*. After her husband's death in 1922, Cécile Périn married a childhood friend, the ethnographer and painter Daniel Réal. Several of her collections bear witness to their extensive travels. Réal died in 1931 and Périn herself twenty-eight years later, in Cannes, as the result of an auto accident, still writing poetry, it is said, on the very morning of her death.

—Norman R. Shapiro

1. See *La Poésie féminine,* 2: 141–42, which also presents a bibliography of her collections. For such discussion of her life and works as is readily available, see also Elie Moroy's *La Littérature féminine définie par les femmes écrivains.* I am especially indebted to the poet's late granddaughter, Madame Lise Jamati, for providing a number of basic details.

2. For a recent study devoted to her husband, see Catherine Boschian-Campaner, *Georges Périn, poète messin.*

INTRODUCTION

A reader of Cécile Périn's work cannot help but be struck by the spontaneous and intuitive nature of her poems; effortlessly flowing from one subject to another, touching the reader with their unstrained, yet profoundly beautiful, images and sounds.

Successfully avoiding the straitjacket of a modish literary theory, her poetry nonetheless lacks none of the phonaesthetics and sound symbolism that characterize a fascinating and meaningful verse. Her work, like that "spirit of weightless bliss" that she sings, leaves the reader with an immense satisfaction of an aesthetic creativity that embraces the classic themes of poetry: time, beauty, love, nature, loss and death, hope and fear.

> Spirit of weightless bliss, still flying...
> Honey, ripe wheat, scent sweet the high
> Expanse... A lark glides, gently sighing,
> Singing her song against the sky.
>
> Where will you flee? Off to the light...
> And your nest? Do you know where it
> Might be? Set free, you take your flight...
> Spirit... Bit of the infinite...
>
> ("Spirit of windswept, weightless bliss . . . ," p. 307)

Despite limited bibliographical resources available on Périn's life, we are fortunate to have an impressive body of work that provides us with sufficient material to embrace fully her talent and confidently identify her as an important *femme de lettres.* For contemporary readers, this work gives a renewed access to the world of female imagination in the mostly male-dominated field of early and mid-20th-century French poetry. Her images of female sexuality, free and uncensored, are placidly combined with descriptions of nature and human emotions—not overly romanticized—to create a harmonious and warm verse, candid and genuine, yet no less profoundly artistic.

Rich and diverse, Périn's poetry is still to be discovered by a larger audience. For someone with an extensive body of work such as hers, it is almost inconceivable that most contemporary readers have never heard of Cécile Périn and her poetry. The present volume, *The Gentle Genius of Cécile Périn,* gathers poems from all her nineteen published collections, written between the years 1906–1956. Norman Shapiro's remarkable translation gives English-speaking readers and scholars an opportunity to savor fully Périn's remarkable work, and to experience the musicality and symbolism with which she infuses it. The English translation closely captures the meaning, mood, and ambiance of each poem, and the occasional notes facilitate a close reading and deep understanding of this sensual poetry.

The selection of poems presented in this volume displays the engaging talent of a poetess who was able to capture and sing the many and varied aspects of her life. Through her eyes, the reader views the landscapes of the several regions in France where Cécile either lived or travelled. From Paris to the Midi, Périn finds something beautiful and song-worthy everywhere. Some poems deal with specific people and situations, while others narrate stories of love and loss. Some are childhood memories, and some are merely wistful songs meant to describe nature's beauty, be it in a tree, a flower, a bird, or a season. In spite of its eloquent simplicity, Périn's poetry can evoke many possible interpretations, and it is, essentially, this range of subjects and emotions that lets each reader—despite religion, race, age, gender, or culture—resonate in tune with this poetess's genius and versatility.

The book opens with Périn's symbolic poem "The Orchard" from her first collection *Vivre!,* a metaphorical song of life's various stages reflected in the changing seasons. The theme of seasons and the stages of life continues through the entire collection, where the spring is, characteristically, often the time of new love. She tirelessly sings the beauty of sunshine and the orgy of flowers, under the bliss of the blue sky. Spring for Périn is time to love but also time to create new verse:

> Garden scents murmur, languishing,
> In dust... The azure, infinite,
> Sees nature wake and welcomes it...
> Verses, gilt in the sun-drenched spring,
> Verses, like meadows, flowering...
>
> ("Verses, light as the fluttering wings . . . ," p. 47)

There are many other poems in this volume that are indeed poems of simple pleasure and joy—the joy of being alive and living life's every-day gifts. A repetition of certain key images unifies the volume and enriches it, emphasizing Périn's mastery of what might be termed a "formal informality."

But her life is not simply spring and new love. When lamenting the loss of a lover or the end of a relationship, Périn's poetry remains no less sensual and emotive. Poems from the heart, each one of them inspires with its simplicity and truth. What, after all, is a poet's role but to help us become more aware of life's transience and fragility? Conscious of the full range of human emotion, Périn is not afraid to show her pain and weep her loneliness. The euphoric nature that once was a source of joy ceases to enchant her when a love is lost:

> No more I love the summer blooms—
> Cold lilies, poppies insolent—
> The garish dahlias, graceless gloom's
> Unlovelies! Plain yet diffident...
>
> ("No more I love . . . ," p. 77)

For Périn's poetry is anything but idle. Incessantly moving, she guides her reader through the intertwined labyrinths of hidden desires and symbolic gardens; through the sadness of loss and grief at a lover's death, to the forgetfulness and bliss evoked by a mythical lotus-flower. It is even true that much of Périn's work could be considered provocative for her time. The reader frequently encounters her blatant exposure of the female body and a rather daring sexuality. And yet, it does not overwhelm the stunning images and rich symbolism. Her images of feminine sexuality reject the traditional inferior role of woman as being uniquely the receiver of physical love. Périn is not afraid to love and even to be dominant:

> And would that my touch's caress,
> Stroking your flesh with gentle hand,
> Might melt all the sweet drunkenness
> Born of the sky, the air, the land.
>
> ("Desire," p. 49)

"Nuptials", a passionate sonnet also from the collection *Vivre!,* unveils a sensual love scene of two lovers on their wedding night, driven by a desire dramatic in its lustful portrayal. A brief account of this romantic poem can establish its parallels with devotional and erotic literature—a rather rare venture for her time and especially for a female author. The tradition of spiritual love poetry is, of course, nothing new, deriving from the *Song of Songs,* which itself traces its origins to ancient Egyptian secular love poetry. However, what is different in Périn's work is her ability to transform the traditional, and often implicit, love poetry into poetry of more voluptuous sensuality, allowing her female voice to show the possibility of woman enjoying the pleasure of physical love, the surrendering of all sensation and awareness to the ultimate pleasure of the lover. Woman's sexuality has historically been relegated to the margins; and even if explicity portrayed, it has more often been seen in masculine terms. Cécile Périn reclaims that space as her own, deconstructing the sexist projection of female sexuality and transforming it into the powerful, "spoken" body that it is. As the poem climaxes, the act of love reaches its apogee as well; and, being from the point of view of a woman, it achieves a polycentric orgasm as opposed to a male's gaze on a woman's body in climax:

> Our smiles will slip to sudden sobs, as we
> Enlace our trembling arms; and, silently.
> We will roll, drunk, over our bed of bliss...
>
> ("Nuptials," p.41)

Product of about a century before the term "écriture féminine" was created by Hélène Cixous in her *The Laugh of Medusa,* Périn's work illustrates the Cixousian theory of woman writing with her body. Just as Cixous invites her female reader to "come" to the writing and step outside the phallogocentric discourse and understand that patriarchal social-economic systems have kept women at a distance from their own bodies, Périn already shows, in the early twentieth century, how she "writes the body," and redeems her right to own her body by openly and publicly speaking about it. Périn embraces her sexuality, and her poetry is never very far removed from desire. Even if her literary work is not an explicit fight against the dominating patriarchal system, her "writing the feminine" is, without a doubt, a textual empowerment.

In fact, Périn's love of "word" is clear throughout her poetry. The second poem included in this collection, *Words,* successfully shows how Périn understands the power of the word, of self-expression as a woman. She is also aware, as a self-doubting, humble poetess, that the choice of the *right* word is crucial. By trying to grasp the "word's frail soul," the poetess faces the eternal dilemma of poetry: how to express her being through the magic of words:

> To make Words shout, dream, sing our tenderness
> In rhythm's one-string lilt, weep our distress,
> Sigh pleasure in smile's rounded, up-curved line,
> Or to smash sobs' heart-rending crystal fine!
> —Ah! How to know the words one must express?
>
> ("Words," p. 39)

It is peculiar in the poetic imagination that the language is the medium. There are as many forms of imagination as there are forms of creation or invention. Périn understands the power of the word and its implications. Poet at heart, she finds the use and the importance of the word to be fundamental to her thoughts, be it in an instant of silence and even the total lack of sufficient words to express nature's idyllic symphony, or in a simple spoken word to keep a lover by her side.

> Would I knew all the words that had
> The magic power to keep you mine:
> Words fiery, passionate—or mad!—
> Wistful words, tender and benign.
>
> ("Desire," p. 49)

More even than many other female writers who recognize the primacy of the word in the dominant role of their bodies and desires, Périn's redemptive reassertion of her own voice stands out as a strikingly prominent element of her inspiration.

A close and perhaps expressly feminist reading of Périn's work reveals her desire to prove to her reader, and most likely to herself as well, that she wanted to live a "full" life: she is an ardent singer of nature's beauty, a passionate lover, a loving wife, a faithful friend, and especially an affectionate mother. The motherhood and mother's love in her poetry is selfless. Périn sings the child, not the mother herself. In *Black Sun,* feminist theorist Julia Kristeva discusses the difficulty of maternal separation. Périn, on the other hand, successfully separates the child from herself, the mother, recognizing the child's autonomous identity. As a mother she pours her hopes and desires into her child, but understands that she is not her owner—a very progressive way of thinking and significantly different from that of many other women writers who insist on the idea of the child's being only "the flesh of their flesh."

When you were but the merest tot,
Babbling in cowering awkwardness,
When you were only fresh-begot,
Flesh of my flesh, I loved you less...
What are you now? I scarce know what.

You are Yourself, not part of me:
So little mine, the soul within,
I cannot pierce your mystery!
Be beautiful, be good! Yes, be
Everything I could not have been.

I placed my desperate hopes upon
Your childhood... Light of heart, as then,
Joys will be born anew, anon,
As when you gave them birth. Though gone,
Life holds them fast, to come again...

You are this, you are that... Ah yes...
You are our fruit of twofold race,
Who, with each step, bear off, caress
Against your breast, a bit of space.
You are this, you are that... Ah yes...

—Yet you are You, no more, no less.

("You...," p. 93)

Later in life, when Cécile is already a grandmother, she continues to "write motherhood," but the tone changes: a softer, more protective voice emerges. In her poem dedicated to her granddaughter Viviane Jamati, the maternal voice of Périn is describing the affectionate moment of a young child's bedtime. She wants to create an idyllic ambiance and silence the surrounding outside world for her young "tot" to go quietly to bed:

Silent now the pup's sharp bark,
By the bed, beside the wall;
And pinched dead the candle; dark,
Now, the cool shade of the hall.

But, her face still sun-lit now,
Stands a tot, looming before—
In her hand an almond-bough—
Peeking in the bedroom door...

("The Almond-Bough," p. 323)

Interestingly, it is this same granddaughter, Dr. Viviane Isambert-Jamati—today a prominent sociologist—who, a half-century later, along with her late sister Mme Lise Jamati, was extremely helpful in providing numerous essential insights into Cécile Périn's life.

‡‡‡

Reading this generous selection translated from Cécile Périn's fifty-year poetic career is a most exhilarating and rewarding experience, offering as it does all the joy of artistic "discovery." The first-time reader is happy to find "between the lines" not only the life story of a strong and loving woman, but also a genuine and too-little-known artist. Straightforward and direct but never banal, her comfortably contemporary yet rich poetic voice needs no complex syntax or arcane symbolism to be admired. Indeed, Cécile Périn's is a "gentle genius" worthy of broad appeal, one that will be appreciated by literary, academic, and lay readers alike.

—Liana Babayan

Vivre!

(1906)

La Vie en fleur
Le Verger / The Orchard
Les Mots / Words

La Rose ardente
Nuptiæ / Nuptials
L'Etreinte/ The Embrace
Printemps / Spring

Petites Chansons pour mon ami
« Des vers légers … » / "Verses, light as the fluttering wings … "
Désir / Desire
« Au calice d'or des caresses … » / "In the gold chalice of caresses … "
« Je ne veux rien de plus … » / "I want no more, dear friend … "
« Dans le lointain des bois … » / "Deep in the distant wood … "
Chant triste / Sad Song

Les Claires Souvenances
« Tandis que lentement … » / "When night falls slowly … "
Mélancolie / Melancholy
Impression de Tamise / Thames Impression

Jardins
« Décor léger de rêve … » / "Dream décor, laced … "
« Dans le grand parc … » / "In the great park … "
« Quelque parc imprégné … » / "A park, plunged … "
« Aux mains légères du Printemps … » /
"In Spring's light-grazing hands … "
« Dans le jardin où tu m'aimas … » /
"This garden, where you loved me … "
« Jardin fleuri, jardin charmant … » / "Fair flower-garden … "

Des larmes
« Je n'aime plus … » / "No more I love … "
Notre Bonheur / Our Happiness

LE VERGER

Les fruits mûrs croulent au verger.
Au verger bourdonnant d'abeilles
Nous avons cueilli les groseilles
Et nos mains sont toutes vermeilles
D'avoir froissé les fruits légers.

Fraîcheur exquise et printanière
Des jeunes fruits tout embués
De rosée et d'aurore clair !
Rire des cerisiers parés
De cerises dans la lumière !

Splendeur des fruits ensoleillés
Comme les midis léthargiques
Où le cœur d'extase est noyé !
Viens, nous mordrons aux fruits magiques
Et ruisselants des noirs pruniers.

Viens ! L'or des saisons, goutte à goutte,
Coula dans le cœur parfumé
Des treilles d'ambre et des pêchers
Que l'Automne aux doigts roux veloute...
—Les fruits mûrs croulent au verger.

THE ORCHARD

The ripe fruits in the orchard fall—
The orchard, where the buzzing sound
Of bees hums round, where we picked all
The berries, fingers scarlet-browned
For heeding their inviting call. *

Exquisite newness of the spring...
Dew-misted fruit glows in the dawn...
The cherry-trees laugh, tittering
With bauble-cherries clinging on
In morning light's bright glittering!

Splendorous noonday lethargies,
Where drowns the heart ecstatic... We
Shall bite deep in the black plum-trees'
Succulent sunshine sorcery!
Come sip the spell-cast juice with me!

Come! Drop by drop the season's golds
Streamed, fragrant, down the trellised wall—
Amber and peach—in the plush sprawl
Of Autumn's russet-velvet folds.
—The ripe fruits in the orchard fall...

---

* From her beginnings, Périn would often take liberties with her rhyme schemes. Without slavishly duplicating them, I generally follow her lead.

LES MOTS

J'aime les mots d'un grand amour insatisfait.
Capricieusement leur âme décevante
Au long des phrases glisse et rit, ou disparaît,
Ou bien quand la pensée alerte et vive chante
Comme du plomb, l'âme des mots pèse, écrasante.

Ah ! dans mes souples mains, pourrai-je te saisir,
T'étreindre et te ployer au gré de mon désir,
Ame fragile, âme coquette, âme fuyante !
Ah ! te faire vibrer d'angoisse ou de plaisir,
Echo mystérieux de notre âme émouvante !

Faire crier, pleurer, rêver, chanter, les Mots
Au rythme monocorde et sautillant ! Inscrire
Une phrase arrondie en courbe de sourire
Ou briser le cristal déchirant des sanglots !
—Hélas ! comment savoir les mots qu'il faudrait dire ?

WORDS

I love the words of great love unrequited.
Their soul's capricious falsehood flits and flies,
Laughing, round every phrase, or, scarce alighted,
Disappears... Or, though sprightly thought may rise
And sing, words' soul hangs heavy, leaden-wise.

Alas! If in my supple hands I might
But grasp you, bend you to my will, clasped tight—
You, words' frail soul, coquettes fickle and free!—
To twang your strings of anguish or delight,
Echo of our soul's fearsome mystery!

To make Words shout, dream, sing our tenderness
In rhythm's one-string lilt, weep our distress,
Sigh pleasure in smile's rounded, up-curved line,
Or to smash sobs' heart-rending crystal fine!
—Ah! How to know the words one must express?

NUPTIÆ

Ce sera donc le soir tant d'autres soirs rêvé,
Le soir où le cœur chaste et suppliant succombe.
Nous ne voudrons que nous sourire... Or la nuit tombe
Et le Destin de notre amour s'est soulevé.

Il chantera les mots jadis balbutiés,
Il mêlera nos doigts brûlants en ses mains d'ombre,
Et dans un grand vertige où toute pudeur sombre,
Le bien, le mal, et l'avenir seront noyés.

Alors nous frémirons de sentir se répondre
L'appel de nos deux chairs qu'un baiser pourrait fondre ;
L'angoisse du désir assombrira nos yeux ;

En sanglot glissera soudain notre sourire,
Nos bras s'enlaceront, tremblants, et, sans rien dire,
Ivres, nous roulerons aux lits voluptueux...

NUPTIALS *

This night... Other nights' constant fantasy,
When the heart, chaste, surrenders to its yearning...
Smiles—yours, mine, ours alone... At night's returning,
Rose to the fore our passion's Destiny...

It will sing words' once-stammered melody,
Twining our amber-shadowed fingers, burning,
And, in a dizzying swoon, modesty spurning—
Good, bad—will drown us in eternity...

Then shall we shudder, we two, answering
Lust's anguished call, eyes darkly languishing,
As our flesh, each to each, melts in a kiss.

Our smiles will slip to sudden sobs, as we
Enlace our trembling arms; and, silently,
We will roll, drunk, over our bed of bliss...

---

* *Nuptiae* is the Latin word for "marriage." The reader will notice that, even this early in her career, Périn was to take pleasure in the sonnet form.

L'ETREINTE

Tes yeux m'ont suppliée, et frémissent les mains.
L'écheveau des désirs entre nos doigts s'emmêle ;
L'hypocrite Pudeur ne voile pas mes seins
Car ton amour me pare et rit de me voir belle.

Aimons-nous simplement. Aimons-nous si tu veux,
Fougueusement, selon l'ardeur de la jeunesse :
Mais ne laissons jamais entre nos bras heureux
La fiévreuse Luxure effeuiller nos tendresses.

Laisse aux déshérités l'opium et le piment ;
Nos lèvres sans poison savent l'ivresse bonne.
Nous n'avons pas besoin d'aimer subtilement :
Tout ce que j'ai, ô mon ami, je te le donne.

La saine Volupté divinise la chair.
Source de joie éclose au long des veines pâles,
Notre sang vif frémit et s'enivre et bat clair
Vers l'appel chaste des communions nuptiales.

O geste auguste et beau, geste qui perpétues,
Et d'un rythme éternel jettes aux temps futurs
L'Espérance aux yeux fiers, éblouissante et nue,
Etreins d'un cercle ardent nos corps fervents et purs !

THE EMBRACE

Tangled, the skein of our love-longings!... And
False Modesty unveils my breasts, laid bare
Before your pleading eyes, your quivering hand!
For your love clothes me, laughs to find me fair.

Let us love simply. Or, if you desire,
Let youthful love enflame your arms' caress.
But never let us burn blind with the fire
Of wanton Lust, or shed our tenderness.

Let those that life forgot pepper their passion
With opium-poisons, while, gently, we two
Make drunk our lips in love's less subtle fashion!
All I possess, my friend, I give to you.

August, voluptuous bliss... Such is the source
Of love's divinity! Pale-veined, our arms
Shiver our flesh, as our blood pounds its course
In the communion of chaste-wedded charms.

O solemn gesture fair, endless embrace
Beating the future's rhythm—strong and sure—
Of Hope, proud-eyed and dazzling-bare... Enlace
Our bodies in your circle, fervent, pure.

PRINTEMPS

Les primevères ont fleuri. Mon cœur s'enivre
A respirer les parfums légers du printemps.
Tant d'espoir, tant d'amour dans l'air pur vont flottant !
—Ah ! fol ami, sens-tu, toute la terre est ivre !

La nature s'étire au soleil rubescent,
Le genêt d'or flamboie au ras des routes claires,
Et l'aubépine frêle éparpille l'encens
De ses pétales blancs dans la jeune lumière.

Sous le ciel bleu splendit plus rayonnant l'éveil.
L'eau vive des jets d'eau dans les vasques ruisselle
Avec un bruit plus doux… Et, comme le soleil,
Notre amour, n'est-ce pas, rend les choses si belles !

Ta lèvre emprisonna le souffle printanier ;
La belle vie en fleur, voici que je l'ai bue
Au calice mystérieux de ton baiser…
Dans mes bras frémissants j'étreignis l'étendue.

Oh ! s'aimer au printemps ! Bonheur fou qui palpite
Et rit, éblouissant nos sens multipliés !
O bonheur de sentir que le cœur bat plus vite
Dans l'enivrant émoi des jours ensoleillés!

SPRING

The May flowers bloom. Their orgy, dizzying
My heart, wafts perfume-scents, floating above,
On the pure air... Friend, do you feel the love.
The hope, in drunken earth's wild reveling?

Nature stretches awake. Sunshine's rust glow
Flames gold the brush that lines the lanes. The bright,
Frail hawthorn petals, fluttering to and fro,
Strew, lush, their incense on the dawning light.

Splendid awakening... Waterspouts, skies blue...
And our love, like the sun, makes still more fair
The gurgling billows... Do you feel it too?
The heavens, the streams... Everything, everywhere!

Your lips held pent in their parenthesis
Spring's breath, life's blossoms... I drank eagerly
From the mysterious chalice of your kiss,
As my arms, trembling, clasped them tight to me.

O springtime love! Mad-quivering happiness,
Dazzling our laughing senses, every one!
What bliss, to feel the heart pound, limitless,
Drunk with the passion of days steeped in sun!

« DES VERS LÉGERS COMME LES AILES . . . »

Des vers légers comme les ailes
Palpitantes des papillons...
Des vers fins comme les dentelles
Des petites feuilles nouvelles
Claires au travers des rayons...

Le tournoiement doux d'une abeille
Qui vibre et vire en le ciel bleu
Vers la ruche qui s'ensoleille
Et vers la rose qui s'éveille...
Mille frêles ailes de feu.

Le Printemps rit au creux des routes.
Un oiseau jase au bois violet
Où les ombres se lèvent toutes ;
Un oiseau jase, et tu l'écoutes
Moduler son gai triolet.

La neige des pêchers se rose
D'une délicate pudeur,
Et la brise hésitante n'ose
La caresser, tremble et se pose
Se grisant de sa fraîche odeur.

Les parfums vont dans un murmure
A travers les jardins poudrés,
Et dans l'infini qui s'azure
C'est le réveil de la nature...
Des vers par le soleil dorés,
Des vers fleuris comme les prés...

"VERSES, LIGHT AS THE FLUTTERING WINGS . . . "

Verses, light as the fluttering wings
Of butterflies, flitting in space...
Verses... Fragile, frilly-lace things—
New-budding, leafy blossomings
Gleaming on dawn's bright-beaming face...

Hive-bound, a sun-kissed bee, who goes
Seeking—in zigzag twist, turn, higher
And higher, in buzzing tremolos—
The morning's fresh-awakening rose...
Thousands of tender wings afire...

Spring laughs along the sunken lane.
Bird in the mauve wood twits and frets
As shadows creep up the terrain...
You listen as his chirped refrain
Twitters in gleeful triolets.

The peach-tree's snowflake blossoms glow
Pink in their bashful modesty,
And the breeze, timid, dares not blow
Kiss or caress, but lingers low,
Drunk on the fragrant ecstasy.

Garden scents murmur, languishing
In dust... The azure, infinite,
Sees nature wake and welcomes it...
Verses, gilt in the sun-drenched spring,
Verses, like meadows, flowering...

DÉSIR

Comme une rose épanouie
Au cœur radieux de l'Eté,
Je voudrais être très jolie
Afin de t'offrir ma beauté.

Je voudrais savoir pour te plaire
Parer d'un art harmonieux
Mon corps svelte et mon âme claire...
Je voudrais enchanter tes yeux.

Je voudrais savoir des paroles
Ensorceleuses qui te lient,
Ardentes, tendres, ou bien folles,
De fièvre ou de mélancolie.

Et je voudrais que la caresse
De mes mains douces sur ta chair
Fonde en toi toutes les ivresses
Du ciel, de la terre, et de l'air.

Je voudrais savoir... mais je n'ose...
Car mon cœur craint de s'effeuiller
Comme aux doigts de l'Eté la rose...
—Ah ! j'ai si peur de mal t'aimer !

DESIRE

Like rose against the Summer sky,
Unfailing in its radiant hue,
Would I were beautiful, that I
Might yield my beauty up to you.

Would I knew how to make more fair—
In a well-ordered, artful wise—
My body svelte, soul debonair...
Would too I might entrance your eyes.

Would I knew all the words that had
The magic power to keep you mine:
Words fiery, passionate—or mad!—
Wistful words, tender and benign.

And would that my touch's caress,
Stroking your flesh with gentle hand,
Might melt all the sweet drunkenness
Born of the sky, the air, the land.

Would I knew... No, I do not dare...
My wounded heart dreads lest it, sadly—
Like Summer's rose—fall, petal-bare...
—Ah! How I fear I love you badly!

« AU CALICE D'OR DES CARESSES . . . »

Au calice d'or des caresses
Nous avons bu le vin brûlant
Qui fait vivre et chanter le sang
De notre cœur, avec ivresse...

Langueur des doigts, langueur des yeux,
Frémissement profond de l'être,
Au long des corps voluptueux
Glissez et mourez pour renaître !

Douceur, fraîcheur, ardeur des mains,
Verseuses d'extase, ô prêtresses,
Voici nos cœurs, versez le vin
Du calice d'or des caresses...

"IN THE GOLD CHALICE OF CARESSES . . . "

In the gold chalice of caresses
We drank wine's draught, a-dallying,
That wakes the blood and makes it sing,
And moves our hearts to drunk excesses...

Languid-eyed, languid-fingered, this
Quivering deep within the flesh...
Shivering bodies' lustful bliss,
Dying, to be reborn a-fresh!

Fervent hands, soft and cool—yours, mine—
Ecstasy-pouring pythonesses:
Here are our hearts... Come, pour the wine
From the gold chalice of caresses.

« JE NE VEUX RIEN DE PLUS . . . »

Je ne veux rien de plus que reposer ma main
Sur ton front triste et beau, sur tes lèvres chéries...
Rien de plus que songer : l'heure est douce... et demain
Peut-être sera lourd de lutte et de chagrin...
Ce soir, c'est une pause aux confins de la vie.

Je ne veux rien de plus que t'aimer, mon ami.
Mon âme est une rose en la nuit odorante...
A tes doigts langoureux, dans l'ombre qui frémit
Je ne suis qu'une fleur de volupté tremblante ;
Respire-la, songeur, un instant, et souris...

O mon ami, je ne veux rien que ton sourire ;
Nous avons trop brûlé notre lèvre aux baisers...
Assez d'ivresse et de sanglots et de délire !
Laisse tomber le soir sur nos cœurs apaisés.
Je ne veux rien, ô mon ami, que ton sourire.

Le sauvage Désir enfin s'est endormi.
Je puis blottir mon front heureux sur ta poitrine ;
Nos rêves confondus ont fait l'heure divine,
Entends, à petits coups, battre mon cœur soumis...
—Je ne veux rien de plus que t'aimer, mon ami.

"I WANT NO MORE, DEAR FRIEND . . . "

I want no more, dear friend, than here to rest
My hand on your sad brow, my lips upon
Your lips, here but to dream, lovingly pressed
Against you... Sweet this pause, tonight... Ah, best
We love, lest harsh tomorrows sweep us on...

I want no more, dear friend, than loving you.
My soul: a rose, whose scent perfumes the night...
Posed in your languorous grasp, quivering through
The darkness... Flower's trembling appetite...
Quick! Breathe it deep, and smile, as dreamers do.

Now my dear friend, I want only your smile...
Too hot our lips, burning with kisses' fire.
Enough drunk madness, sobbing all the while!
Let nightfall come, calm, muting our desire:
I want, now, my dear friend, only your smile.

At last, my passions sleep, and bid adieu
To wild Desire, brow nestling on your breast.
Listen... How soft my heart beats as we two
Blend dreams together—yours, mine—heaven-blest...
—I want no more, dear friend, than loving you.

« DANS LE LOINTAIN DES BOIS . . . »

Dans le lointain des bois une source sussurre
Sa très douce chanson sous les arbres ombreux
Et l'immense sommeil calme de la nature
Ignore en son repos mon rêve douloureux.

Les parfums las se sont fanés à ma ceinture.
Et sans toi j'erre encor où nous vivions tous deux...
Bien que le ciel soit clair et que l'arbre murmure
Loin de moi, n'est-ce pas ? tu ne peux être heureux.

Les roses n'ont pas su que tu m'avais quittée ;
Le jardin me sourit, pâle, dans la nuitée
Qui langoureusement s'incline... Et le décor

Inoubliable, hélas ! semble toujours le même ;
Le crépuscule au loin gerbe ses épis d'or,
L'air bleu boit du soleil... Je suis seule et je t'aime.

"DEEP IN THE DISTANT WOOD . . . "

Deep in the distant wood a gurgling stream
Warbles its hushed song in the muted shade,
And nature, calm, slumbers, quite undismayed—
Unbeknownst—by the dolor of my dream.

Weary, the scents twined roundabout me seem
To fade... Without you, I stray where we strayed,
We two... Tree murmurs, sky glows... Yet, afraid
Are you that, far from me, woes reign supreme?

The roses have no notion that you left
My side... The garden smiles on me—bereft—
Its pale, wan smile, as night nods, languid, through

The changelessness, spreading around, above you...
Twilight strews golden-grain bouquets... The blue
Air sips the sun... Alone... Oh, how I love you!

CHANT TRISTE

Il faudrait pour dire ma peine
De douces, d'étranges paroles...
Un rythme ignoré qui se traîne
Au long de mes détresses folles...

Des sons ouatés de silence
Où le désir las s'inexprime,
Où l'âme grise se balance
Aux soupirs vagues de la rime...

Epanchant leur pâle harmonie,
Les violons du crépuscule
Qui vibrent d'angoisse inouïe
Au ciel noyé de renoncules...

Ou, comme un sourire qui pleure
L'éveil de l'aube en la rosée.
Une fleur frêle qui se meure
Pour un doigt qui l'ait caressée...

Oh ! c'est doux la mélancolie
De cette langueur qui s'égrène,
Ce chant de musique pâlie
Qu'il faudrait pour dire ma peine...

SAD SONG

To tell the woe that harries me,
I would need strange words' tendernesses,
Rare rhythms, loping languorously—
Distraught—along my mad distresses...

Hushed, muffled sounds of silence, where,
Weary, desire lies unexpressed;
Where the soul, drunk, hangs on the air
And rhyme's vague sobs give it no rest...

Pale harmonies' lush quiverings...
Dusk's violins, in anguished ups
And downs, spread round on soulful strings,
And heavens drowned deep in buttercups...

Or morning... Dawn, smiling and crying,
Waking amid the dew, bright-lit...
A fragile flower, a-borning... Dying,
Because a hand has fondled it...

How sweet the melancholy! How
Sadly time tells her beads... And oh!
That melody—how faded now!—
That I would need to tell my woe!

« TANDIS QUE LENTEMENT . . . »

Tandis que lentement tombe le soir obscur
Sur les iris fleuris de la haute terrasse,
Tous les deux, le cœur las, nous regardons l'azur
Merveilleux, se faner tristement dans l'espace.

L'or du soleil couché dans l'ombre du ciel pur
Poudroie encore un peu, lumineux, puis s'efface ;
Et, dans le lointain mauve, un vol léger et sûr
D'hirondelles en joie et poursuiveuses, passe.

Le long parfum des fleurs de nuit monte vers nous ;
Sous l'aile du vent tiède aux enlacements doux
Voluptueusement s'alanguissent les roses,

Et voici que surgit en le ciel clair encor,
Parmi le grand silence éclos au cœur des choses
La maison qu'incendie un dernier reflet d'or...

"WHEN NIGHT FALLS SLOWLY . . . "

When night falls slowly on the terrace, high
Above the flowering iris, here, we two
Gaze sadly, weary-hearted, you and I,
As shade withers and fades the wondrous blue.

The darkling sun's gold, in the flawless sky,
Strews its last glitter-dust and falls from view,
As, on the mauve horizon, swallows fly,
Joyous and resolute, chase fro and to...

Night-blooms' trailing perfume wafts up to us;
Nestled in breeze-warmed wings, voluptuous
Roses lie, soft, in languid blossomings,

And, risen tall against sky's waning day,
Spawned of the silent heart of all these things,
The house, aflame in one last golden ray...

MÉLANCOLIE

A Mlle Germaine Lorenceau

L'automne a murmuré ses graves psalmodies ;
Un crépuscule mauve auréole les bois ;
L'ombre qui s'enrubanne ouate en tapinois
De frileuse douceur les chambres attiédies.

Et, prise au charme lent du beau jour qui finit,
La Vierge au piano consolant s'est assise,
Mais son âme est au loin, sa main glisse, indécise
En frissons languissants sur l'ivoire jauni.

Dans le silence vibre un éveil de musique...
Quel hymne va jaillir du clavier magique ?
—Or la Vierge aux yeux purs rêve d'un clair anneau,

Caressante lueur à son doigt diaphane,
Et là, sur le mélancolique piano,
Dans le cristal limpide, une rose se fane.

MELANCHOLY

For Mlle Germaine Lorenceau *

Autumn, humming its grave psalm-melodies...
A violet dusk haloes the wood. The shade,
Ribboning round, mutes the warm chambers, made
Almost chill in their somber secrecies.

Bound by the spell of fair day's ending, she
Sits at the piano to console her woe.
But her soul wanders, as her fingers—lo!—
Stray, shivering, on the yellowed ivory.

Music gentles the silence, quivering
Awake. What hymn, now, from the keys will spring?
—The pure-eyed Virgin dreams: a gentle beam

Strokes her ringed finger, pale, gossamer-wise...
And in the piano's melancholy gleam—
Crystalline—there, a rose fades, withers, dies...

* I can offer no specifics concerning the dedicatee. One suspects, from the context, that she may have been a pianist. (The birth of one Germaine Lorenceau is recorded in Paris, 20 December 1888. Chronological possibility aside, there is no evidence that she and the dedicatee are one and the same.)

IMPRESSION DE TAMISE

A Marcel Périn

La dentelle des tours de Westminster se mire
Comme un fleuron d'art pur au cours pressé des eaux ;
Et la Tamise entraîne au fond de son cœur ivre
Ce souvenir intense et beau.

Plus loin, sur le grand port encombré de navires
L'énorme activité des hommes se déploie :
Le voile du brouillard lentement se déchire,
Et c'est, vers le soleil, un bruit d'or et de soie.

L'immense effort d'un peuple est là qui vibre et vit.
L'air porte les parfums mêlés des mers lointaines ;
Voici passer le monde et sa splendeur hautaine
Entre ces quais noircis !

Mâts assaillant le ciel, voiles rouges et frêles,
Les lourds paquebots noirs, les clairs bateaux de rêve,
Chaque jour, ardemment partent vers l'infini...
Tout l'espace est là qui frémit.

O l'heure inoubliable où nos cœurs accablés
Ont senti s'imposer la formidable emprise
Des hommes dont les mains puissantes ont scellé
La Force et la Beauté au sein de la Tamise !

THAMES IMPRESSION

For Marcel Périn *

Westminster's lace-spires gaze admiringly
At their reflection, gem of purest art,
As the Thames sweeps into its swooning heart
    This deep, beautiful memory.

Farther downstream the bustling port abounds
With boats and men, strewn round—scene fraught with wonder—
And, toward the sun, rise silken, golden sounds...
Slowly the fog's mist-veil tears, rips asunder...

The boundless vigor of a race dwells there.
The air wafts fragrant scents from distant seas...
Stage, where the world's proud splendor debonair
    Plays its roles mid the shadowed quais!

Sails unfurl heavenward, each day—red, frail—
And blackened steamers too, dream-bound, assail
The skies, leaving to quest infinity,
    As all space shimmers tremblingly.

O hour never to be forgotten, when
Our hearts fall prey to power-stratagems
Of mighty men, whose Strength, time and again,
Sealed Beauty in the bosom of the Thames!

---

* Marcel Périn was the younger brother of the poet's husband, Georges Périn.

« DECOR LEGER DE REVE ET DE FINE DENTELLE . . . »

Décor léger de rêve et de fine dentelle...
La lune a des reflets nacrés sur les étangs ;
A travers le ciel pur de l'or fluide ruisselle ;
L'Heure s'immobilise aux mains lasses du Temps.

Sous le feuillage bleu des saules et des prêles
Un silence irréel et féerique s'étend,
Et, dans le jardin mort, seules, des roses frêles,
Evoquent les parfums presque fanés d'antan.

Et peut-être un soupir d'âme mystérieuse
Frémit dans l'inconnu du château, sous les yeuses...
Mais la brume au manoir fait un pâle rideau

Où tout vient s'amortir jusqu'au souffle des plantes,
Et l'on rêve d'entendre en les vasques tremblantes
Mélancoliquement mourir les grands jets d'eau.

“DREAM-DECOR, LACED WITH MANY A FAIRY-FRILL . . . ”

Dream-décor, laced with many a fairy-frill...
Over the ponds, the moon, casting her sheer,
Opaline glow... Time, weary, standing still...
Streams of gold streaking the pure atmosphere...

Willows' and rushes' blue-dim shadows fill
The unreal fairy-silence spreading here.
And in the garden's death frail roses will—
Alone—recall vague scents of yesteryear.

Perhaps some dark soul sighing “aahs” and “oohs”
In mystery-fraught chateau, under the yews...
And fog, draping in mist-pale coverlets

The manse, muffling the very plants' soft breath...
One dreams that one can hear the water-jets
Spurting their last, in melancholic death.

« DANS LE GRAND PARC TOUT BLANC DE NEIGE . . . »

Dans le grand parc tout blanc de neige
Le soir s'en vient, à petit bruit.
Sur les arbres en long cortège
La lune désole la nuit.

La lune pleure, et son mystère
De clarté bleue est tout transi,
Et vers le linceul de la terre
Les étoiles pleurent aussi.

Oh ! ces larmes silencieuses
Tombant dans la nuit du Passé,
Ainsi que des fleurs lumineuses
De pitié vers les cœurs blessés !

La nuit frissonne de tendresse
Et le ciel doit rêver tout bas
De la langueur d'une caresse
Vers la langueur de son cœur las.

La neige est douce... Et la nuit pleure...
Peut-être tout va s'endormir,
Et le souffle apaisant de l'heure
Seul, lentement, pourra frémir.

Un peu d'amour tremble aux paupières
Et dans l'air grave un peu d'adieu...
Et voici monter des prières
Vers la souffrance du ciel bleu...

"IN THE GREAT PARK SNOWED ALL IN WHITE . . . "

In the great park snowed all in white,
Evening draws on with scarce a sound.
The moon drives to despair the night,
As the trees, single-file, stand round.

The moon weeps... A mysterious cloud,
Transfixed, veils in a splendid blue
Her face... Lurking about earth's shroud,
The stars, a-pout, stand weeping too.

Oh! The tears falling silently
In the night of the Long Ago,
Like flowers that shine their sympathy
On hearts grieved deep and steeped in woe!

Night gives a shudder, and the skies,
Tenderly dreaming, would caress—
Whispering low and languid-wise—
Its languorous heart-weariness.

Snow lies soft, and the night is weeping...
Late is the hour, quiet the calm,
For everything will soon lie sleeping:
Time's breath alone flitters its balm...

Lids flutter with a hint of love,
The somber hint of a good-bye...
Prayers rise to the air above,
For the pains of the night-blue sky...

« QUELQUE PARC IMPREGNE DE MORTELLE TRISTESSE . . . »

A Mme Marthe Cochard.

Quelque parc imprégné de mortelle tristesse
Où s'éplore à jamais le regret du passé,
Où la nuit seule règne, —ô fatale princesse
Aux longs cheveux de deuil, aux yeux d'astre blessé.

Et l'on sent que frissonne ici l'irrémédiable,
Que les choses ont dû suprêmement souffrir ;
Les pas sont effacés qui tremblaient sur le sable,
Et les roses jamais ne pourront refleurir.

Par le grand jardin d'ombre et de mélancolie
Nul ne viendra troubler le long sommeil des bois.
La Marquise n'est plus, si frêle et si jolie,
Qui chantait en passant, douce, dans l'Autrefois . . .

La Marquise n'est plus. A peine les étoiles
Osent glisser dans l'air leur regret lumineux . . .
Elle ne viendra plus embaumer de ses voiles
Le silence du parc et la clarté des cieux.

Et le Rêve affligé semble une âme orpheline.
Aux sentiers qui gardaient les traces de ses pas
La tristesse s'effeuille et sanglote en sourdine,
L'ombre enlinceule au loin de légers falbalas.

Et puisque plus jamais ne viendra la Marquise
Rêver, frêle et jolie, à son Prince charmant,
Par les soirs de langueur, en la forêt conquise,
Le grand parc s'est fané, mystérieusement . . .

"A PARK, PLUNGED DEEP IN DEATHLY SILENCE . . ."

For Mme Marthe Cochard *

A park, plunged in a deathly silence, where
Grim longings for the past weep from afar,
Where night reigns—princess of jet-mourning hair—
Trailing black locks, eyes like a shattered star...

One feels there is no remedy; that here,
Everything shudders, haunted by great pain.
The sands' once-quivering footprints disappear,
Nor shall the roses ever flower again.

In shadows of the melancholy trees
None will come trouble, now, the woods' vast sleep;
No more comes lolling the frail Belle Marquise,
Sweet-singing in the Past, so dark, so deep...

No more comes lolling... For gone now is she.
Scarce do the stars dare twinkle their despair:
No more she comes, veils wafting fragrantly
Against the sky in the park's silent air.

Now the Dream seems an orphaned soul, beset,
As dolor, in her footsteps, comes and goes,
Leaf-shorn, with muffled sobbings of regret,
Shrouding the shade in frills and furbelows.

And, since frail Belle Marquise no more shall come
To dream of her Prince Charming, by and by,
Nights, in the humbled woods, languish humdrum,
And the park withers, fades... But who knows why?

---

* Mme Marthe Cochard was a friend of the poet from her schooldays at the Lycée de Jeunes Filles de Reims.

« AUX MAINS LEGERES DU PRINTEMPS . . . »

Au Luxembourg

Aux mains légères du Printemps
Palpitante s'est effeuillée
Sur le sable doux des allées
La neige des marronniers blancs.

Et le collier de lauriers roses
Dont se parait le bel Eté,
Perle à perle désenfilé,
A laissé choir ses fleurs décloses.

L'Automne roux règne au jardin,
L'Automne aux robes magnifiques
A mis l'anneau de fleurs magique
Au jet d'eau svelte du bassin.

Tons d'or, tons de pourpre éclatante,
Spasmes derniers du jour qui meurt,
Vibrez comme des voix ardentes,
O sonorités des couleurs !

Bientôt viendra l'Hiver frigide
Aux doigts glacés et décharnés
Poser sa couronne de givre
Au front du jardin désolé.

Mais que t'importe, ô bel Automne.
Aujourd'hui roi du Luxembourg
Et de notre cœur où rayonne
La splendeur du suprême amour !

"IN SPRING'S LIGHT-GRAZING HANDS . . . "

In the Luxembourg *

In Spring's light-grazing hands, the snow—
White leaves sprung on the chestnut trees,
Fluttering, floating in the breeze—
Fall to the lanes' soft sands below.

And the rose-laurel necklace, pride
Of Summer gems, has soon undone
Its string, scattering one by one
Its blossom-beads on every side.

Autumn reigns in the garden—red
Autumn in splendid garments set—
And rings with flower-amulet
The water-jet, lithe-spirited.

Deep-throated tones of crimson, gold,
Quiver in one last spasm-spree
Of dying day's lush strings, plucked bold...
O flaming color-symphony! **

Frigid, Winter will come anon,
And, with ice-fingers, fleshless now,
Will place his frost-cold crown upon
The lonely garden's barren brow.

No matter though! O Autumn fair!
Why should you care the fate thereof?
Luxembourg-king today, you share
Our heart with crowning, splendrous love!

* It should need no explanation that the reference is to the Jardin du Luxembourg in Paris, long a favorite haunt for the young and not-so-young alike.

** As already noted, Périn often changes rhyme-scheme in midstream. I follow her liberty in this and the succeeding stanzas.

« DANS LE JARDIN OU TU M'AIMAS . . . »

Dans le jardin où tu m'aimas
D'autres s'aiment à notre place ;
D'autres vont qui ne savent pas
Quel doux passé leurs pas effacent.

Tous les couples vers l'avenir
Tendent l'émoi de mains avides
Et la langueur des souvenirs
A peine trouble l'air limpide.

L'ombre est douce, et comme autrefois
Dans le lointain les grillons chantent,
Et mêlant leur souffle et leurs doigts
Du beau soir les amants s'enchantent.

Rien n'est changé... Car les amants
Disent toujours mêmes paroles,
Et leurs baisers comme le chant
Des grillons clairs dans l'herbe folle,
Montent vers les cieux indulgents.

—Nous sommes las... Mais éternelle
Est la divine ardeur d'aimer,
Et les nuits seront toujours belles
Au front des jardins embaumés.

Le bonheur du couple qui passe
Aujourd'hui le long des chemins,
Sans le savoir, rêve et s'enlace
A notre grand bonheur lointain ;

Et toujours un sanglot persiste
Au fond du soir illuminé,
Et rien n'est plus doux et plus triste
Que ce parfum d'amour fané.

"THIS GARDEN, WHERE YOU LOVED ME . . . "

This garden, where you loved me... Now,
Others come loving in our place;
Others, who have no notion how
Tender the past their prints erase...

Couples reach eager hands to seize
The future's passion, debonair,
And languid, languorous memories
Scarcely ruffle the limpid air.

Darkness lies soft as it had done
Before... Far off the crickets sing...
Lovers—hands twined, breaths breathed as one—
Delight in nightfall's dallying...

Nothing has changed... In simple wise
The lovers say what we said then.
Their kisses, like the cricket-cries
Among the reeds, sound once again,
And, with the skies' indulgence, rise...

—Weary are we... But love's divine
Ardor flames ever, unconsumed,
And nights forever fair will shine
Before the gardens, balm-perfumed.

The joy the passing couple seems
To feel in strolling rendezvous,
Unbeknownst, twines in distant dreams
About the love we too once knew.

And yet, deep in the evening glow,
A sobbing moan sighs its lament...
And nothing sweeter—how sad, though!—
Than faded love's still-lingering scent...

« JARDIN FLEURI, JARDIN CHARMANT . . . »

Jardin fleuri, jardin charmant,
O doux jardin que j'aimais tant,
On a vendu tes tilleuls et tes roses
Et la porte à jamais s'est close.

Nous n'irons plus, par les soirs bleus,
Respirer les senteurs tremblantes
Et l'écho de nos pas heureux
Va mourir au détour des sentes.

D'autres viendront, d'autres riront
Qui ne sauront pas te comprendre,
Et d'autres peut-être aimeront
Ton âme frissonnante et tendre...

Ah ! nul comme nous ne saura
Ta beauté secrète et profonde
Et ton long regret nous suivra
Parmi tous les jardins du monde.

Mais tu souris, indifférent...
La main qui cueille importe peu au cœur des roses,
Et tu prostitueras toutes tes fleurs écloses,
O doux jardin que j'aimais tant !

"FAIR FLOWER-GARDEN! AH! FAREWELL!"

Fair flower-garden! Ah! Farewell!
Loved, once, more than mere words might tell...
Sold, now, the rose, the linden tree,
And closed the gate, shut tight to me.

Never shall we, on dark blue nights,
Breathe deep your trembling scents again,
And echoes of our paths' delights
Will die along the winding lane.

Others will come, and laugh, a-stroll,
And fail to understand you, though
They well may love your tender soul,
Shivering its *pianissimo*...

None will know that mysterious,
Sheer beauty that I shared with you...
Long our regret shall follow us
To gardens spread the wide world through...

You smile a casual "Oh well... "
The rose cares little whose hand plucks her bloom:
A flower-brothel, now, this garden-tomb,
Loved, once, more than mere words might tell!

« JE N'AIME PLUS . . . »

Je n'aime plus le rire clair
Dont l'or palpitant s'éparpille,
Rire irritant, joyeux et fier,
Comme en ont les petites filles.

Je n'aime plus les fleurs d'été,
Lys froids, pivoines insolentes,
Dahlias criards sans beauté,
Sans nulle grâce nonchalante.

Je n'aime plus les diamants,
Ni les rubis, ni les opales,
Ni le frêle ruissellement
Des perles sur ma gorge pâle.

Je n'aime plus les midis bleus
Où le soleil flambe et s'éploie.
Trop d'azur blesserait mes yeux
Et mon cœur craint toutes les joies.

J'aime les roses défleuries,
Et mon âme est une améthyste
Au jardin clair des pierreries...
J'aime l'Amour... Rien n'est plus triste...

"NO MORE I LOVE . . . "

No more I love the irritating
Laughter of glimmering gold, that swirls
About—gay, proud, and oh-so-grating—
Like giggling laugh of little girls.

No more I love the summer blooms—
Cold lilies, poppies insolent—
The garish dahlias, graceless gloom's
Unlovelies! Plain yet diffident...

No more I love the diamonds fine,
The opals, rubies, or the frail
String of pearls with their sparkling shine
Shimmering on my bosom pale.

No more I love the noonday skies
Of blue—the flaming, flaring sun:
Azure excess would wound my eyes!
My heart shuns pleasures, every one...

I love the roses, withering, faded...
My soul? A somber amethyst's.
Love, the one jewel I love—wan, jaded.
Alas! No sadder gem exists...

NOTRE BONHEUR

Notre Bonheur, Ami, n'est pas chose légère.
Le bonheur, quelquefois, pèse comme un remords.
Un peu de stupeur gît en ses yeux de lumière...
Notre Bonheur est triste et beau comme la Mort.

Il est silencieux et chaste. Nulle offense
Au pli mystérieux de sa lèvre ne rit.
Mon rêve, un soir d'hiver, s'unit à ta souffrance,
Et, conçu dans les pleurs, notre Bonheur naquit.

—Tais-toi, Rire imbécile et toi sauvage Haine,
Et toi, sournoise Envie aux regards malveillants !
Dans l'ombre où votre voix venimeuse se traîne
Notre Bonheur est grave et pur comme un enfant.

Il voudrait vous bercer entre ses bras fragiles,
Il voudrait appuyer votre peine à son cœur,
Et, pâle Eucharistie, à vos lèvres dociles,
Fondre tous les désirs mauvais en sa douceur !

OUR HAPPINESS

Our Happiness, Friend, is no bauble slight,
No toy... Common joy, like remorse's breath,
Often weighs heavy though its eyes burn bright.
But ours lies sad, its fair face grave as Death.

Silent and chaste, no mysteries mark it, no
Insult scoffs, curls its lips, no sneer, no scorn...
My dream, one winter night, joined yours, and—lo!
Spawned in your tears, our Happiness was born.

Hush, imbecilic Laughter! Quiet, you,
Sly-grimaced Envy, you, vile Hate run wild!
Your voice's venom-words come slithering through
The dark... Calm is our Joy, pure as a child...

Its fragile arms would rock you—gently kissed—
Nestle your pain against its breast, and press
Its lips to yours like the pale Eucharist,
To melt all base desires in tenderness!

Les Pas légers
(1907)

Aquarelles
- Choisir / To Choose
- « Pigeon vole . . . » / "Fly, pigeon, fly! . . . "
- Ronde / Roundelay
- Intimité / Intimacy
- La Poupée / The Doll
- Paresse / Idleness
- Sommeil d'enfant / A Child Asleep

Mystères
- Toi . . . / You . . .
- Chanson de fillette / Tot's Song
- Passions d'enfants / Children's Emotions

Inquiétudes
- Tristesse / Sadness

Sanglots
- Berceuse / Lullaby

Tendresses
- Transmission / Transmission

CHOISIR

Elle joue au jardin et, légère, chantonne...
—Un oiseau qui voltige ou bien un papillon ?—
Pêle-mêle en ses yeux glissent tous les rayons,
Pêle-mêle en son cœur tous les échos résonnent.

Elle est la source pure et qui va s'élancer,
Vers quels destins ? Oh ! Choisir des nuances fines
Pour la parer, et secouer des aubépines
Sur la route d'avril avant qu'elle ait passé.

Choisir ! Tout l'inconnu des printemps étincelle
Sous nos doigts attendris, graves et lourds d'espoir ;
Et nous sentons peser sur nous le clair devoir
De faire avec notre âme une autre âme plus belle.

« PIGEON VOLE ... »

Pigeon vole au bout du doigt ;
Pigeon vole et bat de l'aile...
Pose les deux doigts sur moi
Car voici l'agneau qui bêle...
Le loup va sortir du bois.

Mais les mains vives et folles
Battent l'air de leur émoi.
Il n'est que l'oiseau qui vole,
Prends garde à tes petits doigts !
—Le loup va sortir du bois.

TO CHOOSE

She hums, plays in the garden, light a-wing...
Bird's weightless flight? Or a mere butterfly's?...
Pell-mell, sun's beams all glide, blend in her eyes.
Pell-mell, sounds in her heart, all echoing.

She, the source pure, ready for life's foray,
Toward what fate? Ah, what nuance-shades to choose?
What fine, fair, hawthorn blooms, that April strews
Over her path before she wends her way...

To choose! All spring's vast Unknown to beget
Beneath our fingers, heavy-hoping. And
We feel, weighing on us, life's firm command
To turn our soul to soul far fairer yet.

"FLY, PIGEON, FLY! . . ."

Fly, pigeon, fly! Come, flap your wing.
Perch on my finger... Carefully...
Listen! The lamb bleats, cautioning...
Cling with your little claws on me:
For soon the wolf lurks, menacing...

But other creatures fly, and flap
The air as much with flailing wing:
Man's hands as well will clap, and trap
Your little claws that clutch and cling!
For soon the wolf lurks, menacing...*

* I translate this curious early poem according to my perhaps overly cynical interpretation of its bird scenario. After warning—along with the lamb—against the foreboding wolf, man, the predator, admits, in the last line, to being, himself, a wolf in man's clothing.

RONDE

Sous les arbres du parc frivole
Tournent les rondes des enfants,
Et de leur rythme, ingénûment,
Un peu de bonheur vrai s'envole.

Tournent les rondes des enfants...
Rose ou blanche la mousseline
S'enroule autour des jambes fines,
Petits plis et petits volants.

Rose ou blanche la mousseline
Dans l'ombre où rit du soleil blond
S'enroule, entraînant les rayons
Légers de la joie enfantine.

Dans l'ombre où rit du soleil blond
Minois jolis et grâces frêles,
Sans but, sans souci, sans querelles,
Pour le plaisir tournent en rond...

Vichy, septembre 1906

ROUNDELAY

In frolic-park, under the trees,
The children whirl their roundelay,
And from their simple, childish play,
Joy's sound skips blithely on the breeze.

The children whirl their roundelay...
Pink and white muslin swirling round
Slight, slender legs grazing the ground:
Petticoats, pleats flare, flounce away...

Pink and white muslin swirling round
In shade, but by sun's laughter lit...
Twirling, its rays—a-flash, a-flit—
Buoying bright childhood's joyous sound...

In shade, but by sun's laughter lit,
Dear little faces, graceful, frail—
Quarrels? Cares? All to no avail!—
Whirl, swirl... Just for the fun of it...

Vichy, September 1906 *

* In the late 19th century, decades before it was to become the collaborationist capital of Maréchal Pétain's (nominally) "unoccupied France" in July of 1940, after defeat in World War II, the Auvergne town of Vichy was long a favorite spa-resort known for its supposedly curative thermal waters.

INTIMITE

Dans le jardin d'été tout frémissant d'abeilles,
En l'ombre douce d'un berceau l'enfant sommeille,
Souffle insensible sous l'immensité des cieux !

Les regards au lointain, la jeune mère lève
Vers l'espace attirant de mystère son rêve,
—Mais l'enfant qui s'éveille entr'ouvre un peu les yeux,

Il s'agite, ébloui par la lumière vive ;
Et la mère se penche et regarde, pensive,
Tout l'ignoré du ciel au fond de ces yeux bleus...

INTIMACY

A summer garden... Swarm a-buzz with bees...
Babe rocked in shadowed cradle, drowsing... Breeze—
Breath scarcely puffed—beneath the vast-spread skies...

Young mother lifts her eyes, gazes in space,
Clutching her mystery-dream in warm embrace.
Babe squirms, wriggles awake and, squinting, tries

Not to be blinded by the dazzling light.
Pensively, mother leans, stares at the bright,
Deepmost Unknown, aglow in sky-blue eyes...

LA POUPÉE

Pour Yvonne.

La poupée, entr'ouvrant ses yeux de porcelaine,
Immobile et muette au creux du lit léger
Repose. Et la fillette tendre vient pencher
Ses regards caressants sur cette tête vaine.

Sa poupée ! Elle l'aime, inexprimablement,
Avec des doigts de mère et des lèvres d'amante,
Avec des bras berceurs, avec sa voix qui chante,
Avec l'illusion de son cœur frémissant.

Elle a pris dans ses mains douces le jouet frêle,
Le jouet insensible et cependant divin
Qui sût faire—ô mystère adorable !—en son sein
Du sublime et suprême amour frémir les ailes...

PARESSE

Dans les bras des parents, au creux du grand lit chaud,
Se blottir au réveil à l'heure paresseuse
Où le soleil se glisse en l'ombre des rideaux ;
Rire, pelotonné dans la tiédeur heureuse
Des gestes câlineurs et des oreillers chauds...
—Quand on est tout petit, ô douceur paresseuse !

THE DOLL

For Yvonne *

The doll—its porcelain orbs half-blinking—lies
Silent and still, poised on the featherbed.
The sweet young tot's gaze, tender-spirited,
Enfolds the empty head and sightless eyes.

Her doll! Loved in a manner set apart...
With cradling arms, motherly fingertips,
With cooing lullaby and lover's lips,
With the illusion of her trembling heart.

Her soft hands take the doll—the fragilest
Of playthings, soul-less yet divine—and, O
Mystery, most worthy of worship, lo!
It sets love's wings to beating in her breast...

* The dedicatee is obviously a young child, member of Périn's large extended family. Unfortunately for literary detectives, like several other familial dedicatees, she is not among the several specifically identified by her late granddaughter in reply to my questions.

IDLENESS

In parents' arms, in big bed's hollow laid,
To wake and greet the hour of idleness,
Nestling, as sun slips midst the curtained shade...
To laugh, lulled happy in the soft caress
Of fondling hands, plump pillows warmly laid...
—When one is small, how sweet is idleness!

SOMMEIL D'ENFANT

En chuchotant un conte étrange à mon oreille
Elle a fermé les yeux ;
Le charmant gazouillis sur sa lèvre vermeille
S'est tu, mystérieux ;

Elle dort. Ses petits bras fatigués m'enlacent
Tout délicatement ;
De sa bouche à mon cœur de légers souffles passent
Comme un apaisement.

Dans sa grâce adorée et jeune, elle repose,
Et le songe attendri
S'émerveille dans l'ombre et sur sa lèvre pose
Un baiser qui sourit...

Elle rêve—qui sait ?—de grandir vite, vite !
—Rêve ingénu d'enfant !—
Moi, c'est la douce paix de ton âge, petite,
Que j'évoque en rêvant...

A CHILD ASLEEP

She closed her eyes, whispering in my ear
        A tale unknown to us;
Her cherried lips, cooing their message dear,
        Grew still, mysterious...

She sleeps. Weary, her little arms embrace
        Me, lightly, tenderly...
Her lips waft breaths about my heart, enlace
        Me, like a soul blown free...

In childhood's yearned-for grace she lies, and dreams
        Her dream of soulful bliss,
That lurks in shadow, musing, and that seems
        To place a smiling kiss...

Her dream? Who knows? To grow up fast, no doubt—
        Childhood's dream, *ma petite!*—
While I, in turn... What do I dream about?
        Your peaceful age, my sweet...

TOI...

Quand tu n'étais qu'un petit être
Bégayant, chétif, incertain,
Quand tu n'étais que notre chair,
O mon enfant, je t'aimais moins...
—Mais maintenant, tu es mystère.

Tu n'es plus nous. Et tu es Toi.
J'ai peur de ne te pas connaître ;
Si peu de ton âme est à moi !
O sois belle et sois bonne ! O sois
Tout ce que je ne sus pas être.

J'ai laissé l'espoir se poser
Eperdûment sur ta jeunesse.
Tous les bonheurs passés renaissent
A l'abri de ton cœur léger ;
Mais l'avenir les tient en laisse.

Tu es ceci, tu es cela...
Tu es le fruit de nos deux races,
Tu emportes à chaque pas
Une parcelle de l'espace ;
Tu es ceci, tu es cela...

—Et cependant, tu n'es que Toi.

YOU...

When you were but the merest tot,
Babbling in cowering awkwardness,
When you were only fresh-begot,
Flesh of my flesh, I loved you less...
What are you now? I scarce know what.

You are Yourself, not part of me:
So little mine, the soul within,
I cannot pierce your mystery!
Be beautiful, be good! Yes, be
Everything I could not have been.

I placed my desperate hopes upon
Your childhood... Light of heart, as then,
Joys will be born anew, anon,
As when you gave them birth. Though gone,
Life holds them fast, to come again...

You are this, you are that... Ah yes...
You are our fruit of twofold race,
Who, with each step, bear off, caress
Against your breast, a bit of space.
You are this, you are that... Ah yes...

—Yet you are You, no more, no less.

CHANSON DE FILLETTE

Ma pensée est un fruit léger
Mouillé de rosée et d'aurore.
Aux arbres penchants du verger
Cueillerai-je le fruit que dore
Un rayon de soleil léger ?

J'ai peur des mots qui désenchantent...
Un rayon de soleil léger
Danse, furtif, et l'oiseau chante,
Invisible et doux, dans les branches
Où le clair soleil a neigé.

Cet invisible oiseau qui chante
Picorera le fruit léger
Nuancé d'or et velouté.
Nul ne saura mon cœur blessé...
J'ai peur des mots qui désenchantent...

TOT'S SONG

My thought: a fruit, light as the air,
Moist with the dew and with the dawn...
Shall I pluck, from branch bending there,
The fruit that sunbeams gleam upon,
There, in the orchard's gilded air?

I dread dull talk that disenchants...
There, in the orchard's gilded air,
Where, furtively, the sunbeams dance,
And chirping bird's exuberance
Glitters boughs that snow's sun-flakes wear...

That unseen bird's exuberance
Will graze the fruit, light-hanging there,
Velvet-soft in the gilded air.
No one shall know my heart's despair...
I dread dull talk that disenchants...

PASSIONS D'ENFANTS

Les passions d'enfants ont des ardeurs étranges,
Douloureuses déjà et lourdes de sanglots,
Où le mystique élan de l'amour se mélange
A la stupeur des désespoirs trop vite éclos.

O désespoirs d'enfants, si simplement tragiques,
Et si mystérieux de n'être pas compris
Et de ne pas comprendre, en leur fierté pudique,
Les mots consolateurs tout embués d'oubli !

Les passions d'enfants précocement sont graves.
Quand d'un astre naïf leur cœur s'est étoilé
Pour garder du mépris ce grand bonheur, ils savent
Comme les vrais amants, de larmes le voiler...

CHILDREN'S EMOTIONS

Children's emotions: strange, impetuous...
Heavy with sobs, already quick to mourn,
They blend that mystic passion amorous
With languorous despair, too early born.

Children's despair: so simply tragic, so
Misunderstood, mysterious its distress!
Proudly, yet modestly, never to know
Consoling words' tear-veiled forgetfulness!

Children's emotions: grown so dour so soon...
Like lovers, hearts starred with a simple gem
Of candor... Lo! Before scorned joy, bestrewn,
Tears spread an artful veil, protecting them...

TRISTESSE

Tristesse d'être trop vibrante
Et de ne pas toujours savoir
Prononcer les mots de devoir
D'une voix calme et caressante...

Tristesse de porter un cœur
Où les grands élans de tendresse
Bondissent, meurent et renaissent
Aux yeux surpris de ta douceur...

Tristesse d'être injuste et femme,
Sans équilibre simple et bon,
Et d'avoir parfois sans raison
Heurté le cristal de ton âme...

SADNESS

Sadness, at carping much too much,
And not knowing the words I ought
Pronounce to clothe my every thought,
With voice subdued and gentle touch...

Sadness, at lodging in my breast
A heart whose bursts of tenderness
Soar... Die... But rise anew, no less,
Before eyes' wonder, soft-expressed...

Sadness, at losing all control—
Woman am I, unjust withal—
And, at times, for no cause at all,
Dashing the crystal of your soul... *

---

* Readers will perhaps find Périn's seeming indictment of her own sex a little unexpected.

BERCEUSE

Tes bras à mon cou,
D'un geste très doux,
        Si frêle,
Tu m'as dit : "Tais-toi,
Ne sanglote pas :
        Je t'aime !"

Sur ton front joli
Mes pleurs infinis
        Ruissellent :
—Tu n'as plus rien dit,
Mais tu m'as souri,
        Quand même...

LULLABY

Arms round my neck, you hold
Me... Frail, sweet-voiced... You told
          Me, bending
Low: "No more sighing! No
Need to be sobbing so:
     I love you! See?"

And, down your lovely brow,
My tears go rolling now,
          Unending...
Though that was all you said,
I was well comforted—
     You smiled at me... *

* Without copying Périn's play between 5- and 2-syllable lines, I try to suggest something of her flexible, gently rhyming form.

TRANSMISSION

D'avoir aimé la vie inexprimablement,
De l'avoir aspirée avec ma lèvre ardente,
Avec mes yeux, avec tous mes sens frémissants,
D'avoir été celle qui passe et qui s'enchante
D'un rythme, d'un parfum, d'une ligne ou d'un chant,

J'ai pu voir ma pensée harmonieuse et fière
Se courber, svelte amphore, au gré de mes désirs ;
Et dans ce vase pur j'ai versé la lumière
De tout le rêve qu'une âme peut contenir…
Et le Rêve et l'Amour ont fait mon âme claire.

Je la renverse toute à tes pieds enfantins,
Pour qu'à la respirer éclatante et déclose,
Et pour qu'à la filtrer en tes doigts incertains,
Dans ton cœur délicat et pensif, une rose
S'imprègne de ma vie et de son long parfum.

TRANSMISSION

Because I've loved life more than tongue expresses;
Because I've drunk it deep, passionately,
With burning lips', eyes' senses' drunkennesses;
Because, with me, rhythm and melody,
Fragrance and form, have played the sorceresses;

I can see my proud thought, harmonious,
To svelte amphora-curves shaping my will;
And, in that vase, I pour the pure light, thus,
Of one soul's dream, until it holds its fill,
My soul, made bright by Love's Dream, luminous...

I spill it at your feet, dear child, content
To let your stumbling fingertips disclose
Its bursting essence; let you breathe its scent
As your heart—pensive, frail—savors a rose,
Sprung fresh from my life, sweet and redolent.

Variations du cœur pensif
(1911)

Remous

« Je t'ai cherchée en gémissant . . . » /
"I sought you, Truth, groaning my way . . . "
« L'inconnu de la chair . . . » / "Our spirit is tormented . . . "
« Ce que je n'aime pas . . . » / "What does not please me pains me . . . "
« Ma jeunesse riait . . . » / "My youth would laugh with yours . . . "
« O donnez-moi, Seigneur . . . » / "Grant me, O Lord . . . "

Au gré des paysages

Aube / Dawn
« J'ai revu le jardin . . . » / "I saw again that garden . . . "
Eté / Summer
Pluie / Rain

Anxiétés

« Ile aux feuillages verts . . . » / "Isle... Lush green canopy . . . "
Jalousie / Jealousy
Le Doute / Doubt
Chanson / Song

Sanglots dans l'ombre

« O mon ami, pardonne-moi . . . » /
"My friend, I pray you pardon me . . . "
« J'ai vécu passionnément . . . » / "I lived my life impassionedly . . . "

Lueurs au crépuscule

« Tu riais. La maison . . . » / "You laughed. And the whole house . . . "
« Je songe, ô mes amis d'enfance . . . » /
"I muse, dear childhood friends . . . "
« Si ce soir j'ai blotti . . . » / "If I nestled tonight . . . "
Sur le sommet / On the Summit

« JE T'AI CHERCHEE EN GEMISSANT . . . »

Je t'ai cherchée en gémissant, ô Vérité !
J'ai déchiré ma robe aux ronces de la route.
Je t'ai tendu mes mains avides. J'ai tenté
L'assaut de la douleur, du mystère et du doute.

Du plus profond de l'ombre, ah ! j'ai crié vers toi !
J'ai rêvé de marcher fixant sur ta lumière
Mon regard. J'ai bravé le vent, le gel, le froid,
Car je croyais me reposer près d'une mère.

Or, j'ai vécu. J'ai tout écouté. J'ai nourri
Mon désir d'affirmations contradictoires.
Trop sage pour nier, trop incertain pour croire,
Tristement se résigne, à présent, mon esprit.

Ainsi j'ai concentré toutes mes forces vives
A la poursuite de l'insaisissable. Et j'ai
Déserté mon chemin pour cueillir sur la rive,
Fleur des sables, la vérité : cet à peu près...

"I SOUGHT YOU, TRUTH, GROANING MY WAY . . . "

I sought you, Truth, groaning my way... My gown—
Thorn-pricked and torn—lay ripped upon my back.
I reached my eager hands to you, struck down
By doubts' and pains' mystery-borne attack.

From the depths of the shadows, how I cried
Out to you, braved wind, frost, and dreamed I might
Rest by a mother's side... But on I plied
My path, gazing, intent, upon your light.

I spent my life... Listened and heard... And fed
The willful contradictions of my mind.
Belief? Denial?... Both discredited...
And now, sadly, my spirit yields, resigned.

Thus had I sought with all my living strength
To reach the unattainable, and clutch
It close. But then I strayed shoreward, at length,
And plucked a sand-flower: truth!... Or thought it such...

« L'INCONNU DE LA CHAIR . . . »

L'inconnu de la chair épouvante l'esprit.
Et de l'esprit lui-même, hélas, on ne sait guère
Plus qu'on ne sait d'un astre en l'ombre évanoui :
Cet éclat passager et grave d'un mystère.

J'ai mis mes mains sur mon visage, et j'ai songé.
Ah ! n'être que ce cœur faible et lourd que tourmente
L'essaim tourbillonnant des scrupules légers,
Ce cœur qui, sans raisons, s'exalte, pleure, ou chante...

Vers du bien, vers du beau, tout mon être se tend
Et le Rêve a noué son écharpe à ma taille.
Du ciel a ruisselé dans mes yeux. Et pourtant
Sous le poids des désirs terrestres, je défaille...

« CE QUE JE N'AIME PAS M'ATTRISTE . . . »

Ce que je n'aime pas m'attriste. Je voudrais
Chérir tout ce qui sait enivrer d'autres êtres ;
Et ce qui me demeure indistinct ou secret
Me désespère. Oh ! tout aimer et tout connaître !

Faiblesse d'un esprit qui souffre de choisir,
Et qui passe en sachant qu'il est trop de richesses
Pour que seul il les puisse ardemment contenir...
Tristesse de choisir quand tout est beau, tristesse !

Tout aimer ! Tout aimer ! Mais le cœur est si lourd
Qu'il tremble de porter le faix d'un nouveau rêve.
—Infirmité d'un cœur qu'accable un seul amour
Et qui reste pourtant insatisfait cœur d'Eve !

"OUR SPIRIT IS TORMENTED . . . "

Our spirit is tormented by the flesh's
Vague unknown, and, about that spirit we
Know less than of the star the dark enmeshes:
Passing flash of a somber mystery...

I placed my hands before my face. I thought:
Oh, to be that frail heart that simple things
Beset, whirling about us, qualms-begot;
That heart that, for no reason, soars, weeps, sings...

The Good, the Beautiful—goals I most prize,
Wrapped in Dream's sash wound round me... Yet, for all
The skies' pure azure streaming in my eyes,
Earthly desires weigh still... I stumble, fall...

"WHAT DOES NOT PLEASE ME PAINS ME . . . "

What does not please me pains me. I yearn for
All others' drunken passions! Vague, unclear,
Concealed? No matter... I crave nothing more
Than to know everything, hold it all dear!

How lame the suffering spirit that must choose
From among all life's riches to be had,
And knows that when it wins, still must it lose...
To choose amid such beauty... Sad! How sad!

Love everything! Everything!... But, beset,
The heart bows, burdened by new dreams, that leave
It trembling, weak, maimed by one love, and yet
Unsurfeited, this yearning heart of Eve!

« MA JEUNESSE RIAIT VERS TA JEUNESSE . . . »

Ma jeunesse riait vers ta jeunesse, Ami.
Mais les jours ont passé, pensifs, et l'on a dit :
Bientôt nous n'aurons plus cette lèvre rieuse,
Bientôt viendra le temps d'écouter rire, heureuse,
La jeunesse d'autres amants. Et nous irons
Sans bruit, par les chemins d'Avril, penchant le front,
Le cœur pris au filet des regrets sans sagesse,
Le cœur tout sanglotant de ton passé, Jeunesse !
—Nous n'irons point pleurant notre amour, mon Ami.
Chaque jour qui s'en vient, chaque jour l'enrichit
Et noue entre nos doigts, joie ou douleur, qu'importe !—
Sa trame précieuse en sa douceur plus forte.
Les rieurs du printemps d'aujourd'hui n'ont pas su
La lampe, le foyer, les rêves confondus,
Tout ce qu'un mot évoque, un seul mot, par la chambre
Tiède et dorée ainsi qu'un verger de Septembre ;
Tout le passé qui flotte et glisse un lointain bleu
Sous l'heure grise... —O douceur de vieillir à deux !

“MY YOUTH WOULD LAUGH WITH YOURS . . . ”

My youth would laugh with yours, Friend. But, at last,
The days in pensive wise went wending past,
And we said: “Soon our lips will see an end
To laughter. Soon the time will come to lend
An ear while other lovers, joyfully
Laugh their young laughs as, silent, off go we,
Head low, heart snared in web’s regrets... ” We go
Through April pathways, brows sad-bent, yet no
Wiser for all our woe, hearts sobbing, Youth,
For your time fled... But we shall not, in truth,
Go weeping for lost love, my Friend. Each day
Weaves its rich threads—joys, sorrows, come what may!—
Betwixt our fingers, precious, stronger still...
Today’s young, laughing lovers never will
Know our lamp-lit retreat, our blended dreams,
Everything that one word calls forth, that seems
To live again, here, in our chamber’s golden
Glow of an autumn orchard; our warm, olden
Days, floating, slipping softly, gingerly
A bygone blue beneath dusk’s ecstasy...
The joy, under a low September sun,
Of growing old together, two grown one...

« O DONNEZ-MOI, SEIGNEUR . . . »

O donnez-moi, Seigneur, un cœur naïf d'enfant.
Je tends vers vous des mains tremblantes que la vie
Imprégna de mystère et d'angoisse ; et je tends
Vers vous, mon âme aux mille craintes asservie.

O Seigneur, donnez-moi pour les jours à venir
Un cœur sans fièvre où fleurisse la douceur sage
De vivre sans espoir émouvant, de bénir
L'heure paisible, et de sourire à son passage !

O Seigneur, donnez-moi d'ouvrir mon cœur blessé
Par l'égoïste amour à l'amour qui repose,
Donnez-moi d'oublier l'ivresse du Passé ;
O Seigneur, donnez-moi d'aimer les simples choses...

AUBE

Un invisible oiseau dans l'air pur a chanté.
Le ciel d'aube est d'un bleu suave et velouté.

C'est le premier oiseau qui s'éveille et qui chante.
Ecoute : les jardins sont frémissants d'attente.

Ecoute : un autre nid s'éveille, un autre nid,
Et c'est un pépiement éperdu qui jaillit.

Qui chanta le premier ? Nul ne sait. C'est l'aurore.
Comme un abricot mûr le ciel pâli se dore.

Qui chanta le premier ? Qu'importe ! On a chanté,
Et c'est un beau matin de l'immortel Eté.

"GRANT ME, O LORD, A CHILD'S HEART . . . "

Grant me, O Lord, a child's heart, innocent.
I reach my trembling hands to you, that life
Steeped in its anguished mystery, fear-pent,
And my soul, with its thousand terrors rife.

O Lord, grant me a heart, cool, passionless,
Gently a-bloom in wisdom calm, that I
May live unspurred by goading hope, and bless
The hour serene, smiling as it slips by.

O Lord, let me in peaceful love, forget
The Past—selfish love's frenzied revelings,
Heart's bitter wounds... Open my heart and let
Me love, O Lord, this life's most simple things...

DAWN

A bird, unseen, sings in the pure blue air.
Sky, velvet-soft, spreads the dawn everywhere.

Day's first bird, this... Listen. The gardens, waiting,
Quiver expectantly, anticipating...

Listen. Another nest awakes to sing
Its frenzied chirps, sparkling and glistening.

Which one sang first? No one can say. On high,
Apricot-hued, dawn gilds the pale gray sky...

Which one sang first? Who cares? A lovely morning,
Spawned of immortal Summer, dawns a-borning.

« J'AI REVU LE JARDIN . . . »

J'ai revu le jardin où tu cueillais des roses
Quand le destin mêla nos doigts, fièvre et douceur !
Berceau mystérieux où notre amour repose,
J'ai revu le jardin où tu cueillis mon cœur.

Nos pas tremblent encor au sable des allées,
Mélancolique écho de souvenirs heureux :
Mais leur ardente joie, ami, s'en est allée,
Et nul reflet ne vient rire jusqu'à mes yeux.

Comme hier, les buissons se sont fleuris de roses ;
Mais je ne goûte plus l'air léger du matin,
Ni l'azur délicat du ciel, ni l'ombre rose,
Puisqu'aujourd'hui, mon doux ami, tu es si loin !

"I SAW AGAIN THAT GARDEN . . . "

I saw again that garden where your fingers—
Enmeshed in mine, fated never to part—
Plucked roses; garden where our love still lingers,
Where once you plucked my tender, fevered heart.

The sand-strewn lane still trembles to our tread—
Drear sound of happier days gone fleeting by—
But, friend, their burning bliss is now long fled,
And no laughing reflections cheer my eye.

Though blooms adorn the rosebushes once more,
As they did then, I scorn the morning air,
Nor take joy in the skies' pale azure, nor
The shade's pink hue... Sweet friend, you are not there!

ETE

Roi du ciel, des coteaux, des bois et des rivières,
L'Eté, splendide et nu, pesait sur les vallons.
Ivres encor du soleil bu, les épis blonds,
D'un geste moissonné, tombaient dans la lumière.

Les arbres du verger sur le sol sec et dur,
Sans effort laissaient choir, hors des branches trop pleines,
Des beaux fruits mordorés et lourds la rondeur saine ;
Et l'air avait un parfum chaud d'abricot mûr.

Ma Vie, écoute et sens l'harmonie émouvante
De l'heure et du décor où meurent en beauté
La parure suprême et l'orgueil de l'Eté.
Ecoute, et sache ainsi parer ta grâce ardente.

Puis, sans l'avoir flétri, délivre à tes doigts lourds
Le Rêve qu'a mûri l'estival sortilège,
Et, tel qu'un fruit parfait dont la branche s'allège,
De ton cœur, simplement, laisse glisser l'amour...

SUMMER

In his resplendent nakedness, the king—
Summer, monarch of woods, and streams, and skies—
Hangs heavy, drunk on sun, as blond grain lies,
Fallen, beneath scythes' slashing harvesting.

Bowed low, the orchard boughs, above the hot,
Dry earth, hover, let fall upon the ground
Their load of lush gold fruits, all full and round,
And, in the air, scents of ripe apricot...

Listen, Life mine. Feel the harmonious
Bliss of the Summer's dying ecstasy—
Supreme, proud moment... Sense it, and let be
Decked in its grace your beauty's passion, thus.

Then, careful lest you wither it, take now
The Dream, grown ripe in Summer's magic, and,
Like heart-warmed fruit clasped in your heavy hand,
Let love slip gently from the lightened bough...

PLUIE

Tout le ciel et tout l'air sont noyés. Le ciel glisse
A flots gris sur la terre indiciblement triste.
Une immense araignée a pris dans ses filets
La ville, et tisse, tisse, tisse... Tout est triste.

—S'évader de la toile en pluie ! Oh ! qui pourrait
Prendre les ailes d'un soleil dans ces filets,
Des ailes qui battraient, qui battraient, qui battraient,
Si fort que leur vol d'or vermeil déchirerait
Cette toile de pluie où tout l'espace glisse...

« ILE AUX FEUILLAGES VERTS . . . »

Ile aux feuillages verts et bruissants d'oiseaux,
Par les souffles ardents du large traversée,
Dans ta fraîcheur native et vive, ô ma Pensée,
Savais-tu que tremblaient à l'ancre des bateaux,
L'âpre inconnu mordant leurs flancs, des mers avides,
Savais-tu qu'il était des palais, des châteaux,
Et de pauvres maisons aux murs tristes et vides,
Et que, pour les construire, au retour des bateaux,
Un jour, on abattrait tes feuillages splendides
D'où s'enfuiraient au loin, à jamais, les oiseaux ?

RAIN

Sky, air... Spread round and drowning... Heavens sliding
In gray waves on the land, bitterly grieving...
A giant web, gripping the sad town tight...
And there, a monster spider, weaving, weaving...

Oh! To escape this rain-bound net! Who might
Find in its woven threads the wings of light—
Wings of the sun!—that, in their red-gold flight,
Would beat, beat, beat, ripping the webbing, tight,
Of the rain's sheet, where space goes slipping, sliding... *

---

* I try to approximate, with repeated words and rhymes, the effective tone of this early poem, in which Périn is more formally "experimental" than she would eventually become.

"ISLE... LUSH GREEN CANOPY . . . "

Isle... Lush green canopy, birds' twittering wings...
On ocean's broad expanse, breaths blowing hot...
Did you know, O my cool but ardent Thought,
That anchored boats, moored to their tetherings—
As the unknown nipped at their flanks—stood yearning
For the beyond? Did you know that the sea
Prodded them with a passion trembling, burning?
That, out there, palace and chateau would be
Waiting—bare hovels too, in misery
Morose... And that, upon the boats' returning,
Builders would strip the splendorous canopy,
And birds would fly off to their destiny...

JALOUSIE

D'autres femmes ont ri dans tes yeux, je le sais.
D'autres ont murmuré des mots que je murmure,
Et tu gardes en toi, comme un trésor secret,
Le souvenir d'autres baisers, d'autres blessures.

Ce que je sais me fait souffrir. Ce que je sais !
Mais, mon ami, ce que j'ignore me torture.
Je voudrais te verser l'oubli total, et n'ai
Que mon amour à t'apporter comme une eau pure.

Je voudrais effacer de tes yeux tous les yeux,
Briser comme un miroir l'éclat mystérieux
Des souvenirs, au fond de ton âme ignorée ;

Je voudrais aspirer ta vie en un sanglot,
Posséder ta jeunesse ivre, grave et sacrée...
—Et j'écoute en ton cœur résonner mille échos.

JEALOUSY

I know... Your eyes have laughed with others'. Yes,
I know... Others have whispered as I do.
Your memory-kisses wound you, comfortless—
Love's secret treasures, hidden from my view.

The things I know torture me, I confess!
But things I cannot know distress me too.
Would I might bathe you in forgetfulness,
I, who have only love to pour on you!

I would scrub clean your eyes of all those eyes,
Smash, mirror-like, the flashing mystery
Of your soul's memories, unknown to me;

I would drink deep your life, weep sad my sighs,
Make mine your fervent youth, grave, solemn-sounding...
I, who hear your heart's thousand echoes pounding.

LE DOUTE

Sur l'infernale roue aux mille dents d'acier,
Le Doute, mon amour saigne, crucifié.

Chaque souffle du vent avive ses blessures,
Chaque rayon marque son front d'une morsure.

Il sent peser sur lui les reflets du Passé
Si doux, comme un redoublement d'anxiété.

Les yeux ouverts, les bras en croix, sans trêve, il tourne.
Et le fleuve de l'heure, indifférent, s'écoule.

Ah ! joindre encor les mains ! Croire les yeux fermés
Tout ce que veut, tout ce que dit le Bien-Aimé !

Serrer dans un esprit où nulle ombre n'arrive
La promesse qui luit comme une source vive.

Nier le mal, l'hypocrisie et le péché...
—Ah ! détresse d'un cœur que le Doute a touché !

DOUBT

My heart bleeds, crucified on Doubt—that wheel
Infernal, with its thousand teeth of steel.

Each wind-breath stings its wounds, each beam of light
Lashes its brow, striped deep with every bite.

It feels the Past weigh heavy, each reflection
Too sweet to bear, twofold in its dejection.

Eyes wide, it turns, arms stretched in cross's pose,
As time, indifferent river, gently flows...

But to join hands, eyes closed, accept as true
All the Belovèd says he yearns to do!

To clutch tight, with a spirit shadow-free,
Freshet-pure promise, streaming glisteningly,

To deny wrong, hypocrisy, and sin...
—Ah, the heart's pains when Doubt comes welcomed in!

CHANSON

O les rengaines qui se traînent
Au fil de notre souvenir !
Les mélancoliques rengaines
          Dont l'âme est pleine,
Et qui ne veulent pas mourir.

Au bord des toits glisse la pluie,
Goutte à goutte, et, plaintivement,
Un vieil orgue de barbarie
          Grince et s'ennuie
Au fond de notre isolement.

L'amer parfum des roses mortes
Persiste au cœur des jours nouveaux ;
Et quand le vent heurte à ma porte,
          Il ne m'apporte
Que l'écho d'anciens sanglots.

Ah ! secouer l'âme engourdie,
Lourde de tant de vieux grelots,
Et que vibre en l'ombre éblouie
          La jeune vie
D'un chant qui n'eut jamais d'échos !

SONG

O airs that drag themselves along
Our memory's path; that, by and by,
Fill the soul... Airs that linger, strong,
          In doleful song...
Airs, sad, but that refuse to die...

Down from the rooftops drips the rain,
Drop by drop... Drab and colorless,
A hurdy-gurdy's ancient strain
          Seems to complain,
Twanging deep in our loneliness.

Today's heart echoes as before,
With roses' bitter scent—dead, dying...
And when the wind pounds on my door,
          It brings no more
Than yesteryear's moans, sobbing, sighing...

A new day... Ah! Would I could take
The heavy soul's ringing distress,
And, in the shadow, gently shake
          Today awake,
In song, dazzling and echoless!

« O MON AMI, PARDONNE-MOI . . . »

O mon ami, pardonne-moi
Si j'ai blasphémé ta tendresse.
Tu viens, tu t'assieds près de moi.
—Mais ce n'est plus comme autrefois.

Mon cœur est lourd d'une détresse
Dont ton cœur ne s'accable pas,
Et ma sauvage douleur blesse,
Je le sens, ta douce tendresse.

Car les mots que tu dis tout bas
Pour endormir ma grande peine
Que rien jamais n'endormira,
Ces mots, je ne les entends pas.

J'écoute en mon âme lointaine
L'écho pensif d'une autre voix,
Je n'ai plus d'amour ni de haine,
Je n'ai plus que ma grande peine,

O mon ami, pardonne-moi.

"MY FRIEND, I PRAY YOU PARDON ME . . . "

My friend, I pray you pardon me
If I blasphemed your tenderness.
You come, you sit down close to me—
But not as once it used to be.

Heavy my heart with dole's duress,
Though free, your heart, of misery...
My savage grief, I feel, no less
Distresses, wounds your tenderness.

For the words that you lovingly
Murmur to lull my woe and pain—
Flown now sleep's calm tranquility!—
Remain unheard, go floating free...

Another's distant voice—again,
Again—echoes my soul's ennui...
No more know I love, hate, disdain...
No more I feel but woe and pain.

My friend, I pray you pardon me. *

* As elsewhere, I try to approximate the poet's conscious repetitions: first and last lines, phrases, words, and—throughout—her rhymes.

« J'AI VECU PASSIONNEMENT . . . »

J'ai vécu passionnément
Et mon cœur épuisé se brise.
Je suis plus faible qu'une enfant
Aux bras de la Douleur surprise.

O Douleur, je suis une enfant
Faible et meurtrie. Il faut sourire
Et me bercer en murmurant
Des mots que nul n'a su me dire.

J'ai chanté trop éperdûment
Sans souci de l'ombre infinie,
D'une voix légère d'enfant
La chanson grave de la vie.

Tu te penches et tu m'apprends
Qu'il était bien d'autres paroles—
Mais il est trop tard maintenant
Pour que l'oiseau blessé s'envole.

Je suis plus faible qu'une enfant.
Endors-moi, ô Douleur surprise.
J'ai vécu passionnément
Et mon cœur épuisé se brise.

"I LIVED MY LIFE IMPASSIONEDLY . . . "

I lived my life impassionedly.
Now my heart breaks, wan, worn with care,
Weaker, I, than a child might be,
In Woe's embrace, caught unaware.

O Woe, bruised as a child might be,
Weak I lie... You must smile withal,
Murmuring, as you cradle me,
Words that no other's lips let fall.

Madly I sang—too wild, too free—
No care for boundless shade spread round...
My voice, light as a child's might be:
Life's solemn song, somber the sound...

You nod, teach other words to me
Than the ones I once learned to sing...
Too late: crippled, the bird! Now he—
Alas!—shall nevermore take wing.

Weaker, I, than a child might be...
Lull me, O Woe, caught unaware.
I lived my life impassionedly.
Now my heart breaks, wan, worn with care.

« TU RIAIS. LA MAISON . . . »

Tu riais. La maison tout entière riait.
—O maison du Passé, entre toutes heureuse !—
Tu chantais. Et debout, dans l'ombre harmonieuse,
Mon père t'écoutait.

Pour tout le rire clair dont tu paras sa vie,
Divin volubilis enlaçant le ceps lourd,
Pour ce rayonnement de ton cœur plein d'amour,
Ma mère, sois bénie.

« JE SONGE, Ô MES AMIS D'ENFANCE . . . »

Je songe, ô mes amis d'enfance, à vos visages
Qui dorment au profond lac d'ombre de mes yeux
Et sont doux à revoir ainsi qu'un paysage
Devant lequel, au temps jadis, on fut heureux.

Vous êtes, mes amis, tout le Passé qui tremble
Avec ses yeux, de rêve ou de pleurs embués,
Vous êtes le chemin que l'on a fait ensemble
Si longtemps, que nos cœurs ne pourraient l'oublier.

"YOU LAUGHED. AND THE WHOLE HOUSE . . . "

You laughed. And the whole house stood laughing too.
—Homes of our Past... O this, happiest of these!—
You sang. And in the shadows' harmonies
Father listened to you.

For all your laughter, that wound lovingly
About his life, like morning-glory twining
Round the vine... For your heart's love, brimming, shining,
Mother mine, blessèd be!

"I MUSE, DEAR CHILDHOOD FRIENDS . . . "

I muse, dear childhood friends, on all your faces,
Sleeping in my eyes' dark-deep lake. Again,
How sweet to see—like treasured landscape—places
We knew and loved, that pleasured us back then.

You are the Past entire, that—trembling—lies
Upon the path we trod together, yet
Moist with dream-tears, sprung streaming from your eyes—
Path so long that our hearts cannot forget...

« SI CE SOIR J'AI BLOTTI . . . »

Si ce soir j'ai blotti dans tes mains caressantes
Mon front triste et l'aveu de mes regards mouillés,
Si ma peine n'a pu se fondre en cette ardente
Et magique douceur de l'ombre et des baisers,

Si mon cœur fut étreint d'une angoisse étrangère
A notre grand bonheur, et si, de mes paupières,
Des pleurs ont ruisselé qui n'étaient pas pour toi,
Ami jaloux et cher, Ami, pardonne-moi !

Afin que notre amour comme une aube vermeille
Fût pur, et se nimbât d'immuables rayons,
A tes yeux j'ai voulu limiter l'horizon,
Et de joie étouffer tous cris en mes oreilles.

Mais je n'ai pu fermer mon cœur. Pardonne-moi.
L'Echo de la douleur y rebondit. Ecoute
Sangloter ce regret irrésistible... Et vois
L'ombre qu'un bonheur mort jette sur notre route...

"IF I NESTLED TONIGHT . . . "

If I nestled tonight, in your hands' yearning,
Gentle caress, my sad brow's tearful glances;
If my pain failed to melt, in your lip-burning
Kisses' sweet magic, and those shadow-trances;

If my heart seemed locked in a stark and stiff
Pose, foreign to the joy we shared; and if
I wept tears not for you, nor would pretend...
Be jealous, yes, but pardon me, dear friend!

To keep our love pure as dawn's reddening skies,
Haloed in rays of ever-changeless light,
I turned your eyes from the horizon's sight
And muted, in my ears, love's jealous cries.

But I would not quiet my heart. I pray
You pardon me... For what is done and said,
Sighs of regret echo us on our way:
Dead happiness shadows the path we tread...

SUR LE SOMMET

Retournons-nous, Ami, car voici le tournant
Où la route incertaine aux creux d'ombre descend.

Vois s'estomper de nuit ou luire comme un fleuve
Les lacets du chemin où notre fièvre neuve
S'élançait en rythmant de rires et d'éclats
L'intrépidité vive et l'orgueil de ses pas.
Te souviens-tu ? Te souviens-tu ? Dans cette plaine
On voit briller les seaux d'argent de la fontaine

Où, pour calmer ma soif, tu remplis un matin
Sous mes lèvres en feu la coupe de tes mains...
Sur la pente l'on voit la maison que des roses
Enguirlandaient, et qu'un beau jour d'été, sans causes,
Le cœur ivre d'espoir et de rêve on quitta,
Parce qu'un désir brusque orientait nos pas
Vers la cime neigeuse où se meurent les roses.

Le Souvenir palpite un instant et se pose
A chaque flamboiement de la route et des bois ;
Il chante, et l'air s'emplit du trésor de sa voix.
Nous sommes las, ce soir, de la marche. Qu'importe ?
Les heures du Passé brillent. Nulle n'est morte.
Nous sommes las ce soir, et la route descend ;
Mais le Souvenir chante et notre cœur l'entend.

Ah ! regardons sans peur l'heure où l'ombre se lève,
Si nous avons vécu la splendeur de nos rêves.

ON THE SUMMIT

Let us go back, Friend. Here, the path unsure
Turns, plunges deep into hollows obscure.

See how, night-muted or bright as a stream,
The ribbon-road below, where our fresh dream,
Intrepid, laughed the rhythm of our climb
In loud, proud shouts... Do you recall the time?
Do you recall? That day?... This plain?... We stood
There by the fountain silver-pailed...

You would
Try to assuage my thirst, as you would cup
Your hands, dipped in the water, raise them up
Before my burning lips... Now we see, twined
About with roses, that house, garland-vined,
Set on the hillside, that we two—who knows
The reason why?—one day in summer, chose
To leave behind, hearts full of hope, with dreams
Of scaling the snowed summit where, it seems,
Too soon roses lie dying...

For a bit,
Memory quivers on the road, as it
Coils through the wood, raising its rich voice there,
In glistening swell, flame-like, lighting the air...
So tired are we this night from walking. Oh?
What matter, when the past lives yet, a-glow,
Gleaming? Each hour burns bright. Not one lies dead...
So tired are we this night... Once more we tread
The downward path, outspread, winding along...
But Memory sings, and our heart hears its song.

Now spent, re-lived, our dreams' resplendent light...
Ah! Let us dare watch rise the shades of night.

La Pelouse

(1914)

Côte à côte

Plénitude / Rich Hour
Berceuse / Lullaby
Crépuscule d'hiver / Winter Twilight
Câlinerie / Caress
Les Habitudes / Habits
« Mon ami, tu connais . . . » / "My friend, you know . . . "

Le Parc

« Une branche qui se balance . . . » / "A branch against the sky . . . "
« Ne bouge pas . . . » / "Stand still . . . "
« Crépuscule de perle rose . . . » / "Twilight pink-pearled . . . "
« Sous l'averse des mots . . . » / "Showers of heartless words . . . "
« Que mon désir te soit sensible . . . » /
"May my yearning surround you . . . "
« Le Paysage est comme un lac . . . » /
"This rustic space, like soulless lake . . . "

Du livre de l'amitié

« O les riens charmants . . . » / "Oh, the sweet nothings . . . "
« Nous nous regardons . . . » / "We look at one another . . . "
Lettre / Letter

La Ruche

« Mon cœur est une ruche . . . » / "My heart is like a hive . . . "
« La maison où riait notre jeunesse . . . » /
"Shut, now, our childhood house . . . "
« Que le silence emplisse . . . » / "Let silence fill the room . . . "
« Tu n'es qu'une lumière . . . » / "You are a fragile beam . . . "
« Pourquoi prier dans une église . . . » / "Why pray at church . . . "

PLENITUDE

Les moires du ciel bleu luisent entre les feuilles,
Et l'air que le Soleil a doré glisse doux
Sur les hauts peupliers ; un souffle tiède effeuille
Des roses au rosier qui grimpe jusqu'à nous.

Ecoute s'irriter les guêpes dans la chambre.
Sens-tu que notre amour est comme un beau fruit mûr
Autour de qui bientôt l'insidieux Septembre
Rôdera ? —Mais ce soir encor, ce soir si pur,

Ne bougeons pas. Laissons la fenêtre et la porte
Ouvertes à l'immense extase de l'été,
Et gardons que le vol des désirs fous n'emporte
L'heure de plénitude où meurt la volupté.

BERCEUSE

Ma tendresse est un fruit velouté que nul doigt
        Sans le froisser ne touche.
Berce-moi dans tes bras sans demander pourquoi
        Rêve ou sourit ma bouche.

Ma tendresse est un fruit délicat que l'automne,
        Reine d'or des saisons,
A voulu longuement mûrir, et qui rayonne,
        Ami, dans ta maison.

Laisse-la parfumer un peu ton existence,
        Respire-la sans bruit,
Et savoure, frisson multiple du silence,
        L'âme douce du fruit . . .

RICH HOUR

Amid the leaves the sky's blue shimmers, glows;
The Sun-gilt air slips—gentle, languorous—
Atop the poplar trees... A warm breeze blows
Rose petals from the bush that climbs toward us...

Our room, a-buzz with wasps' ill-tempered sound...
And our love? A ripe fruit that, all too sure,
Faithless September will soon hover round
About... And yet, tonight, this night so pure,

Let us lie still—door, window, open wide
Onto the summer's vast, ecstatic breath.
But care, lest wild desires unsatisfied
Bear this rich hour off to love's blissful death.

LULLABY

Velvet-skinned fruit, my tenderness... And never
          Touched, but that it must seem
To crumple... Lull me in your arms, nor ever
          Ask why my lips smile, dream...

Delicate fruit, my tenderness... And one
          That rust-green Autumn's gold
Chose long to ripen in the gleaming sun
          Of your warm love's household...

Let your days steep a bit, loll in its scents,
          Breathe deep and savor it.
Drink down, mid silence-quivering redolence,
          The fruit's soul, exquisite...

CREPUSCULE D'HIVER

Quel enchantement naît de l'ombre et du silence !
La poignante langueur du soir mauve envahit
Mystérieusement nos âmes sans défense.
Et nos doigts, sans l'avoir voulu, se sont unis.

Heure vertigineuse où tout s'incline et glisse
En l'irréel, où nous ne savons rien, plus rien
Que cet enlacement de nos doigts, ce délice
D'être seuls, d'être deux et de n'être plus qu'un.

Nous ne distinguons plus nos traits. Un voile estompe,
Crépusculaire et flou, l'éclair blanc de nos bras.
Cet émouvant frisson qui fait palpiter l'ombre,
Est-ce mon souffle ou bien le tien ? Je ne sais pas...

Douce magicienne en robe de silence
L'heure amoureuse effeuille en ses doigts veloutés
Les iris gris du soir aux subtiles nuances,
Et mêle dans nos cœurs l'ombre et la volupté.

WINTER TWILIGHT

Wondrous enchantment, silence shadow-born!
Twilight's mauve languor spreads its mystery
Against our souls' defenselessness forlorn.
Our fingers intertwine unconsciously...

Dizzying hour, when everything goes slipping
Into the vague unreal, in unison
Beyond the known... Alone, our fingers gripping
Our joy at being two, yet being one...

Unclear, our features... Dusk's dark veil is laid
On our white arms, blunting, blurring their glow.
This passion-shudder that shivers the shade...
Is it your breath or mine? I do not know...

This, love's sweet hour—silence-robed sorceress—
Stripping, soft-fingertipped, the opal glints
Of evening, blends shadowed voluptuousness
With subtle shading of our hearts' gray tints.

CALINERIE

Ce soir une souffrance encerclait mon front las.
Tu as pris dans tes mains fraîches mes mains brûlantes,
Et d'un geste très doux et caresseur tu m'as
Enveloppée ainsi qu'une enfant languissante.

Mais petit à petit le mal s'en est allé,
Au bout des doigts légers glissant en ondes fines ;
Une aile de velours par la chambre a volé
Et bat contre ma tempe avec des peurs câlines.

Rien ne demeure plus que le blottissement
De tout mon être en toi. Et l'heure délicate
Se nuance d'amour, un peu, très chastement,
Et nous berce en chantant tendrement, à voix basse...

LES HABITUDES

Comme des chats roulés dans l'ombre des corbeilles
Près du feu où la flamme amusante jaillit,
Se pelotonnent loin des bruits qui les éveillent,
Très doucement, les habitudes dans l'esprit.

Elles sont de velours, et ne griffent qu'à peine,
A moins qu'on ne les heurte, un jour, trop brusquement.
Elles ont le pas souple et la mine sereine ;
Elles ont chaud ; chacun les caresse en passant.

Elles ont l'air modeste et n'ont pas d'exigences,
Tant qu'un peu de jeunesse étincelle en leurs yeux.
Sans s'en douter d'abord, on chérit leur présence,
Jusqu'au soir où, surpris, on les regarde mieux...

CARESS

My brow, tonight, was ringed with weariness.
Gently you clasped my burning fingers, and,
Like languorous child, I felt the cool caress,
The sweet embrace of your smooth, soothing hand.

Little by little woe went billowing
Off from my slender fingertips, blown free;
And, in the room, fluttered a velvet wing,
Stroking my temple, coyly, timidly.

Now nothing of myself is left but my
Nestling within your being. And this, love's hour,
Cradles us with its low, chaste lullaby,
And all love's many-shaded, tender power...

HABITS

Like cats, curled up in basket-shade beside
The fire, far from our bustling humankind,
Waking to quiet noises, curious-eyed,
So too our habits nestle in our mind.

Velvet their paws, scarce clawing us, unless
We jostle them too suddenly one day.
Supple and sure their step... And we caress
Their warmth as, lovingly, we pass their way.

We prize their modest mien, have no suspicion
So long as their eyes sparkle, young and bright.
No rash demands bespeak their meek submission—
Till we see them for what they are one night...

« MON AMI, TU CONNAIS . . . »

Mon ami, tu connais mieux que moi mon visage ;
Tu connais les accents multiples de ma voix ;
Et tes yeux ont gardé, vivantes, mille images
Que j'ignore, et pourtant qui jaillirent de moi ;

L'empreinte du sommeil, attitude secrète
Où se révèle un nouvel être ; et, tour à tour,
Mobile expression que nul miroir ne guette,
Le visage du rire et celui de l'amour.

Tu écartas mes mains de mon visage en larmes,
En tremblant tu baisas la douleur sur mes traits.
Dans mes yeux tu crus voir se refléter mon âme.
—Mon visage. Mais mon âme, qui la connaît ?

« UNE BRANCHE QUI SE BALANCE . . . »

Une branche qui se balance sur le ciel.
Un oiseau qui sur la branche chante, irréel ;

Une senteur fine et fraîche d'herbe coupée ;
La poudre d'argent vif d'un jet d'eau sur l'allée ;

Dans les hauts peupliers l'air léger qui se joue
Et qui fait chatoyer des lueurs sur ma joue ;

Les feuilles et le ciel emmêlés et soyeux ;
—Mais surtout la douceur divine d'être deux...

"MY FRIEND, YOU KNOW . . . "

My friend, you know my face better than I,
And all my murmured echoes; your eyes see
A thousand living images that my
Eyes have forgot, though they sprang forth from me;

Sleep's etched design: a secret pose that, lo!
Reveals a new self, one whose fickleness
Of air no spying looking-glass dare show;
The face of laughter, and of love no less...

You took my hands, still moist with tears this night.
Trembling, you kissed my sad face, deep in dole.
You thought my face reflected my soul's light...
You knew my face... But who could know my soul?

"A BRANCH AGAINST THE SKY . . . "

A branch against the sky, swaying... A bird
On the branch, singing—ghostly, barely heard;

The scent of fresh-mown grass; the path, strewn wet
With silver spray cast by the water-jet;

The air, light, on the poplar trees, at play,
Flecking my cheek in glittering roundelay;

Silk-smooth, the labyrinth of leaves and sky—
Fairer still: joy divine of "you and I"...

« NE BOUGE PAS . . . »

Ne bouge pas. Ce n'est qu'une averse d'été.
Laisse la tiède pluie inonder ton visage.
Souviens-toi du passé et de la volupté
Des pleurs où le parfum de l'âme se dégage.

Il pleut très doucement sur les jardins. Il pleut.
Le matin gris et or psalmodie à voix basse.
Un pépiement mélancolique et langoureux
Monte des nids blottis. Un souffle triste passe,

Triste et pourtant limpide, harmonieux et doux.
Mille mains fines ont ébranle la feuillée ;
Le parc comme une harpe vibre. Et, tout à coup,
Il monte un long parfum de la terre mouillée.

"STAND STILL . . . "

Stand still. Only a summer shower this...
Let your face bathe in raindrops, warm and soft.
Think of our past, our passion, and the bliss
Of tears that bear the soul's fair scent aloft.

Gentle, the rains over the gardens... Gray
And gold, the dawn's low-chanted litanies...
Chirpings—nostalgic, sad—greeting the day,
Rising from huddled nests... A languid breeze,

Mournful yet limpid, wafts its melody.
A thousand fingers pluck each harp-like string,
Set the park quivering. And, suddenly,
From the wet earth, a sweet scent, lingering...

« CREPUSCULE DE PERLE ROSE . . . »

A M. et Mme S. Charles Leconte

Crépuscule de perle rose et jardin bleu
Où s'apaisent les chants, où se mêlent les formes,
Où les oiseaux du jour au fond des nids s'endorment,
L'ombre jette sur vous ses voiles vaporeux.

La grâce des matins à peine est effeuillée.
Mille éclats vifs ont lui dans ce même décor.
Mais tes yeux nuancés se souviennent encor,
O soir voluptueux, des lueurs effacées.

Toi, tu viens, et ton souffle insensible réveille
Tous les parfums fondus au cœur frais de la nuit.
Et le silence qui dormait aux bras des bruits,
Fragile et pur enfant, frissonne et s'émerveille.

Tu es riche de tous les instants en allés.
Tu es l'heure divine où l'âme se recueille
Ainsi qu'un rossignol au nid tremblant des feuilles
Avant de s'exhaler vers les cieux étoilés.

“TWILIGHT PINK-PEARLED . . . ”

*For M. and Mme S. Charles Leconte**

Twilight pink-pearled and garden, azured pale,
Where day-birds doze snug in their nests, songs done,
And where shapes, contours dimmed, have all begun
To blend... Where shade cloaks you in mist-trimmed veil...

Morning’s grace scarce lies petal-shorn. For us,
A myriad sparks lit the décor, now dead...
Your eyes echo yet with the light they shed—
Eyes many-hued, O night voluptuous.

And you... You come, and your breath, mutely spent,
Stirs all the night-heart’s scents mingled in space.
And silence, waking, pent in sounds’ embrace—
Chaste, fragile child—shivers its wonderment.

Rich are you in those moments now flown by—
You, hour divine, soul-rapt, musing at rest—
Like nightingale in her leaf-trembling nest,
Then flying star-ward, wafted on a sigh...

* Sébastien-Charles Leconte (1860–1934) led a double life of poet and jurist. A latter-day disciple of the Parnasse much appreciated for his elegantly crafted philosophical verse, he was named to a government post in the French territory of New Caledonia. Eventually returning to Paris, he continued his dual careers, publishing a dozen or so poetic collections between 1897 and 1932 before fading into literary obscurity. A close friend of Georges Périn, he counted many prominant intellectuals among his admirers.

« SOUS L'AVERSE DES MOTS . . . »

Sous l'averse des mots trop cruels j'ai pleuré.
Et le silence étend son voile déchiré
Dans le jardin qu'un brusque orage a dévasté.

Les feuilles ont jonché l'allée, et les glycines.
Grappes mauves au vent frissonnent et s'inclinent.
Sur la pelouse meurt une rose divine.

Mais le parfum blessé qui s'exhale des fleurs
Est plus voluptueux que naguère. L'ardeur
Du soleil fait flamber tout à coup les couleurs.

Et sous les larmes que ta main câline essuie,
L'amour se renouvelle, éclate, et s'extasie
Comme un massif de géraniums après la pluie.

« QUE MON DESIR TE SOIT SENSIBLE . . . »

Que mon désir te soit sensible et t'environne
Comme l'appel léger de la cloche qui sonne
A chaque heure du jour, claire, dans le lointain.
Que la langueur des soirs, la fraîcheur des matins,
Evoquent le décor heureux où nous passâmes,
Que mon âme ne soit qu'un écho de ton âme,
Que ma vie à tes lèvres s'élance, et pourtant
Qu'elle t'étonne et te révèle un autre accent
Que celui de ta voix mélancolique et chère.
Et que tu sois le feu secret de ma lumière !

"SHOWERS OF HEARTLESS WORDS . . . "

Showers of heartless words... Tearful my eye,
As silence spreads its tattered veil hard by
The garden that gale-gusts blow all awry.

Mauve leaves bestrew the path. Beneath the skies,
Wisteria shivers, bends as storm-wind flies...
A heavenly rose falls to the lawn... And dies...

But the scent of the flowers—laid low, undone—
Floats more voluptuous than before. The sun
Flares hot its colors, each and every one.

And, through my tears, as your hand soothes the pain,
Love, in its ecstasy, shines forth again—
Geraniums a-bloom after the rain...

"MAY MY YEARNING SURROUND YOU . . . "

May my yearning surround you; may you feel
Its tender beckoning, like bell whose peal
Tolls the day's passing hours, far off but clear.
May mornings fresh and languid eves bring near,
Once more, that happy landscape where we strolled;
May my soul's echo now be but the tolled
Echo of yours; may my life burst upon
Your lips, yet not in accents woebegone
Of your dear melancholy voice... Ah, might
You be my fire's deep-hidden, secret light!

« LE PAYSAGE EST COMME UN LAC . . . »

Le paysage est comme un lac inanimé ;
Ton pas ne heurte plus tout à coup le silence.
Tu ne viens plus par les jardins, mon bien-aimé.
Et le monde est désert où manque ta présence.

Qu'importe que le soir soit mauve et que l'éclat
Des géraniums s'auréole de crépuscule ?
Mon ami, mon ami, puisque tu n'es plus là,
Qu'importe que dans l'ombre ardente mon cœur brûle ?

Dénouez vos parfums magiques, fleurs de nuit,
Que votre souffle évoque un instant le visage,
Les gestes et la voix, dans ce parc endormi,
De l'être qui donnait la vie au paysage.

"THIS RUSTIC SPACE, LIKE SOULLESS LAKE . . ."

This rustic space, like soulless lake, lies dead.
Your steps, my love, no longer grace this spot,
Suddenly silent grown, once garden-spread...
A desert, now, this place where you tread not.

Who cares for sunset's mauves? Who cares to see
Twilight-haloed geraniums? Who cares,
My friend! My friend!—now that apart are we—
That my heart burns in dusk's hot shadow-flares?

Strew your scents' magic, you, flowers of the dark.
Let your breath, for a time, conjure the face,
The voice, the gestures—in this slumbering park—
Of him who brought life to this rustic space.

« O LES RIENS CHARMANTS . . . »

O les riens charmants dont se tisse
L'ample manteau de l'amitié !
O les riens charmants ! L'heure glisse
Et vibre entre nos doigts liés.

Joyaux des plus douces pensées,
Petits feux brillant dans la nuit,
Tendrement. Grâces nuancées,
Déploiement souple de l'esprit,

Repos délicieux, surprise
Toujours nouvelle de l'accord !
Un geste, un mot, et l'heure grise
Ouvre en palpitant ses yeux d'or.

Plaisir délicat d'être ensemble.
On a chaud à l'âme, on est bien.
Tout nous intéresse. Il nous semble
Qu'un trésor luit dans chaque rien.

"OH, THE SWEET NOTHINGS . . . "

Oh, the sweet nothings woven through
The cloak of friendship, spreading wide!
Sweet nothings! And time, slipped into
Clasped hands, a-quiver, side by side...

Gems, jewels of spirit's tenderest thought!
Night's sparkling little fires! Or these
Varied-hued graces, blithely wrought
In supple-minded subtleties...

Each new accord delights. Each word,
Each gesture rouses our surprise!
Repose... Dusk, dim but undeterred,
Breathless, opens its golden eyes.

Delicate pleasure, yours and mine!
To souls' content, together, we
Share boundless treasure, see it shine
In each sweet nothing, lovingly.

« NOUS NOUS REGARDONS . . . »

Nous nous regardons en silence. Car Demain
Va déchirer le beau poème.
Inutiles efforts des cœurs tristes, des mains
Qui laissent s'enfuir ce qu'ils aiment !

Le soir glisse, le dernier soir, amer et doux,
Etouffant son âme secrète ;
Et ce bonheur encor qui s'arrache de nous,
En pleurant garde un air de fête.

Son tragique visage a souri sous les fleurs
Qu'un enfant innocent lui jette.
Ah ! si tendre, si cher, si fragile bonheur,
Tu meurs dans nos mains inquiètes.

Tu meurs. Nous nous taisons. Passé délicieux,
Tes minutes s'en sont allées.
Espoir, espoir autour du mort mystérieux
Enroule ta robe étoilée !

"WE LOOK AT ONE ANOTHER . . . "

We look at one another silently...
    Tomorrow will slash dead our fine
Ode, line by line... Vain, hearts', hands' pain... For we
    Let flee love's treasure, yours and mine!

This night, our last—bittersweet—slowly slips
    Away, muffled, its secret soul;
And our joy, sundered, as it rends and rips,
    Weeps yet its festive farandole.

Its tragic face has smiled under the flowers
    Thrown by a child. Ah, innocence!
And you—O dear, O fragile joy of ours!—
    You lie dead in our hands, taut, tense...

You lie dead. We fall still. Silent, our past
    Delights are fled. O hope, I pray
That round the corpse mysterious you cast
    Your robe, studded in starred array!

LETTRE

Tu as fermé ses yeux. Tu as serré tes mains
Sur le visage adolescent de l'aventure.
Tu as dit : J'ai crié, gémi, souffert en vain ;
Tout ce passé brûlant n'était pas mon destin.
Ma vie était un souffle et mon cœur un murmure.
J'aime le calme gris des jours sans battement ;
J'aime la cendre où luit sans s'élancer la flamme,
Et je t'étoufferai, rythme trop palpitant,
Qui troublas le silence accompli de mon âme.

—Mais quoi, le cœur battant, le délice et la fièvre,
Par les mille désirs l'être multiplié,
Mais ce goût de la vie, unique sur les lèvres,
Et tous ces élans fous liés et déliés,
Leur diras-tu qu'il faut mourir sans une larme,
Stoïques, sous le vent des jours se dessécher,
Leur diras-tu qu'il faut haïr ce qui s'attarde
De rêve dans tes yeux où l'amour s'est penché,
Et que c'est ton destin morne de jeune femme ?

LETTER

You closed its sightless eyes. You clutched your hands
Over adventure's face—that adolescent,
Callow-most youth! You said: "Fate's dour demands
Went all for naught. In vain, my evanescent
Moan and lament! That burning past was not
Meant for me... Life? A mere breath. And my lot?
My heart's low murmuring... No, let it be.
I love the calm, gray days' tranquility.
I love the deadened flames' ash-afterglow.
And I will mute you, rhythm pounding free,
Who would disturb my soul's *pianissimo.*

"What? Will you tell the heartbeats, fever-rife—
All the mad joys leaping unbounded; or
The sheer delights of many-passioned life
Whose tastes no lips have ever known before—
Will you tell them that, Stoic, one must die
Without a tear? That winds must parch them dry,
And that one has to loathe the remnant of
The dreams strewn in your eye when, tenderly,
You lie beneath the warm embrace of love?
This, your young woman's mournful destiny?"

« MON CŒUR EST UNE RUCHE . . . »

Mon cœur est une ruche où de frêles abeilles
Rapportent chaque soir un étrange butin,
Miel secret, miel d'or sombre et qu'à peine ensoleille
        Le reflet d'un rayon lointain.

Souvenir des matins de Juin, —ô rose fraîche !—
Silence ivre d'odeurs des forêts au printemps ;
Parfum chaud de la vie au verger, douce pêche
        Qu'on mordait à deux en riant !

Langueur de l'ombre, éclat de la plaine infinie,
Et toi, jardin charmant qui s'ouvrait aux retours,
Accueillant et peuplé de figures chéries,
        Aubes d'enfance, soirs d'amour !

C'est vous qui remplissez d'un bourdonnement triste
Et d'un amer parfum mon cœur dépossédé,
Souvenirs, souvenirs, puisque plus rien n'existe
        De vos jardins émerveillés !

“MY HEART IS LIKE A HIVE . . . ”

My heart is like a hive, where fragile bees—
Eventide—bring their booty: tawny gold
Honey, looted in secret revelries
    Far and wide, sunbeam-aureoled.

June mornings... Rose, new-blooming, exquisite!
Silence, drunk on spring woodland’s heady scents...
Warm orchard fragrance, as we laughed and bit
    Into a peach’s succulence!

Languorous shade... Bright meadow, boundless spread!
And you, dear garden, scene of sweet returnings,
Welcoming long-loved faces, long since fled...
    Childhood dawns, evening-lovers’ yearnings!

Memories all! A-buzz amid the pains,
Bitter perfumes of my heart, comfortless...
Memories now, since nothing more remains
    Of your fair gardens’ wondrousness!

« LA MAISON OU RIAIT NOTRE JEUNESSE . . . »

La maison où riait notre jeunesse est close.
Notre maison ! Nul n'ouvrira plus désormais
Pour l'accueil coutumier la porte et les volets.
Laissez au long du mur se dessécher les roses !

Que l'herbe et que la mousse envahissent la cour
Et tapissent le canevas blond des allées,
Décor qu'embellissaient les heures en allées,
Enfance claire, adolescence de l'amour...

Maison de mes parents, sourire de ma mère,
Jardin où s'effeuilla l'éclat de mes vingt ans,
Où, tissés par les doigts mystérieux du temps,
Mes souvenirs dormaient dans leur grâce première,

Jardin fermé, maison déserte, en vous quittant,
J'éveille les échos de votre solitude ;
Et j'écoute mourir en toi mille voix pures,
Dernier refuge où je pouvais être un enfant.

« QUE LE SILENCE EMPLISSE LA CHAMBRE . . . »

Que le silence emplisse la chambre où tu pleures.
Que l'ombre ainsi qu'un lac entoure ton logis,
Ile de solitude et d'angoisse, demeure
Où le front dans tes bras tu sanglotes sans bruit.

Crie à voix basse. Eteins la lueur de tes larmes,
—Plus que l'amour le désespoir a sa pudeur—
Pour que nul ne se penche en tremblant sur ton âme,
Car les mots les plus doux offensent la douleur.

"SHUT, NOW, OUR CHILDHOOD HOUSE . . . "

Shut, now, our childhood house, for good and all.
The house where laughed our youth... No more will stand
Shutters and door, holding out welcome's hand.
Look! See the roses withering on the wall.

See how the grass and moss invade the lawn,
And line the lanes' blond canvas, time's tableau—
Beautiful once, now but an afterglow:
Love's adolescence, life's bright-breaking dawn.

My family home... And there, my mother, smiling...
Garden where, petal-strewn, my twenty years—
Time-weft—left their mysterious souvenirs,
And memories slept in childhood grace beguiling.

Garden shut, house deserted... Longingly,
I leave you to your echoes, lonely lying.
I hear your thousand-fold pure voices, dying—
Last refuge. where I could a child still be.

"LET SILENCE FILL THE ROOM . . . "

Let silence fill the room where you weep low.
Let shadow, like a lake, ring your domain—
Island of anguished solitude, of woe—
Where, head in hands, you sob your muted pain.

Moan softly... Dim your glistening tears' despair—
More modest still than love is hopelessness!—
Lest, trembling, one muse on your soul, laid bare:
For soft words are the bane of pain's distress.

« TU N'ES QU'UNE LUMIERE . . . »

Tu n'es qu'une lumière fragile, ô ma vie ;
Tu n'es qu'un jeu d'instants fugitifs et légers.
Laisse d'autres songer avec mélancolie
A la douceur de n'être qu'un feu passager.

Il n'est point de fardeau dont la mort ne décharge.
Que cet espoir divin t'aide à tout supporter.
Sois calme : tu mourras. Laisse à d'autres, mon âme,
L'horreur de concevoir une immortalité.

« POURQUOI PRIER DANS UNE EGLISE . . . »

Pourquoi prier dans une église,
Pourquoi pleurer sur une tombe,
Lorsque notre cœur éternise
Tout ce qui s'élance et succombe ?

Dieu et nos morts vivent partout.
Le vent léger, l'oiseau qui passe,
D'un coup d'aile sublime et doux
Les portent à travers l'espace.

Dans tout ce que nous regardons,
Dans tout ce que nos lèvres touchent,
Dans notre chair nous retrouvons
Le secret baiser de leur bouche.

"YOU ARE A FRAGILE BEAM . . . "

You are a fragile beam, my life; no less
No more... Mere seconds' flight, an instant's game.
Let others dream and, waxing sad, profess
How sweet to be only a passing flame.

There is no burden, O my soul, that death
Fails to disarm; let that divine hope be
Your strength... Leave others, at your dying breath,
The lurid thought of immortality.

* I suspect, given the lack of rhyme ("décharge / âme"), that the last word in line 5 of the original was intended as "désarme". While itself not a perfect rhyme with "âme", the poet apparently would have accepted it, as she does other occasionally impure lines.

"WHY PRAY AT CHURCH . . . "

Why pray at church? Why, unconsoled,
Kneel, grieving, on the tomb, with eyes
Moist-teared, when in our hearts we hold
Everything that grows, lives, and dies?

God and our dead dwell everywhere.
The breeze, the passing bird, whose grace,
Winging aloft, rending the air,
Softly carries them off through space...

In all we chance to gaze on, or
In all our lips' caressing bliss,
In all our flesh, we sense once more
The secret lingering of their kiss.

Les Captives

(1919)

Avril de guerre / April at War
« Les mères ont sur leur cœur . . . » /
"Mothers clasped to their breasts . . . "
« Les hommes sont partis . . . » /
"The men left for their valiant task . . . "
« Quand on regarde bien . . . » /
"When one sees women passing by . . . "
« Vos fils de dix-huit ans . . . » / "Your sons—eighteen-year-olds . . . "
« Logis que l'amitié fit si chaude . . . » /
"House, once warmed sweet . . . "
« C'est le troisième été . . . » / "This, the third summer . . . "
« Je plains ceux qui sont morts . . . » / "I pity those who died . . . "
« A quoi bon, chers absents . . . » /
"What good, to bear this useless load . . . "
« La beauté des jardins . . . » / "The beauty of the gardens . . . "
Permission / Short Leave
« Toujours ce mot terrible . . . » / "Always that frightful word . . . "
Marché / Market
« Quand on voit ces petits . . . » / "When we see those . . . "
« Visages ravagés des femmes des usines . . . » /
"Factory-worker women, faces worn . . . "
« Que la vie aux regards éblouis . . . » /
"How dazzling bright was life . . . "
Vent de mai / May Wind
« Une femme qui coud . . . » / "A woman sewing . . . "
« Je pense à ceux . . . » / "I think of those . . . "
« Beaucoup ne verront plus . . . » / "Many shall never see . . . "
« Nous qui aurons gardé . . . » / "We who shall have survived . . . "
« Les femmes ne pourront . . . » / "Our women shall not sing . . . "
Cloches / Bells

AVRIL DE GUERRE

La neige blanchit les chemins
Et le vent siffle sous les portes.
Avril de guerre, Avril étreint
Par la bise aux cinglantes mains,
Avril aux clartés demi-mortes !

Les femmes ont des voiles noirs
Et les jeunes filles sont graves.
On parle à voix basse. Le soir
Tombe... Silence... Un peu d'espoir
Brille en l'ombre ainsi qu'une épave.

Nous sommes là. Nous nous taisons.
Et que dire à celle qui pleure ?
Nous sommes là comme en prison.
Immobiles dans nos maisons
Nous savons que les hommes meurent.

« LES MERES ONT SUR LEUR CŒUR . . . »

Les mères sur leur cœur ont serré leurs enfants,
Et puis, ouvrant les bras, ont dit : « Que s'accomplisse,
France, puisqu'il le faut, ce premier sacrifice... »
    Et les ont vu partir en se taisant.

Trop de douleur nouait leur gorge. Le silence
Seul était assez large, assez pur, assez grand
Pour contenir leur peine. Et leurs yeux, simplement,
    Ont regardé s'enfuir la route immense.

APRIL AT WAR

Snow, covering the roads in white,
Gusts whistling in under the door...
April—wind-lashing, clutching tight—
April, in dismal, dying light,
Hovering dull... April at war!

Women in black veils... Girls without
A smile, sad-faced and woebegone...
Muttering low... Day peters out:
Silence... Hope sparks, flickers about
The shadows, flotsam-like... Floats on...

Here we remain, stand silently.
What to tell that one, weeping, sighing?
Here we remain, like prisoners, we...
Pent in houses of misery,
We know out there the men are dying.

"MOTHERS CLASPED TO THEIR BREASTS . . . "

Mothers clasped to their breasts their sons. And they
Flung wide their arms, saying: "Now must we make
This, our first sacrifice, for France's sake,"
    And, grown hushed, sent them on their way.

Too tight their throats... Silence alone would be
Great enough, vast and pure enough to hold
Their grief. And their eyes, with a pain untold,
    Peered down the road's immensity...

« LES HOMMES SONT PARTIS . . . »

A Mme Edmond Pilon

Les hommes sont partis pour la tâche héroïque.
Les longs trains emportant leurs chansons et leurs cris
Roulent vers la frontière avec un bruit épique.
Les hommes sont partis, une rose au képi.

Et les femmes, debout près des grilles fermées,
Serrant d'un rude nœud les sanglots défaillants,
Ont souri jusqu'au bout aux têtes bien-aimés,
Comme l'on doit sourire au chevet d'un mourant.

Mais seules regagnant le logis calme et tendre
Où tout luit comme hier au soleil de l'été,
Mais seules et laissant leur âme se détendre,
Longuement, longuement, les femmes ont pleuré.

"THE MEN LEFT FOR THEIR VALIANT TASK . . . "

For Mme Edmond Pilon *

The men left for their valiant task. The long
Trains bore them off, frontier-ward, to the foes,
Amid tumultuous shout and epic song.
The men left... In their soldier-caps, a rose...

And, standing by the fences, gates now shut,
The women, lump in throat, sobbed breathless, sighing
To each sad-moaned farewells, and smiling... But
Theirs, those wan, deathbed smiles cast on the dying.

Alone, back to their dwellings, quiet, calm,
Where summer shone as it did yesterday...
Alone, and seeking solace in the balm
Of endless tears, they wept the days away.

---

* The dedicatee was the wife of Edmond Pilon (1874–1945) to whom the entire collection *Les Captives* was dedicated. Pilon was an eminent *littérateur,* biographer, art historian, and social commentator. He and his wife were dear friends of the poet and her husband Georges Périn.

« QUAND ON REGARDE BIEN . . . »

Quand on regarde bien les passantes, l'on voit
Qu'une même lueur tremble sous leurs paupières,
Qu'un même souvenir fixe autour de leurs doigts
L'humble bague, rappel incessant de la guerre.

Elles ne disent pas toujours les mêmes mots.
Chacune, à sa façon, porte ou traîne sa peine ;
L'une gémit tout bas, l'autre parle tout haut.
Mais leurs âmes pourtant, sans effort, se comprennent.

« VOS FILS DE DIX-HUIT ANS . . . »

Vos fils de dix-huit ans, vos beaux garçons, avides
D'aventure et de gloire, en chantant sont partis.
L'enthousiasme en eux, flamme auguste et splendide,
Brillait si purement que vous n'avez rien dit,

Que les plaintes mouraient sur vos lèvres timides,
Que devant tant d'espoir on restait interdit,
Car ces enfants d'hier qui devenaient nos guides
Nous auraient rudement fait honte de nos cris.

O jeunesse de France, exaltée et sublime,
Tu t'en vas vers la mort sans avoir su la vie,
Et tu t'élances vers l'abîme ou vers les cimes,
Sans vouloir avouer que tu te sacrifies . . .

"WHEN ONE SEES WOMEN PASSING BY . . . "

When one sees women passing by, one sees
The same lid-quivering, somber tremor, or
The same humble remembrance: memory's
Ring, round a finger, echo of the war.

They do not always speak the same words. No...
Nor bear their woes in selfsame ways. Oppressed,
One moans aloud, another mutters low.
But each soul, simply, understands the rest.

"YOUR SONS—EIGHTEEN-YEAR-OLDS . . . "

Your sons—eighteen-year-olds, thirsting for fame,
Adventure—took their leave. Proud their song sung,
Blazing their spirits' splendid, noble flame
That shone so pure you had to hold your tongue,

Despite laments dying un-moaned upon
Your faltering lips, mute before souls so high
With hope... Children—become our guides anon!—
Who would have blamed us for each shameful sigh.

O youth of France, exalted and sublime,
You scarce knew life but rushed to pay death's price—
In deep abyss or lofty summit's climb—
Yet have no notion of your sacrifice...

« LOGIS QUE L'AMITIE FIT SI CHAUDE . . . »

A Fernand Dauphin.

Logis que l'amitié fit si chaud et si tendre,
Petit coin lumineux dans la pâleur de cendre
Qui noyait les matins, les soirs de ces années
Où toute la douceur de vivre était fanée !
Logis où l'on rêvait, pensait, pleurait ensemble,
Où l'espoir dans nos mains comme un oiseau qui tremble
Battait de l'aile et semblait prêt à s'envoler,
Où l'avenir luisait quand même, ensoleillé . . .
Petit logis ouvert sur la rue où l'armée
A chaque instant faisait résonner son épée,
Où le silence était plein d'échos émouvants,
Où le bonheur gardait le regard frémissant
De ceux qui savent les adieux et qui se taisent
Quand un instant plus doux luit dans l'ombre et les baise,
Petit logis d'où nous entendions le canon
Rythmer la gravité des mots que nous disions,
Quel souvenir dira ta tiède intimité,
Et de nos cœurs profonds les grands cris étouffés ?

Châlons-sur-Marne, Février 1916.

"HOUSE, ONCE WARMED SWEET . . . "

For Fernand Dauphin *

House, once warmed sweet by loving tenderness;
Bright little niche where ashen-pale duress
Drowned, morn to dusk, each faded, forlorn day,
These years when life's joy worn and withered lay...
House, where we mused and dreamed together, wept,
And where, in spite of all, brightly we kept
Our hope alive—bird trembling in our hand,
With fluttering wings, still bent on soaring; and
Where yet our future, wrapped in sun, still shone...
Little house, on the street where, on and on,
Over the silence, bayonets would clang,
And the air, with soul-stirring echoes rang;
Where happiness was able, nonetheless—
For those bent low in farewells' mute distress—
To pierce the shadows for a moment's bliss
And lay upon their lips a fleeting kiss...
Little house, where we heard the cannons' boom
Beating time to our talk steeped in the gloom;
What memory can call to life, make rise
Your heartfelt warmth and our deep-stifled cries?

Châlons-sur-Marne, February 1916 **

* Fernand Dauphin (1876–1961), born in Lorraine, was a compatriot and friend of Georges Périn. A poet with several collections to his credit, he was also, along with Edmond Pilon (see p. 171), co-editor of the *Fables* and the *Contes et nouvelles* of La Fontaine.
** Châlons-sur-Marne, renamed in 1998 as Châlons-en-Champagne, is a town in the Ardennes, capital of the *département* of Marne.

« C'EST LE TROISIEME ETE . . . »

C'est le troisième été qui pèse sur nos têtes,
Immobile, limpide et nu,
Comme si, dans l'espace où le vent des tempêtes
Passa, rien n'était survenu.

C'est le troisième été qui s'écoule en silence
Dans la ville où nous habitons,
Comme si, dans l'espace où tant de cris s'élancent,
Ne rugissaient pas les canons.

Pourtant le vent tragique a glissé sur sa face
Et ridé l'eau de ses bassins.
Mais la ville oublieuse avec les mois qui passent
A retrouvé son front serein.

Des femmes ont remis des fleurs à leur corsage.
Puisque voici les mois brûlants,
Des femmes vont partir vers de riantes plages,
Encor plus loin des combattants.

"THIS, THE THIRD SUMMER . . . "

This, the third summer, weighing hard upon
    Us... Season motionless, bare, clear—
As if, after the storm-winds, come and gone,
    Nothing at all had happened here...

This, the third summer, flowing silently
    Amongst us... Quiet, everything...
As if, amid war-cries' cacophony,
    There were no cannons bellowing...

Yes, the dire wind has slipped amongst us, round
    The waters' face, more wrinkled now.
But the town, with each passing month, has found
    Once more its calm and peaceful brow.

Women, their bosoms decked with blooms replete,
    Go flocking to the smiling shores—
These months of summer's scorching heat—
    Far from the woes of warriors.

« JE PLAINS CEUX QUI SONT MORTS . . . »

Je plains ceux qui sont morts en pensant à leur terre,
A la femme, à l'enfant demeurés sans soutien,
Qui s'en étaient allés tristement vers la guerre,
Sans cri d'orgueil, et qui pourtant se battaient bien.

Je plains ceux qui faisaient leur devoir sans ivresse,
Et qui gardaient dans la tourmente un cœur humain,
Trop tendre, trop penché sur l'immense détresse
De tant d'espoirs fauchés, d'adieux sans lendemain…

« A QUOI BON, CHERS ABSENTS . . . »

A quoi bon, chers absents, porter entre nos mains
L'inutile fardeau de la jeunesse ardente,
Le rythme, la clarté, la passion ? Au loin
Les jours mornes s'en vont, lourds et chargés d'attente.

Les yeux qui nous aimaient regardent les chemins
Où le destin les guette, où la mort et la vie
S'enlacent, durs lutteurs. Ah ! comme tout est vain
De ce que nous gardons des heures abolies !

Nous n'osons plus parer de roses la maison
Où trop de souvenirs cernent notre détresse.
Tout ce qui n'est pas grave et recueilli nous blesse.
Et le moindre bonheur semble une trahison.

"I PITY THOSE WHO DIED . . . "

I pity those who died, beset by thought
Of home, wife, children, left in emptiness;
Who sadly went to war, and yet who fought
Un-trumpeted, but heroes nonetheless.

I pity those who plied their task with no
Fanfare or fuss, and who, for all their sorrow,
Preserved their human heart, through all the woe
Of hopes mowed down, farewells with no tomorrow...

"WHAT GOOD, TO BEAR THIS USELESS LOAD . . . "

What good, to bear this useless load... Life's young,
Passion-bright rhythm—ardent, unabating—
Of you dear, absent sons? The days, far-flung,
Trudge on... Drear, somber days, heavy with waiting.

Those eyes that loved us once peer off in pain
Toward roads where fate lurks, waits... Where life and death—
Dour wrestlers—lie embraced... How empty, vain,
The remnants of last hours' expiring breath!

We dare no longer with fair roses strew
The house, where memories ring our dire despair.
Now only grief and pain await us there,
And our least joy is treason done to you.

« LA BEAUTE DES JARDINS . . . »

La beauté des jardins offense la douleur
De ceux qui vont, le front courbé par tant d'angoisse,
Que leurs regards blessés se détournent des fleurs,
Et que toute gaîté les irrite et les froisse.

Tout ce qui sollicite et réjouit les yeux,
Tout ce qui remplissait jadis d'aise sans cause,
Cruellement, rappelle trop les jours heureux,
Et l'âme se dérobe à la splendeur des choses.

Car à quoi bon ceci, cela, qui fut si doux ?
Car à quoi bon l'éclat, la grâce et l'harmonie ?
—Ils regardent mourir le ciel tragique et roux,
Et dans le soir tombant songent aux agonies.

"THE BEAUTY OF THE GARDENS . . . "

The beauty of the gardens gives offense
To those who turn aside, heads hanging low,
Spurning the flowers... So deep their pain that, hence,
Every joy feeds their anguish, irks their woe.

Everything that would please and charm the eyes,
That graced them once in frivolous display,
Revives a fairer time—cruel now their guise!—
And the soul shirks their splendorous call today.

For what good is it all now, by the by?
This? That?... Eclat, grace, harmony? What for?
They see the sky grow somber, blood-red... Die...
Night falls. They watch its death throes. Nothing more...

PERMISSION

Ces heures que l'on serre ardemment contre soi
On les sent fuir comme une eau vive entre ses doigts,

Si vite ! A peine a-t-on mêlé ses mains, ses lèvres,
A peine a-t-on goûté la douceur de la trêve,

A peine a-t-on souri qu'on sent trembler l'adieu
Dans chaque geste et chaque mot, au fond des yeux.

La stupeur du bonheur n'est pas évanouie
Que le septième jour vous cerne et vous délie.

—Ah ! reposer son front sur des jours assurés,
Ne plus porter un cœur craintif et déchiré,

Un cœur épris de paix, d'amour, de rêves tendres,
Un cœur qui ne sait plus que trembler et qu'attendre!

« TOUJOURS CE MOT TERRIBLE . . . »

Toujours ce mot terrible et morne qui déchire !
Après des mois, des mois, encor, toujours l'adieu,

Les mains vides, les pas qui chancellent... Sourire,
Où donc es-tu, sourire du premier adieu ?

Pour étouffer les cris de révolte qui montent
On serre étroitement les dents sur sa douleur.

Oh ! les gares ! les trains qui roulent vers les tombes...
Oh ! la nuit, le silence, et le cœur plein d'horreur...

SHORT LEAVE

Like water slipping through our fingers, oh,
So fast! These hours clutched to our bosoms, so

Ardently!... Ah! Scarce could we pause, we two,
To join our hands, our lips... Only a few

Moments... A smile... And we felt, you and I,
Each glance, word, gesture shuddering a "good-bye".

Scarce the soul-numbing trance of joy's first day
Swooned past, than the last seized, whisked you away.

Oh, but to rest our brows on days calm spent,
With hearts un-rent by fear, sure, confident,

Hearts bent on peace, love-dreams pure, un-dissembling,
Hearts that, content, know more than waiting, trembling!

"ALWAYS THAT FRIGHTFUL WORD . . . "

Always that frightful word... Dark sounds that tear
Asunder... Months and months, and still "good-byes",

Empty hands, staggering steps... I wonder, where
Are you now, smile? Smile of those first "good-byes"?

To quench our cries, the anger that consumes
Our days, we clench our teeth over our pains.

Oh! Stations, tracks spread toward night's silent tombs...
Darkness... Hearts steeped in horror... Rolling trains...

MARCHE

On va, on vient, on passe, on s'aborde en disant :
	« Comment allez-vous, chère Madame ?
Il fait beau ce matin. Que tout est cher ! Pourtant,
	Il faut bien se nourrir, Madame ! »

Il y a des pivoines en tas, au marché,
	Roses et rouges, des pivoines ;
Et des femmes s'en vont, souples, les bras chargés
	De fleurs. Il y a des pivoines.

Il y a bien la guerre aussi. Mais c'est là-bas.
	Il fait si beau temps qu'on l'oublie.
C'est si loin ! Que s'y passe-t-il ? On ne sait pas...
	Il faut bien que la foule oublie.

« QUAND ON VOIT CES PETITS . . . »

Quand on voit ces petits au visage enfantin,
Casqués de bleu, vêtus pour les luttes prochaines,
On a le cœur plein de pitié, on tend les mains
Vers la douceur, vers la bonté. Mais l'âme humaine
N'a pas su déchirer encor tous ses liens...

—Hier, ils s'asseyaient sur les bancs des écoles ;
Hier, la vie en eux, tendre, balbutiait ;
Les beaux métiers, les beaux espoirs leur souriaient,
Et l'avenir était au bout de leurs paroles
Comme un champ clair, semé de blé qui se levait...

MARKET

Up, down, back, forth... A greeting: "Fine day, what?
    And how are you today, madame?
Beautiful morning... Oh! These prices!... But
    We can't stop eating! Right, madame!"

Cut flowers, piled high in lush displays... Plants growing...
    Pink, red bouquets of peonies...
And women, supple-hipped, arms overflowing,
    Weighed down, loaded with peonies...

And there's the war! But oh! So far away!
    So fair today, that we forget!
So far!... And how's it going?... Who can say?...
    The people? Yes, best they forget.

"WHEN WE SEE THOSE . . . "

When we see those child-faces' battle-dress—
Blue-helmeted for warfare's death and dole—
Pity wells high. We feel that we should press
Their hands in ours... Alas, the human soul
Cannot break free of man's hardheartedness!

Yesterday, schoolboys at their desks... A life
Bubbling with stammered dreams, unraveling skein
Of future goals, work bent on honest gain...
Souls smiling, hope-filled words, ambition-rife,
Like a vast field sown bright with swelling grain...

« VISAGES RAVAGES DES FEMMES DES USINES... »

Visages ravagés des femmes des usines,
Sous le foulard noué fronts trempés de sueur,
Pauvres membres lassés, meurtris par le labeur,
Doigts mutilés, bras arrachés par les machines,
Vous êtes, vous aussi, sculptés par la douleur.

La guerre a pris aussi votre souple jeunesse
Entre ses poings brutaux à l'étreinte d'acier.
Vous tournez des obus pour que de la mort naisse
De vos doigts qui filaient, tissaient, fins et légers,
De vos doigts faits pour la douceur et les caresses.

L'infernal bruit du fer qu'on forge est la musique
Qui rythme le lointain roulement du canon.
Courbez-vous sur la table et sur les mécaniques,
Que siffle la courroie au-dessus de vos fronts.
Hâtez-vous ! Vous forgez l'outil, femmes tragiques,
Sous lequel les soldats saigneront et mourront.

"FACTORY-WORKER WOMEN, FACES WORN . . . "

Factory-worker women, faces worn,
Ravaged, standing bandana-browed, sweat-drenched,
Fingers gnarled, torn by the machines, arms wrenched,
Your suffering limbs undone by labors borne
You too, statues of grief and pain, forlorn...

War's steel embrace clutches you too, no less,
Grips tight your supple youth. For war's demands,
You fashion shells to spawn death's ugliness
With hands that wove and spun... Fine, gentle hands,
Delicate hands meant for love's sweet caress.

The metal music of your hellish chore
Pounds out the distant cannons' roaring cry!
Bend over the machines spread out before
Your brow, as the belt whirrs and whistles by...
Quick, tragic women! Forge your tools of war.
Your job: to make men fight, and bleed, and die.

« QUE LA VIE AUX REGARDS EBLOUIS . . . »

Que la vie aux regards éblouis était belle !
La vie, on n'ose plus parler d'elle à présent.
Elle est celle qui dort dans l'ombre épaisse, celle
Qu'on appelle à voix basse et triste, en hésitant.

L'épine rose en fleur autour de la terrasse,
Les clairs lilas, les dômes blancs des marronniers,
Tout ce printemps charmant qui s'éveille et qui passe
Dans nos jardins, comme jadis, d'un pas léger,

On le regarde sans douceur, avec colère.
La vie, elle était belle, harmonieuse, avant...
Mais à quoi bon ces fleurs, ces parfums, ces lumières,
Quand nous avons perdu nos amis, nos enfants ?

VENT DE MAI

Le vent a ce matin jonché de jeunes feuilles,
De fleurs d'acacias et de marronniers blancs,
Le jardin qui riait hier et qui s'effeuille,
Jardin de Mai, doux jardin printanier... Le vent.

O vent ! pourquoi broyer ainsi ces frêles tiges,
Ces feuilles tendres qui luisaient dans le soleil,
Et qui tournoient dans tes remous, dans le vertige
De ton souffle épuisant, vers la mort sans réveil ?

N'est-il pas à l'automne assez de feuilles mortes
Pour ta danse infernale et pour tes sifflements ?
O vent, pourquoi faut-il que ta colère emporte
Les feuilles et les fleurs aux matins de printemps ?

"HOW DAZZLING BRIGHT WAS LIFE . . . "

How dazzling bright was life! The life that we
Dare, now, not even speak about... Life, whom
We call to, murmuring low and timidly...
Life, sleeping, wrapped in shadows' thickening gloom.

The rose-pink thorn about the terrace blooming,
Lilacs, the white-domed chestnut-trees... Spring's store
Of all those fair delights, wakening, looming
Gently over our garden, as before...

Angry, today, we view her opulence.
Once life was beautiful, harmonious...
But what good, now, these blossoms, lusters, scents,
When friends and children have been lost to us?

MAY WIND

The wind, this morning, blew young leaves of May—
Acacia, chestnut—in undisciplined
Array... Yesterday smiling, but today
Stripped, strewn about spring's garden... Why, O wind,

Must you crush those frail stems, sun-glistening,
Whirling in gusts of your relentless breath,
In dizzying swirlings, twirlings, eddying
Round, round, to, fro, toward never-waking death?

Are autumn's dead leaves not enough to dress
Your hellish, whistling dance? O wind, what power
Angers you so, that you make off no less
With springtime mornings' tenderest leaf and flower?

« UNE FEMME QUI COUD . . . »

Une femme qui coud auprès de la fenêtre,
Un rouge géranium qui flambe sur le mur,
Le chant vif d'un pinson dans l'épaisseur des hêtres,
Et sur les toits et sur les bois, couché, l'azur.

Juillet, ceinture d'or et de flamme, s'agrafe
Aux flancs bruns de la terre, aux flancs blancs des chemins,
Et la route poudroie, et le soleil éclate,
Réverbéré par l'eau d'acier bleu des bassins.

Et la femme qui coud lève les yeux, s'arrête,
Sourit en regardant l'enfant dans son berceau,
Sourit en regardant la campagne quiète,
Et puis reprend le dé, l'aiguille et les ciseaux.

Silence. Un souffle passe à peine, et se disperse.
Silence. On entendrait un craquement d'épi.
—Et c'est le sourd fracas d'un obus qui traverse
L'azur, et fait crouler le paisible logis.

"A WOMAN, SEWING . . . "

A woman, sewing by a window-frame...
A finch, chirping its joy mid tufts of beech;
A red geranium hugs the wall, aflame;
Roofs... Trees, beneath the azure, stretch and reach...

July's sash, scarlet-fired, circles the ground—
Browned flanks of earth and path's white flanks... The ashen,
Dusty road... And the steel-blue pools, spread round,
Reflect the sun, bursting with summer passion.

She stops her sewing, waits, raises her head,
Looks at the cradled infant, satisfied;
Takes back the thimble, scissors, needle, thread;
Smiles again at the tranquil countryside...

Silence. A faint breath, wafting, floating by—
Silence enough to hear grains budding, swelling—
And a shell, groaning low, streaking the sky,
Crashing, crushing to dust the peaceful dwelling...

« JE PENSE A CEUX . . . »

Je pense à ceux qui t'ont serrée entre leurs bras,
A ceux qui t'exaltaient, Guerre, comme une amante ;
A ceux qui t'ont fardée, afin qu'à tes appâts
Se prenne la foule innocente.

Je pense à ceux qui souriaient sans rien savoir
De l'immense agonie et des sanglots du monde ;
Je pense aux veuves qui portaient des voiles noirs
Trop coquets sur leurs têtes blondes.

« BEAUCOUP NE VERRONT PLUS . . . »

Beaucoup ne verront plus palpiter la lumière,
Ni l'éclat délicat des matins de printemps.
Un doux soleil entr'ouvre en vain les primevères ;
Je pense aux jeunes morts qui n'avaient pas vingt ans.

Le destin les coucha dans l'ombre, à peine en vie.
Et les vieillards et les femmes regarderont,
La flamme vacillant dans ces mains engourdies,
S'éteindre les divins flambeaux ; —et survivront.

Mais ils ne pourront plus connaître cette ivresse
Qui les envahissait, jadis, au temps joyeux,
Pour un rayon posé sur les pousses qui naissent,
Pour un jeune arbre en fleur, pour un pan de ciel bleu.

Ils n'auront plus jamais l'exaltation douce
De ceux que la beauté seule autrefois rythmait.
Leur cœur se souviendra de l'horrible secousse
Quand l'oubli s'étendra sur les jardins de Mai.

"I THINK OF THOSE . . . "

I think of those who clasped you in their arms,
Lover-like, War; who praised you, glorified you;
Those who powder-and-rouged you, so your charms
    Would make the naïve crowd abide you.

I think of those who smiled, without a thought
Of a world sobbing in its agony;
I think of widows with black veils pulled taut
    Over blond heads, so fetchingly...

"MANY SHALL NEVER SEE . . . "

Many shall never see light throb again,
Or spring's soft mornings sparkle... Nevermore!
Sun will coax open primrose buds in vain
For those young dead, whose years scarce reached a score.

Fate plunged their youth into obscurity.
Women, old men, shall cast their gaze upon
Flames flickering out in hands benumbed, and see
Their divine torches die—yet they live on.

No more to feel life's passions, dead and done,
That sweet-time joy that filled them, through and through...
At new-sprung seedlings fingered by the sun,
Or a young tree in flower, a patch of blue...

Never that sweet enchantment shall they know,
That pulsed to beauty's rhythms limitless.
But their hearts shall recall May's deadly blow
When gardens lie, lost in forgetfulness.

« NOUS QUI AURONS GARDE . . . »

Nous qui aurons gardé nos mains, nos yeux, nos lèvres,
Nous qui aurons vécu dans nos calmes maisons,
Tandis que vous alliez languir, brûlés de fièvre,
Sur les brancards d'un hôpital, nous qui vivrons,

Nous qui écouterons le sang battre en nos veines
D'un rythme égal et sûr, souple comme autrefois,
Frères crucifiés par la guerre inhumaine,
A genoux devant vous, nous baiserons vos doigts.

Nous ne vous parlerons qu'à voix basse et timide.
Vous aurez tant souffert ; nous aurons tant pleuré !
Nos frères mutilés, vous resterez nos guides,
O vous que la douleur aura rendus sacrés !

Nous aurons honte un peu de la jeunesse avide
Que nous aurons gardée. Et nous n'aurons jamais
Assez d'amour pour effacer toutes les rides
Du masque de la guerre imprimé sur vos traits.

"WE WHO SHALL HAVE SURVIVED . . . "

We who shall have survived, bodies intact,
Safe at home—eyes, lips, fingers whole—whilst you,
Broken, lie stretcher-borne, brows fever-racked,
Hospital-bound and languishing... We who

Can listen to our blood pound through our veins—
Steady and strong its sound, still coursing free...
Crucified brothers! War's shattered remains!
We kneel before you, kiss your hands. And we

Still speak only in timid voice and low.
You, victims all! We, who have wept and cried!
O battered brothers! Guide us, you whom woe,
And pain, and suffering have sanctified!

We shall have kept our fervent youth, ashamed
Of our un-crippled flesh. Nor will love's grace
Cleanse fresh the scars that line that wrinkled, maimed
Mask that the war has etched into your face.

« LES FEMMES NE POURRONT . . . »

Les femmes ne pourront te chanter qu'à voix basse,
Victoire aux yeux étincelants,
Malgré l'orgueil, la fièvre, et cet instinct tenace
Qui les jetèrent, d'un élan,

Contre l'envahisseur de la douce patrie,
Contre celui qui déchaîna brutalement
Sur la terre en un rêve de paix endormie
Le fer, le feu, la flamme et l'ombre, en ouragan.

Il y eut trop de morts sur les routes prochaines
De notre beau pays meurtri ;
Et, nous qui enfantons, de chaque vie humaine,
Hélas ! nous savons trop le prix.

Nous n'avons pas le cœur inflexible des hommes,
Notre cœur, certains jours, sous l'horreur fut plié,
Et, bien que nous soyons courageuses, nous sommes
Trop sensibles à la douleur, à la pitié.

Nous avons trop bercé ces enfants qui combattent,
Nous avons trop veillé sur eux...
Nous savons que la mort dans chaque obus éclate,
Et fauche les plus valeureux.

Nous avons entendu le cri blessé des mères
Dont les bras grands ouverts retombaient sans retour.
Nous n'avons pas osé leur dire d'être fières,
Car nul orgueil, jamais, n'a consolé l'amour.

"OUR WOMEN SHALL NOT SING . . ."

Our women shall not sing in raucous voice
    Your praise, O sparkling Victory,
But shall, only in somber notes, rejoice,
    Despite the pride that stubbornly,

Feverishly flung them against the foe—
Darkness's savage enemy!—who came
To ravage our peace-dreaming land, laid low
Beneath the storm of iron, fire, and flame.

Too many dead bestrew our soil, war-tossed—
    Our fair, bruise-battered land undone—
And we, who bear the young, know well the cost,
    Alas, of each and every one!

We do not have man's heart, firm and unbending.
Too sensitive, ours could not long remain
Unmoved... Brave though we are, horrors unending
Racked us with pity for souls plunged in pain.

We knew too long these soldier-children, lying
    Too long in our cradling embrace...
We know each shell, burst on the dead, the dying,
    Scything the staunchest of their race.

We heard the anguished cry of mothers, loud
And long, arms drooping empty by their side,
Nor did we dare exhort them to be proud:
Never will grieving love fall prey to pride.

CLOCHES

Les cloches s'en vont dans le vent,
Carillonnant, carillonnant.
Les cloches s'en vont dans le vent.

Dites-nous la belle nouvelle !
—Les hommes vivront, disent-elles.
—Dites-nous la belle nouvelle.

Dites, lesquels vivent encor ?
Tant d'hommes chaque jour sont morts !
Dites, lesquels vivent encor ?

Tout ce qui tremble en nous d'attente,
Le savez-vous, cloches vibrantes ?
Tout ce qui tremble en nous d'attente...

—Dormaient depuis un temps si long
Dans les clochers les carillons,
Dormaient depuis un temps si long,

Que bien des cloches se sont tues
Sans répondre à nos voix émues,
Que bien des cloches se sont tues.

BELLS

Wind-borne, the church-bells... Ringing, ringing—
Carillons in the belfries, singing—
Wind-borne, the church-bells... Ringing, ringing...

Give us the happy news! Pray tell...
"Your men will live... " So peels each bell.
Give us the happy news! Pray tell...

Tell us which ones live yet, draw breath.
Each day so many met their death!
Tell us which ones live yet, draw breath.

Bells, can you know the fear we feel,
Trembling, waiting to hear you peel?
Bells, can you know the fear we feel?

So long slumbered the carillons—
Through endless dusks and endless dawns—
So long slumbered the carillons...

Many the bells that silent lie.
Our cries of grief heard no reply—
Many the bells that silent lie...

Les Ombres heureuses

(1922)

Les Visages du bonheur

« Une danseuse en robe éclatante . . . » /
"Her dress flashing in colorful éclat . . . "
« Dans le feuillage gris et frémissant . . . » /
"Willow's gray, shuddering leaves . . . "
« Effeuille cette rose en rêvant . . . » /
"Dreaming, pluck free the petals . . . "
« Ce soir la joie a ri . . . » / "Tonight joy laughed . . . "
« Je vous tiens dans mes doigts . . . » / "I hold you in my fingers . . . "
« Le silence est plus doux . . . » / "Silence is softer . . . "
« Nous laissions sur nos mains . . . » /
"We let the cool, fresh water flow . . . "
« Je me couche dans l'herbe . . . » / "I call you, low, as in the grass . . . "
« Cette femme qui passe . . . » / "The woman with the lilac armfuls . . . "

Images

« Tu riais, tu dansais . . . » / "You would laugh, drunken light . . . "
« Sous le mystérieux entrelacs . . . » / "The water, rustling . . . "
« Voile pourpre qui brille . . . » /
"The sun sinks low casting a dying veil . . . "
« Ce parfum d'œillet blanc . . . » / "That white-carnation scent . . . "
« La lune se levait ronde et pure . . . » /
"The moon rose round and pure . . . "
« Certains jours notre esprit . . . » / "Some days our spirits' music . . . "
« Pourquoi ai-je arraché . . . » / "Why did I pluck that ivy leaf . . . "

Reliquaire

Dimanche / Sunday
La Maison / The House
Appel / Appeal
Jonchery / Jonchery
Sur un carnet d'ivoire / On an Ivory Dance-card

Paroles à l'enfant

« La Vie a peu de jours aux rires . . . » /
"Life has few days of laughter . . . "

« UNE DANSEUSE EN ROBE ECLATANTE . . . »

A Mlle Popowska,
Danseuse polonaise.

Une danseuse en robe éclatante s'élance.
Elle danse. Et son pas évoque mille pas.
Chaste et passionnée, elle danse, elle danse...
Et toute la splendeur de la jeunesse est là.

Elle renverse un peu son front dans la lumière ;
Sous son bonnet de fleurs elle a noué ses mains,
Et je vois s'éveiller tout à coup des clairières,
J'entends des voix bruire en l'ombre des chemins.

Les crépuscules d'août chantent dans la campagne ;
Les grands chars des moissons croulent sous les épis,
Et la ronde nouant paysans, paysannes,
Est comme une couronne au front clair de la nuit.

Sous le sabot des montagnards la terre tremble ;
Tout résonne, tout vibre. Et les yeux éblouis
Regardent des flambeaux éclatants qui s'assemblent
Palpiter au milieu des rires et des cris.

Une femme qui danse... O vivante allégresse !
—Ce beau rythme oublié qui jadis t'enivra.
Reconnais-le, il faut que tu le reconnaisses,
Mon cœur, si longtemps sourd, si las, réveille-toi.

Décembre 1918

"HER DRESS FLASHING IN COLORFUL ECLAT . . . "

For Mlle Popowska,
Polish dancer

Her dress flashing in colorful éclat,
A ballerina leaps. Each step—poised, sure—
Chaste, passionate: a thousand entrechats...
And in her dance, youth's splendor looming pure.

Her head catching the light, tossed back a bit,
Hands laced under her flowered bonnet, she
Makes me see sudden clearings, brightly lit,
And, in the shade, hear voices calling me.

August dusk sings its song, furls and unfurls...
Harvest-carts, grain-filled, well-nigh crumble, quite!
And the round, linking peasant boys and girls,
Wreath-like, encircles the clear brow of night.

Earth rumbles, trembles under the sabots
Of mountain-folk, as with bedazzled eyes
They gaze, enrapt... The torches spark, a-glow,
A-quiver with their laughter and their cries.

See her dance! Living joy! Each thrust, each leap...
Rhythm so long forgot, that once could make
You drunk!... Feel it again! So long asleep,
So deaf, this heart of mine! So tired... Awake!

December 1918

« DANS LE FEUILLAGE GRIS ET FREMISSANT . . . »

Dans le feuillage gris et frémissant d'un saule
La lumière a glissé mille éclairs argentés,
Et l'appel musical d'un souffle qui le frôle
Eveille en lui des voix divines. Ecoutez :

Tous les frêles rameaux chuchotent, se caressent,
Poursuivant la lumière entre leurs doigts légers.
Et c'est, sous le soleil matinal, l'allégresse
D'un cœur où le bonheur commence à palpiter.

« EFFEUILLE CETTE ROSE EN REVANT . . . »

Effeuille cette rose en rêvant, cette rose
Que te jette en passant le beau jour ; et repose
Un instant tes regards tristes sur sa fraîcheur.
Respire le parfum qui monte avec douceur
Des pétales froissés par tes doigts. Et soupire
De sentir que, fragile et suave, il expire
Sans t'avoir apporté l'oubli, sans que ton cœur,
Trop faible, ait recueilli l'essence du bonheur.

"WILLOW'S GRAY, SHUDDERING LEAVES . . . "

Willow's gray, shuddering leaves... Betwixt, the light,
Slipping a thousand silvered sparks, a-glisten...
And wind's breath. Melody grazing the height,
Wakening now its heavenly voices... Listen!

The frail boughs whispering, soft, as they caress
Each other, chase the light, finger the treasure...
And, in the morning sun, the happiness
Of a heart throbbing, pounding out its pleasure...

"DREAMING, PLUCK FREE THE PETALS . . . "

Dreaming, pluck free the petals of that rose
That the day's fair light casts your way. Enclose
Its freshness, for a moment, in your eyes'
Sad gaze... Breathe deep the scents that gently rise
From finger-crumpled petals. With a sigh,
Lament their loss, as their aromas die
Without bequeathing you one memory less,
Or your faint heart's gleaming-pure happiness...

« CE SOIR LA JOIE A RI »

Ce soir la joie a ri dans la maison sonore.
J'ai ri. Le grand silence étonné vibre encore.

Ah! n'est-il rien en toi qui proteste ou résiste ?
Comme tu as le goût de la joie, âme triste !
Tu gardes à tes doigts des pierres de couleur
Où les rayons dansants mettent mille splendeurs.
Tu ne peux pas porter longtemps l'ombre étouffante.
A peine as-tu pleuré qu'en toi quelque voix chante ;
Et tu laisses tomber sans bruit, comme une fleur,
La douleur de survivre, hélas ! à ta douleur.

1913

"TONIGHT JOY LAUGHED . . . "

Tonight joy laughed, and the house echoed. Then
I laughed. Now silence, stunned, pulses again.

Sad soul, are you so simply swayed, or too
Weak to resist when joy dares spring anew?
Your fingers sport bright-colored gems, where dance
Thousands of beaming rays, gleaming askance,
Askew... The shadowed darkness stifles you:
Scarce you weep, than a joyous song breaks through,
And you let fall, noiselessly as a flower,
That pain of living past pain's mortal hour.

1913

« JE VOUS TIENS DANS MES DOIGTS . . . »

Je vous tiens dans mes doigts serrés et frémissants ;
Je vous tiens dans mes yeux, ô lumineux instants.

Que s'éteigne le son d'une cloche, que glissent
L'eau, le vent, que tout fuie et que tout s'engloutisse,
Je ne laisserai pas ternir ce beau miroir
Vite embué, par le caprice obscur du soir,
Ce beau miroir limpide où sourit notre image...
Je tenterai de te fixer, ô paysage
Dont nous avons chéri les aspects passagers,
Les coteaux bleus, les arbres roux, le ciel léger.
Ce massif rouge au bord de la route, qu'il flambe !
Sa flamme encor luira quelque soir dans la chambre
Où nous nous assiérons, rêvant des jours passés,
Auprès du feu craquant d'hivers nus et glacés.
Je chanterai pour qu'à nos yeux vieillis se lèvent,
Secouant l'or léger de leurs beaux vêtements,
Les étés endormis et les lointains printemps,
Je chanterai, ô mon ami, pour que ton rêve
Reconnaisse à jamais ces lumineux instants.

"I HOLD YOU IN MY FINGERS . . . "

I hold you in my fingers, trembling, tight;
I hold you in my eyes, brief fields of light.

Let steeple-bell fade; let winds, waters, all
Go slipping past, sink deep beneath time's pall...
Still, I will not let this bright glass grow dim
With mirror-mist, or let dark night's vague whim
Cloud our clear-smiling image... I will try
To fix you, landscape, just as he and I
Cherished your every scene: the russet trees,
The hills of blue, the lightsome sky... And these
Sloping plateaus, flame-hued... Then, once again,
Evenings, their fires will light our chamber, when
We sit musing on bygone days spread there,
In crackling hearth's chill winters, bleak and bare.
I shall sing, and before our aging eyes—
Shaking the gold dust from their garments bright—
Our slumbering summers, springs long fled, well might,
O lover-friend, waken anew and rise,
Forever dreaming these brief fields of light.

« LE SILENCE EST PLUS DOUX . . . »

Le silence est plus doux que l'aile satinée
D'une colombe. O mon amour, ne parlons pas.
Laissons venir à nous l'âme de la journée
Et ne la serrons pas brusquement dans nos bras.

Inoubliable odeur du soir pur sur l'allée
Où la pluie a vanné le parfum des tilleuls !
Des heures à venir, des heures en allées,
Ne parlons pas. O mon amour, nous sommes seuls.

L'eau claire du bassin nous reflète, sans rides.
Que la joie en nos yeux scintille avec douceur,
Et ne meurtrissons pas sous nos lèvres avides
Le visage fragile et tendre du bonheur.

"SILENCE IS SOFTER . . . "

Silence is softer than dove's satin wing.
My love, let us be still, let us not say
A word. Let day's soul join us, lingering.
Let our embrace not crush its life away.

Evening's pure, unforgotten fragrance... Scents
Of the rain-winnowed linden leaves, strewn, sown
About... Hours yet to come, hours long flown hence...
Let us be still, my love. We are alone.

Un-rippled water, clear, reflects us. There,
Let our eyes sparkle joy in our embrace;
Lips to lips, passion-pressed, let us take care
Lest we bruise happiness's fragile face.

« NOUS LAISSIONS SUR NOS MAINS . . . »

Nous laissions sur nos mains couler l'eau fraîche et vive
Sans tenter vainement de la faire captive.
La source jaillissait au pied d'arbres épais
Et l'ombre et le mystère habitaient la forêt.
De tremblants éclats d'or se fuyaient sur la mousse.
—Qu'une simple lueur, certains jours, semble douce !—
Un froissement de menthe, une odeur de sapin
Imprégnaient l'air. Nos cœurs amoureux étaient pleins
De l'ivresse qui naît parfois des grands silences.
Notre bonheur était le moucheron qui danse
Si fragile, si menacé, dans un rayon,
—O merveille du monde, ô léger moucheron !—
Et qui semble, exalté par sa vie éphémère,
Voluptueusement, s'unir à la lumière.

« JE ME COUCHE DANS L'HERBE . . . »

Je me couche dans l'herbe et t'appelle tout bas.
Hélas! tu es si loin que tu ne réponds pas.

Le ciel est d'un gris fin plein de mélancolie ;
Dans un saule on entend un oiseau qui pépie ;

Preste, un vol d'hirondelle effleure l'eau d'acier ;
Il n'y a pas un souffle en les hauts peupliers.

Et j'écoute en mon cœur plein de mélancolie
Retentir ton doux nom, frêle oiseau qui pépie.

"WE LET THE COOL, FRESH WATER FLOW . . . "

We let the cool, fresh water flow, slip past
Our fingers, never tried to grip it fast.
The spring was rustling where thick tree-stumps stood,
And shadows, dark, dwelt in the mystery-wood.
On the moss, flittering flecks of gold at play...
"The merest glitters light the darkest day,"
We said. A whiff of ruffled mint, a scent
Of pine, air-borne... Two souls—yours, mine—intent
On passion, knew the drunk ecstasy of
The silent, pregnant pause of hearts in love.
Our joy? A mayfly, fragile speck, a-flit,
Afraid of everything menacing it,
Astride its slender ray... "O wondrous thing,
Mere gnat," who spends its fleeting day a-wing,
Reveling in the bliss—voluptuous quite!—
Of a life, all too brief, but wrapped in light.

"I CALL YOU, LOW, AS IN THE GRASS . . . "

I call you, low, as in the grass I lie.
Alas! You are so far... Comes no reply.

Sheer gray the sky, deep melancholy-stirred,
Willow-perched, softly sings a chirping bird.

Swallow's flight grazing water's steel-smooth face...
No breath at all trembles the poplars' grace.

And my heart echoes, melancholy-stirred,
To sounds of your sweet name... Frail, chirping bird...

« CETTE FEMME QUI PASSE . . . »

Cette femme qui passe avec sa robe claire,
Cette femme qui passe en portant des lilas,
Qui rit dans le soleil et s'en va, si légère,
Notre bonheur avait ce beau visage-là.

Notre bonheur, depuis des mois, il agonise.
Il n'aura plus jamais ces yeux purs, cet éclat,
Même s'il est pour nous une terre promise,
Où, quelque jour, en frémissant, il revivra.

Nous aurons trop souffert de ces dures années.
Nous garderons un cœur inquiet. Et joignant
Nos mains sur cette rose émouvante et fanée,
Nous ne sourirons plus au bonheur qu'en tremblant.

"THE WOMAN WITH THE LILAC ARMFULS . . . "

The woman with the lilac armfuls... She,
The woman in that lightly colored dress,
Who, lissome, laughs in the sun, trippingly...
Such was the fair face of our happiness.

Our happiness... Long months now it lies dying.
Nevermore will its eyes blaze, candor-rife,
Much though we see it—promised land!—still lying
Hopeful one day to quiver back to life.

Too troubled now our heart, too full of those
Woes and pains of these too long-suffering years...
Our hands will clasp our faded passion's rose:
No smiles of joy, save trembling through our fears...

« TU RIAIS, TU DANSAIS . . . »

Tu riais, tu dansais dans l'ombre, ivre lumière,
Bonheur d'être un naïf et tout petit enfant ;
Tu t'éveillais, et chaque chose était mystère,
Et chaque éveil était un émerveillement.

Tout naissait avec toi dans la chambre candide,
L'éclat des rideaux blancs, le tintement de l'eau,
Le cri d'une hirondelle au fond du ciel limpide ;
Tout était jeune, étincelant, tout était beau.

Tu courais au jardin pour voir les primevères
Ouvrir leur petit cœur en croix. Et tu suivais
Des yeux le brusque bond des lézards sur les pierres
Et le vol bruissant des ailes dans l'air frais.

Tu regardais bouger le jeu des feuilles vertes
Sur le sable doré comme sur un écran ;
Mais déjà tu voulais entre tes mains ouvertes
Saisir l'ombre tremblante et le soleil fuyant.

"YOU WOULD LAUGH, DRUNKEN LIGHT . . ."

You would laugh, drunken light, with shadows dancing,
Happy that, in your childhood mystery,
Each birth was such a wondrous thing, entrancing,
Wide-eyed in your naïve simplicity.

Everything in the bedroom woke, sheer white;
The curtained panes, the water's tinkling ring,
The swallow's cry in the sky beaming bright;
Everything glimmered youth's fair wakening.

You would run to the garden, gazing there
As cowslips opened out their petal-heart,
And traced wings' murmuring flight in the cool air
As lizards leapt the rocks, a-flash, a-dart.

And you would watch as green leaves' vagaries
Fluttered about the screen-like golden sands;
And, as the sun fled, you would try to seize
Its trembling shadows in your outstretched hands.

« SOUS LE MYSTERIEUX ENTRELACS ... »

Sous le mystérieux entrelacs des ramées
L'eau roule avec un bruit de perles remuées.
Elle est jeune et bondit hors de l'ombre. Elle est belle,
Et traîne un long parfum d'herbe fraîche après elle.
Elle se précipite ; elle échevèle au vent
Ses cheveux en cascade éclatante d'argent.
Un arc-en-ciel s'est pris au réseau qui ruisselle.
Sur les grands sapins noirs on voit mille étincelles
Rejaillir, accrocher mille éclairs fugitifs.

O cœur exubérant et sauvage, excessif,
Qui bondis, réduisant ta lumière en poussière,
Quelque jour tu seras une calme rivière,
Où l'on verra le soir renverser en rêvant
Les grands feux du soleil qui meurent doucement...

« VOILE POURPRE QUI BRILLE ... »

Voile pourpre qui brille entre les fûts des arbres,
Le soleil déclinant s'éteint, mais laisse encor
Sur le fleuve traîner un rayonnement d'or,
Sur les massifs, sur la pelouse et sur les marbres.

Survivance divine, éclat surnaturel !
Ce qui n'existe plus brille encor dans les âmes,
Et la mort du soleil même allume des flammes
Entre les fûts pressés des arbres sur le ciel.

"THE WATER, RUSTLING . . ."

The water, rustling like a string of pearls
Beneath dark boughs enlaced, furls and unfurls,
Leaping along its shadowed course. New-sprung,
It trails a scent of cool, fresh grasses. Young
And beautiful, it bounds, tousling its fair
Tresses, cascades of silver-sparkling hair
Against the wind. A rainbow spans among
The netted strands... There, myriad glints flash—hung
Upon the tall black pines—glitter, and die...

O wild, passionate heart, who leap, bound, fly,
Crushing the light to dust, you shall, one day,
Be but a brook, calm-flowing waterway
Where evening sky will—dreaming, close to death—
Reflect the sun's great fires' last gentle breath...

"THE SUN SINKS LOW, CASTING A DYING VEIL . . ."

The sun sinks low, casting a dying veil
Of crimson through the shaft-tall trees. And yet,
Rays, clinging to the grass-lined rivulet,
Gild lawn, knolls, statues in long-lingering trail...

Brilliance divine! Splendor that never dies!
What is no more lights bright the soul no less,
And the sun's death flares flames of stateliness
That rise midst tree-shafts pressed against the skies.

« CE PARFUM D'ŒILLET BLANC . . . »

Ce parfum d'œillet blanc qui s'exalte et me grise,
Je puis m'en imprégner sans que la fraîche odeur
Sur le jardin flottant soit moins vive et s'épuise.
O mystère que livre et que garde la fleur !

Avoir une âme ainsi que rien ne diminue,
Inépuisable, et qui se donne éperdûment,
Comme ce long parfum qui monte vers la nue,
Comme ce long parfum persistant d'œillet blanc !

« LA LUNE SE LEVAIT RONDE ET PURE . . . »

La lune se levait ronde et pure. L'étang
Glauque s'assoupissait ; et les voix de la terre
Se mêlaient, s'apaisaient, mouraient avec mystère
Sous le ciel étendu, limpide et transparent.
La flûte des crapauds s'était tue. Et, si claire,
La Nuit voyait frémir sur les jardins lunaires
Le silence, posé comme un papillon blanc.

“THAT WHITE-CARNATION SCENT . . . ”

That white-carnation scent that dizzies me...
That fresh perfume that all my senses steeps,
But never fades or dies... O mystery!
Fragrance unspent that the flower spends, yet keeps!

To have a soul as well that never dies
Or weakens, never spent yet ever spending,
Like that perfume that rises to the skies—
That white-carnation scent that lasts, unending...

“THE MOON ROSE ROUND AND PURE . . . ”

The moon rose round and pure. The blue-green spring
Slumbered. Earth’s voices blended, dimmed, took flight
Across the vast sky, spreading clear its bright
Transparence... Then, mysterious, vanishing...
The toads’ throaty, low flute lay still. The Night
Watched silence, on moon-gardens’ glow, alight,
Soft as a butterfly, white, fluttering...

« CERTAINS JOURS NOTRE ESPRIT . . . »

A Gérard de Chamberet.

Certains jours notre esprit est musical et vibre
Comme un feuillage au moindre souffle qui l'effleure.
Tout l'émeut. Et le rythme aux gestes purs délivre
Les mille chants cachés dans les cordes qui pleurent.
On ne sait quelles mains fines et frémissantes
Tirent de ce clavier la note inattendue.
Un parfum qui passait l'éveille, l'ombre chante.
Une mystérieuse invitée est venue.

"SOME DAYS OUR SPIRITS' MUSIC . . . "

For Gérard de Chamberet

Some days our spirits' music vibrates free—
Leaves in the wind's light-wafting flutterings...
Rhythms' pure gestures waken secretly
The myriad hidden songs of weeping strings.
Who knows what slender, trembling fingerings
Play this unbidden note, melodious?
A scent blows it awake, the shadow sings...
An unknown guest, mysterious, visits us.

---

* Gérard de Chamberet (1887–1941) was a naturalist, entomologist, and avid fly-fisherman, known both for his classification of aquatic insects and, with his wife Germaine, for his extensive development of artificial flies.

« POURQUOI AI-JE ARRACHE . . . »

Pourquoi ai-je arraché cette feuille de lierre ?
Il me semble que je la sens
Souffrir dans mes doigts à présent.
Elle brillait au grand soleil contre la pierre.
Elle était un miroir de lumière.

Elle était jeune et fine. Elle avait ce vert tendre
Que les jours auraient assombri.
Mais rien encor n'avait durci
Sa fraîcheur qui semblait s'épandre
Au milieu des rameaux noircis.

Mon geste machinal l'a brisée.
Je froisse son parfum amer et pénétrant,
Son âme entre mes mains qui l'ont blessée.
Et tu luis encor un instant,
O feuille qui pouvais vivre des ans, des ans.

Tu n'auras pas connu les saisons vagabondes.
Je t'ai pris le soleil, le vent, l'azur, le froid,
Les oiseaux qui chantaient dans l'ombre,
Et l'insecte doré qui s'endormait sur toi.
Je t'ai volé les mille éclairs du monde.

Tu vas mourir précocement. Pourquoi ?
Vie arrachée ainsi par mon caprice,
Ton inutile sacrifice
Pèse sur moi.
J'ai honte un peu, ô feuille, de mes doigts.

"WHY DID I PLUCK THAT IVY LEAF . . . "

Why did I pluck that ivy leaf, alone,
Now, in my fingers languishing?
I seem to sense its suffering.
Lingering in the sun, brightly it shone,
Mirror of light, astride the stone.

Slender and young it was, a tender green
That death would hasten past its prime,
But fresh yet in its youth sublime,
Still spread unsullied by the might-have-been,
Among the boughs dimmed dark by time.

Unthinkingly I snatched it free.
I press its bitter, penetrating scent,
Crush its soul in my hands... Again I see
You shine a moment, all but spent,
O leaf, who might have lived, unbowed, unbent.

Never to know fall's, winter's, summer's, spring's
Wondrous and ever-changing things: sky's blue,
Sun, wind, cold... In your shade, songs the bird sings,
The golden insect dozing there on you...
I robbed you of life's myriad blazonings.

Dead soon, before your time... Why must this be?
Life ripped asunder by the merest whim!
Your sacrifice—so vain, so grim—
Weighs on me heavily...
Poor leaf! My hands shame and dishonor me! *

---

* The reader may notice that I have tried to approximate the occasional inconsistencies and metrical liberties of the original.

DIMANCHE

En cette ville-ci je fus la jeune fille
Qui marche à petits pas sous les marronniers ronds
Des Promenades, qui se tait, et sous son front
Cache un grand désir fou de départs qui scintillent ;

La jeune fille au cœur palpitant comme une aube,
Celle-ci qui sourit, et qui, pensive, attend ;
Qui n'ose s'élancer, mais rêve tendrement,
Et qui tout à la fois s'avoue et se dérobe...

Celle-ci qui se dit : « Quel sera mon partage ?... »
Tandis que la fanfare attaque une polka,
Et que la foule passe et, moutonnière, va
Tourner sous les marronniers ronds des Promenades.

SUNDAY

I was the young lass in this city, who,
Silent, minces along the chestnut trees,
Madly yearning to leave for destiny's
Sparkle and splash, far from this Avenue;

The young lass with heart pounding like the day
Breaking at dawn, who smiles and pensively
Dares not dash off, but waits and hopes as she
Admits her dreams yet hides them, tucked away;

Who wonders: "What fate waits for me anon?..."
Along the Avenue the chestnuts stand,
The band strikes up a lively polka, and,
Sheep-like, the crowd flocks round, goes passing on...

LA MAISON

Je rêverai toujours de la maison d'enfance.
Après tant de jours écoulés,
Un rêve me rapporte un instant son silence,
Me rouvre son jardin fermé.

Les chambres ont toujours leur clarté familière
Et les arbres sont toujours là.
Je garde intact en moi ce trésor que la guerre
A peut-être détruit là-bas.

J'écoute encor chanter les pinsons dans les hêtres.
Le marronnier que j'ai planté
Va fleurir ; les lilas semblent me reconnaître ;
Je respire une rose thé.

Dans notre cour on a sorti les lauriers-roses
Et les grenadiers rougissants.
L'air a le parfum frais de l'herbe qu'on arrose
Ou que la faux coupe en sifflant.

Le soir tombe. J'entends sonner toutes les cloches.
O son grave du gros bourdon !
La cathédrale chante, immense, toute proche,
Et, sans savoir, nous l'écoutons...

THE HOUSE

Ever my dream brings me the house where I
    Lived as a child, long past; and it
Opens as well the hidden garden—my
    Refuge of silence—for a bit.

The rooms are just as bright, the trees as tall,
    Standing just where they stood before.
Intact within me, guarded, I keep all
    That treasure—ravaged in the war?

The finches twitter in the hedge. I still
    Can smell a tea-rose. And that tree—
The chestnut that, myself, I planted—will
    Blossom... The lilacs nod to me...

The oleanders in our courtyard stand,
    Red pomegranates, too, bloom there.
Sweet breezes sweep the grass, fresh-watered, and
    The scythe goes whistling through the air.

Evening falls. I hear all the chiming bells
    Of the cathedral—huge, so near...
Deep, the great booming giant peels, tolls, swells,
    And we, unthinking, stop, give ear...

APPEL

Ce soir où le Destin me sourit, je me penche
Vers l'ombre épaisse où vous dormez,
Et j'écoute chanter tout à coup dans les branches,
Plaintif, un rossignol blessé.

Je vous appelle, ô vous qu'enlise le silence
Ainsi qu'un étang ténébreux,
Pour vous tirer vers la lumière où brille et danse
La splendeur d'un instant heureux.

Mon bonheur ne saurait avoir des lèvres pures,
Des yeux vifs et tout son éclat,
Si vous ne levez pas vers moi votre figure,
Si vous ne me répondez pas.

—O silence, silence immuable qui tombe !
En vain l'oiseau blessé gémit,
Et ce rosier grimpant n'ombrage qu'une tombe
Sans échos, ô mes morts chéris...

APPEAL

I bow, this evening when Fate smiles on me,
    Toward the thick shade where you lie pent,
And listen to the bough-born melody
    Of wounded nightingale's lament.

I call to you—whom, like a dark abyss,
    Silence sucks down, enswamps—and thus
Would draw you to the dancing light of this
    One happy moment splendorous.

No more my joy will savor lips' pure graces,
    Nor my eyes flash as now they do,
If you raise not to me your loving faces,
    And I have not a word from you.

O silence, settling—changeless—on the gloom!
    Vain is the wounded bird's distress.
The rose-vine, climbing, shades only a tomb—
    O dear souls mine! Dead, echoless...

JONCHERY

Paysage embué tout à coup par les larmes,
Je te revois.
Voici tes prés, ta souple rivière, tes arbres,
Comme autrefois.

Voici notre coteau, notre route, l'allée
D'acacias,
Et voici la maison par d'autres habitée
Qui rit, là-bas.

Le parfum du jardin qui garda ma jeunesse
Embaume l'air ;
Le clocher du pays sur le ciel bleu se dresse
Ainsi qu'hier.

Accablante douceur du décor qui m'accueille
Fidèlement !
C'était ainsi : ce nid, cette rose, ces feuilles.
Ces œillets blancs…

JONCHERY *

Landscape tear-clouded... Yet, clearly I seem
To see again
Your fields, your trees, your free-meandering stream,
As they were then.

There, our hill; road, acacia-lined... And here,
The house, where laughter—
Once ours but now no more—rings bright and clear
For those come after...

My childhood garden's perfumes exquisite
Waft fresh, just so...
The steeple stands against blue sky, as it
Did years ago.

Welcome that grieves my soul, bittersweet sight:
Faithful décor!
The same nest, roses, leaves, carnations white,
Forevermore...

---

* Jonchery is a town in northeast France, in the *département* of Haute-Marne, not far from the poet's native city of Metz.

SUR UN CARNET D'IVOIRE

Vous avez eu vingt ans, ma mère ;
Ma mère, vous avez été souple et légère,
Et vous avez dansé la rédowa
En jupe claire et falbalas.

Je touche ces feuillets jaunis d'ivoire
Où se lit encor quelque nom,
Et je vous vois danser dans la robe de moire
Au son de lointains violons.

Je tire du passé tout à coup votre image.
Dans vos cheveux vous avez mis
Un nœud couleur de feu. Je vois votre visage
Rayonner de joie et d'esprit.

Et regardant toujours votre carnet d'ivoire
Où nul danseur ne s'inscrit plus,
J'écoute rire au fond de ma mémoire
Vos gais vingt ans que je n'ai pas connus.

ON AN IVORY DANCE-CARD

Mother mine, you were only twenty then.
How lithe and supple were you when
You danced the redowa, each leap just so, *
In flouncing skirt and furbelow.

I touch the ivoried dance-card, yellowed, where
A name can still be read, and see you there,
Dancing, as your gown's shimmerings
Flash to the sound of distant strings.

Out of the past, I call forth suddenly
Your image... Your hair livens it
With a flame-colored bow. And there I see
Your face sparkle with joy and wit.

And, as I finger each ivory-clad page,
Where now no dancer writes for you,
I hear laughing, up from another age,
Your joyous twenty years I never knew. **

---

* The redowa was an energetic ballroom dance of Czech origin, in three-quarter time, similar to the mazurka, popular in Europe in the mid–19th century.

** Without duplicating her liberties exactly, I follow Périn's intentionally capricious line-lengths throughout.

« LA VIE A PEU DE JOURS AUX RIRES . . . »

La Vie a peu de jours aux rires éclatants.

Accomplis sans regret une tâche humble et douce.
Dans la graine qui germe en terre, obscurément,
Se prépare la fête immense du printemps.
Le brin d'herbe menu, le moindre brin de mousse,
Sont de jeunes bonheurs qui s'élancent et poussent,
Et chaque voix dans le concert trouve un écho.
Sois fière de chérir tous les aspects du beau.
Laisse venir à toi les grâces dénouées
Des heures qui s'en vont, si vite, à peine nées.
Accueille avec amour tout ce qui tremble et luit,
Et tout ce qui jaillit de l'ombre et de la nuit.
Nul ne sait le secret d'une aube qui s'éveille.
N'écarte pas ce rayon-là, ni cette abeille,
Et porte dans tes mains jour à jour enrichies
Comme un bel enfant pur et déjà lourd, la Vie.

"LIFE HAS FEW DAYS OF LAUGHTER . . ." *

Life has few days of laughter ringing free.

Attack your task, calm-mannered, un-distressed.
Hidden in earth, spring, in her granary,
Prepares her festive prodigality.
The merest tuft of grass, the slenderest
Of grasses, sprouting, are the tenderest
Of youthful joys: a concert where each voice
Echoes its beauty... Be proud to rejoice
In all things fair. Hold fast the graces spread
By moments scarcely born but too soon fled.
Welcome with love whatever quivers bright,
Spurting free from the shadows of the night...
No one knows daybreak's secret: how each day
Wakes at dawn... Be not quick to flick away,
Bee-like, its beams, but in your hands, wealth-rife,
Bear, like a fair babe—pure, robust—new Life.

---

* Addressed to a female child—probably one of Périn's granddaughters—this poem, along with several others from this, the last section of *Les Ombres heureuses,* would be included, with a few variations, in the similarly named collection *Paroles à l'enfant* (1954).

Finistère

(1924)

Sous le voile d'argent
« Tout le jour des passants . . . » / "Passers-by, all day . . . "
« Ces rocs s'écrouleront . . . » / "These rocks, one night . . . "
« La tempête a jeté sur le rivage . . . » /
"The storm has flung upon the beach . . . "
« Un grand rocher domine l'eau . . . » /
"A great rock, like a tower-keep . . . "
« Tout le jour le brouillard . . . » / "All day the fog held fast . . . "
« Délicate et nacrée . . . » / "Fragile—a shell-like mottled gray . . . "
« Enorme et sombre brise-lames . . . » /
"Enormous breakers on the shore's . . . "

Sur la lande et sur les flots
« Un mur de pierre . . . » / "A rock-wall cliff . . . "
« Matin d'été . . . » / "Summer-dawn rising . . . "
« Un souple lézard glisse . . . » / "A lizard's slitherings . . . "
« Il n'y a qu'un oiseau . . . » / "One bird circles the water . . . "
« Je t'adore en tremblant, ô toi . . . » /
"I worship you trembling, O power . . . "

Ames et visages bretons
L'Homme / Man
Jeunes filles / Young Lasses
Soir / Evening
Légendes / Legends
Ferme bretonne / Breton Farm
Les Femmes du pays / The Country Women
Soir de tempête / Stormy Evening

Adoration
« Tu me parles si haut . . . » / "Ocean ! So strong your voice . . . "
« D'autres lieux de la terre . . . » / "Other places on earth . . . "
« On n'entend que la voix . . . » / "Voice of the rolling tide . . . "
« Une femme que guide un enfant . . . » /
"A woman, guided by a child . . . "
« Je me couche à l'abri d'un roc . . . » /
"Sheltered beside a lofty cliff . . . "

« TOUT LE JOUR LES PASSANTS ... »

Tout le jour les passants hantent ce site austère,
Emplissant les échos de rires et d'appels,
Se penchent sur l'abîme, escaladent les pierres,
Sans jamais contempler l'Océan ni le ciel.

O rochers violés par la foule imbécile,
Le soir qui vous protège approche. Et vous voici,
Muets enfin, ouvrant à l'ombre vos asiles
Et vos gouffres déserts où le flot s'engloutit.

Le vent impétueux du large vous libère
Des souillures du jour et des cris de hasard ;
Et vous dormez, rocs nus, rocs du bout de la terre,
Possédés par le peuple ingénu des lézards.

Pointe du Raz, 1920.

"PASSERS-BY, ALL DAY . . ."

Passers-by, all day, haunt this precipice
Austere, and fill the air with hue and cry,
Scale the cliff, laugh, lean over the abyss...
Yet never gaze upon the Sea, the sky.

O rocks, raped by the mindless mob! No more!
Night draws near to protect you. You will hide
Quietly in the dark, offering your
Mute chasms, bare, to the engulfing tide.

The wind blows, frees you—gusting from the deep—
From the day's stain, babble's inconsequence;
And, naked cliff poised at earth's end, you sleep,
Returned to lizard-folk's calm innocence.

Pointe du Raz, 1920 *

* Close to the westernmost point in France, the promontory of the Pointe du Raz, on the rockbound coast of Brittany, is a favorite tourist attraction. It is similar to Land's End in Britain, as the name "Finistère"—from the Latin *finis terrae* ("end of the earth")—picturesquely implies.

« CES ROCS S'ECROULERONT . . . »

Ces rocs s'écrouleront une nuit dans la mer
Et l'ombre engloutira soudain les blocs énormes
Dont le profil se dresse, impérieux, dans l'air.
La Pointe un jour perdra son admirable forme.

Le vent d'une tempête insultera son front
Et ses pieds arrachés rouleront dans l'abîme.
Les yeux dépossédés en vain la chercheront.
La Terre n'aura plus cette face sublime.

Pointe du Raz, 1922.

« LA TEMPETE A JETE SUR LE RIVAGE . . . »

La tempête a jeté sur le rivage un long
Cordon de goémons, d'algues mystérieuses,
Des énormes galets et des coquilles creuses ;
Et sur le sable on voit d'étranges floraisons.

Le feuillage des mers au soleil étincelle
Découvrant ses lacis compliqués et ténus ;
Et dans ces rameaux froids et glauques se révèle
Un peu du grand secret des jardins inconnus.

"THESE ROCKS, ONE NIGHT . . . "

These rocks, one night, will crumble in the sea.
The shadows will engulf, with sudden roar,
These immense cliffs that reign imperiously...
La Pointe will be a memory, little more.

A tempest will lash at its brow. Uprooted,
Its feet will plunge over the precipice.
Our eyes, deprived, will scan Earth's face, transmuted—
Face once sublime, plunged now in time's abyss.

Pointe du Raz, 1922 *

* See p. 241.

"THE STORM HAS FLUNG UPON THE BEACH . . . "

The storm has flung upon the beach a band
Of seaweed, flat stones, ocean mysteries,
Empty shells... At the water's edge one sees
Curious sea-things flowering the sand.

The ocean-flora's lace-work filigree
Glistens, sun-lit. Cool boughs litter the shore,
And in their green-gray pallor we can see
Some of the hidden gardens' secret store.

« UN GRAND ROCHER DOMINE L'EAU . . . »

Un grand rocher domine l'eau comme un donjon,
Et tout autour jaillit et rebondit l'écume.
Au loin tout se délaie et l'immense horizon
Disparaît dans la brume.

Il n'y a plus que ce témoin tragique et nu,
Que ces remous puissants, tournoyants et livides,
Et que l'appel plaintif, on ne sait d'où venu,
Qui pleure dans le vide.

Hier, te souviens-tu ? tout était éclatant.
C'était sur l'Océan la fête des lumières.
Sur les flots, sur le ciel, allaient se déroulant
Des processions claires.

Les barques, l'île rose, et les caps blancs ou roux
Concouraient à créer la parfaite harmonie
Qui nous éblouissait, tandis qu'autour de nous
Se délectait la vie.

Tout s'est éteint. Voici qu'un voile nous isole
Sur le rivage auprès du roc mystérieux.
Il n'est plus rien qui se colore ou qui s'envole,
Plus rien devant nos yeux.

Solitaire donjon de la douleur humaine
Au pied duquel les flots viennent se déchirer,
Seul tu sors de la brume où l'angoisse se traîne
Sous le ciel effondré !

Le Menhir (Pointe du Raz), 1921.

"A GREAT ROCK, LIKE A TOWER-KEEP . . . "

A great rock, like a tower-keep, reigns tall *
Over the tide. As froth foams, falls here, there,
The far horizon disappears in all
          The fog steeping the air.

Naught, now, but this bare, sullen witness... These
Mighty swells, swirling pale and colorless,
And the sad call—spawned by what mysteries?—
          Mourning the emptiness...

Yesterday. You recall? Arrays that we
Watched in a brilliant festival of light:
Processions sparkling bright over the Sea
          Against the heavens' height!

The barks, the pink isle, headlands russet-red
Or white... Skies, waves blending in perfect measure,
Dazzling the eyes. And life, about us spread,
          Savoring deep its pleasure...

Then all goes lifeless. Now, there hangs between
Us and the mystery-rock, tall on the shore,
A pallid veil... Earth-bound and dull the scene,
          Striking our sight no more.

And—lonely, bare—you, prison-tower of pain,
As, lashing at your feet, waves break awry,
And from the anguished mists you rise again,
          Under a grief-gray sky.

Le Menhir (Pointe du Raz), 1921 **

* The reader will recall that, unlike its English subterranean cognate, the French *donjon* refers to an above-ground prison-hold.

** See p. 241. "Le Menhir" is a massive vertical rock formation reminiscent of the standing stones typical of much of the Breton landscape.

« TOUT LE JOUR LE BROUILLARD . . . »

Tout le jour le brouillard a possédé la mer.
Tout le jour... On entendait sans fin geindre et se plaindre
L'invisible ; sa voix peuplait le gouffre ouvert.
Elle cherchait à s'échapper ; mais pour l'étreindre
Le brouillard infernal se refermait dans l'air.

A peine on la voyait, fantôme insaisissable,
Balayer les rochers de son voile écumant,
Ou fuir et reparaître un instant sur le sable
En suppliant les vents apaisés, les grands vents
Tout à coup déliés, d'accourir, secourables.

Les vents l'ont écoutée, ont frémi cette nuit ;
Leurs chevaux échappés ont traversé l'espace
Et l'on voit le brouillard que leur galop poursuit
N'être plus qu'un troupeau dispersé qui s'efface
Au lointain, sur la mer qui rayonne et bondit.

"ALL DAY THE FOG HELD FAST ..."

All day the fog held fast the sea. All day...
We heard the vast Unseen's endless lament,
In whining chasm-voice, pining away...
The waves would flee, but the malevolent,
Devil-fog clasped them tight, forced them to stay.

Scarce would we watch their fluid phantom-shape
Sweeping the rocks, froth-veiled, than we would see
Them beg the gusts, grown calm, to rise and ape
The lusty tempest-gales, imploringly,
And help the prisoners make good their escape.

Free, the winds listened, galloped—glistening
Steeds of the sea—in mad course over space.
Now fog is fog no more... Bare scattering
Of sheep fleeing the chase... The merest trace, *
Off in the distance... Bound, leap... Vanishing...

---

* I specify the *troupeau* ("flock") here as being of sheep, since the French reader would no doubt do likewise, *mouton* (sheep) being the word for "white-head".

« DELICATE ET NACREE . . . »

Délicate et nacrée ainsi qu'un coquillage,
La mer paisible luit. A travers les nuages
Filtre une averse fine et douce de rayons.
Lame longue, argentée, une île à l'horizon
Contre le ciel de perle en scintillant se pose.
On voit glisser sur les rochers des lueurs roses
Dans le voile effilé du brouillard qui s'en va.
Les gouffres monstrueux se parent de l'éclat
Papillotant et des poursuites fugitives
Des jeux de la lumière et de l'eau qui s'esquivent.
Le gris est mauve et l'or est vert. Tout est léger.
Une barque... L'esprit fuyant peut voyager.
Et sur le front transfiguré du paysage,
Miraculeuse, la nuance aussi voyage.

"FRAGILE—A SHELL-LIKE, MOTTLED GRAY . . ."

Fragile—a shell-like, mottled gray—the sea
Shines calm… A sunbeam-shower, shimmeringly
Slips, filters softly through the clouds. A blade—
Silver, long—sparkles like an island laid
Against the pearl-tinged sky, poised bright upon
The far horizon… And we see the dawn
Gliding over the cliffs, pink-glimmering
In fog's thin-woven veil, soon vanishing…
The fearsome chasms primp in an array
Of fluttering flash, as light and water play
Their game of tag, flitting, trying to hide.
Gray turns to mauve and gold to green. The tide
Weightlessly lifts it all. The soul, in flight—
Sailing-bark—can go fleeing from the night.
And, on the landscape's fresh-transfigured brow—
Wondrous!—even night's hues go wandering now.

« ENORME ET SOMBRE BRISE-LAMES . . . »

Enorme et sombre brise-lames,
Le cap s'incline sur les flots.
La mer est rude, et le vent clame
Sa démence à tous les échos.

On voit bondir d'immenses gerbes
Qui retombent sur les écueils.
Tout est dévasté. Pas une herbe
Ne verdit sur ce triste seuil.

Sur ces rochers rien ne résiste
A la fureur des vents marins.
Et pourtant l'araignée y tisse
Le plus fragile des soutiens.

Et l'on voit palpiter et luire
Dans ce réseau presque irréel
Autour duquel tout se déchire
De minuscules arcs-en-ciel...

Pointe de Feuntenod, 1923

"ENORMOUS BREAKERS ON THE SHORE'S . . . "

Enormous breakers on the shore's
Somber expanse... The headlands ring,
Brows bowed, subservient. Loud roars
The wind, its fury echoing...

One sees great froth-bouquets burst, bound,
Pounding over the reefs, moss-bare,
Un-grown, un-green... And all around,
Space steeped in sadness, everywhere...

The fury of the sea-wind leaves
No cliff, no rock un-lashed. But look!
A spider there, untroubled, weaves
The safety of her fragile nook.

And, mid the crashing, crushing tide,
Within her web—delicate, seeming
Scarcely real, fluttering side to side—
The most minute of rainbows, gleaming...

Pointe de Feuntenod, 1923. *

* "Feuntenod" is the French spelling of the Breton "Feunteun [An] Oad", a typical rock-bound bay in the area of Cap-Sizun, the headland in the *départe-ment* of Finistère jutting out into the Atlantic.

« UN MUR DE PIERRE . . . »

Un mur de pierre, une ronce, le ciel...
Le chemin creux descend rapide et rude
Vers l'Océan dont on entend l'appel
Monter, emplir l'immense solitude ;
Mais on ne voit que ce mur et le ciel,

Le ciel pensif où dans les grands nuages
Le souvenir habite encor des flots,
Où le vent souffle et jette à son passage
L'odeur puissante et la fraîcheur de l'eau,
Où l'invisible habite les nuages...

Lescoff, 1922.

« MATIN D'ETE . . . »

Matin d'été, splendeur des heures lumineuses
Où l'azur de la mer et du ciel sont en feu,
Où, lavé par la pluie et la nuit orageuse,
Sur les flots juillet dort, étincelant et bleu !

Nulle brise ; nul bruit. Tout semble si tranquille
Qu'une ombre d'aile, un vol d'oiseau, de papillon,
Emeuvent, font vibrer le grand rêve immobile
Suspendu dans l'espace et sur les champs d'ajoncs.

“A ROCK-WALL CLIFF . . . ”

A rock-wall cliff, a briar-patch, the sky...
The sunken road, steep-sloping, pitiless,
Running down to the Sea, whose rising cry
We hear filling the boundless loneliness;
But one sees nothing but the cliff, the sky,

The soulful sky, where, dwelling midst the clouds,
Memory, lingering, floats on the air,
Where winds gust past, hurling against their shrouds
The waters' heady, cool perfume, and where
The great, vast-spread unseen dwells midst the clouds...

Lescoff, 1922. *

* Lescoff is a seaside Breton village close to the tip of the Finistère peninsula.

“SUMMER DAWN RISING . . . ”

Summer dawn rising, hours of splendrous light,
When flames fire bright the azure seas and sky,
When, bathed in rain after a storm-racked night,
Waves lull to sleep this sparkling blue July!

No breeze, no sound... So calm, that it might seem
A butterfly, a bird-wing's shadow, flying,
Would raise a flutter in the peaceful dream
Above the fields of rushes, tranquil lying...

« UN SOUPLE LEZARD GLISSE . . . »

Un souple lézard glisse ; un vol de papillon
Palpite sur la lande.
Des trilles d'alouette au-dessus d'un sillon,
Musicales, s'entendent,

Bien que la mer emplisse l'air de ses sanglots
Avec sa voix tonnante,
Et que ce ne soit rien qu'un tout petit oiseau
Qui s'élève et qui chante.

« IL N'Y A QU'UN OISEAU . . . »

A Mme Paul Fabre.

Il n'y a qu'un oiseau qui vole sur la mer,
Et qu'un mouton qui bêle au creux des roches grises.
On sent à peine s'élever un souffle d'air ;
Et c'est presque sans bruit que la vague se brise.

Ciel pur, calme, sur l'eau... Un voile délicat
Flotte, brume d'or rose, autour des caps sévères.
Dans ses filets la mer, où l'on voit mille éclats
Trembler, semble avoir fait captive la lumière.

"A LIZARD'S SLITHERINGS . . . "

A lizard's slitherings... A butterfly's
Flutterings on the sand...
A lark's melodious trills that gently rise
Over the furrowed land...

And, as the seas thunder and sob along,
Ah, wonder! Though the bird
Is small; though light her flight and soft her song,
How clearly is she heard!

"ONE BIRD CIRCLES THE WATER . . . "

For Mme Paul Fabre *

One bird circles the water, and one sheep
Bleats in the gray-cragged rocks. Against the shore,
The waves break, almost noiseless, from the deep.
Scarcely a puff of air... Peace, nothing more...

Pure the sky and the water still... A veil
Of mist floats on the jagged capes. One might
Think that the myriad-flashing sea—pink-pale
Its nets—has made a captive of the light.

* The dedicatee was a childhood *lycée* friend of the poet, wife of prominent though short-lived medievalist Paul Fabre (1859–1899). Fabre was known for his works on the medieval papacy.

« JE T'ADORE EN TREMBLANT, O TOI . . . »

Je t'adore en tremblant, ô toi, force inconnue
Qui créas l'Océan, le ciel et la forêt,
Les mirages étincelants de l'étendue
Et le bondissement magnifique et secret
Des vagues vers le roc et des pins vers la nue.

Je t'adore, toi qui voulus ces paysages
Devant lesquels on s'agenouille en se taisant,
Et qui, pouvant jeter ces flots vers le rivage
Et concevoir l'immensité, mis cependant
Autant d'amour à façonner un coquillage.

L'HOMME

L'homme n'est nulle part plus près des éléments
Qu'en ce pays terrible au bout du continent
Où sur les caps cernés et rongés l'Atlantique
S'acharne avec fureur contre le sol celtique.

L'homme n'est nulle part plus grave et plus pieux
Et ne se sent si faible entre les mains de Dieu.
Une lutte incessante et rude est son partage.
Et nulle part pourtant il n'a plus de courage ;
Et nulle part il n'est plus d'austères vertus
Que sous ces fronts hâlés et dans ces cœurs têtus.

"I WORSHIP YOU, TREMBLING, O POWER . . . "

I worship you trembling, O power that I
Scarce know, you who formed forests, heavens, and seas,
The dazzling realms of space, spread vast on high,
The bounding waves—dark with deep mysteries—
Pounding the cliff, pines yearning for the sky...

I worship you, whose passion willed so well
These landscapes that, mute, we kneel down before;
That would cast on the shore the ocean's swell,
Embrace the infinite... Yet, even more,
Spend such love fashioning a simple shell.

MAN

Man is no closer to the elements
Than in this violent land—the continent's
Tail end—where the Atlantic gnaws
The Celtic headlands clutched in its fierce jaws.

Man is nowhere more solemn, pious, nor
Feels himself weaker in God's hands, before
The endless struggle that is his to bear.
And yet, no greater courage, strength is there,
No starker virtues anywhere, than here,
Beneath these tanned brows, in these hearts austere.

JEUNES FILLES

Les fillettes de ce pays
Qu'on rencontre au long de la baie
Ont un air de farouche ennui ;
Mais les jeunes filles sont gaies.

Le béguin noir abandonné,
Sous la coiffe aux ailes fragiles
En leurs clairs regards étonnés
La jeunesse trouve un asile.

Elles rêvent du bourg voisin,
Du pardon proche et de la danse,
Et puis d'amour, peut-être, un brin...
O fugitive adolescence !

Etait-ce en un visage ingrat
Qu'hier luisaient ces yeux qui brillent ?
Et demain qui se souviendra
Du charme de la jeune fille ?

Elle sera près du foyer
Une rude épouse, asservie
A l'attente, et n'aura chanté
Qu'une heure brève dans sa vie.

YOUNG LASSES

Though glum the little girls we see—
Sullen-eyed country tots one passes
Along the bay, deep in ennui—
Not so the adolescent lasses!

Off with black bonnets' somber air!
In headdress delicate of wing— *
With wondering gaze, glance debonair—
Fair youth takes refuge, tarrying...

They dream of nearby town, and of
Its Saint's feast... Dancing on and on...
Even, perhaps, a dash of love...
Ah youth, so quickly come and gone!

Was it that gawky face withal,
Where those eyes, yesterday, flashed bright?
Who will, in days to come, recall
The lass's dreams and love's delight?

In time, hearth-side, no longer young—
A rugged, duty-ridden wife—
Resigned, she waits, and will have sung
But one brief moment in her life.

---

* The poet is contrasting the everyday, close-fitting Breton bonnet (*béguin*) with the traditional, extravagantly tall, ornate lace bonnet (*coiffe*), flaring out, wing-like, and worn in modern times only for festivals and special occasions.

SOIR

Le soleil s'est couché dans la brume. Les phares
Jettent au fond du ciel leurs brefs clignotements.
L'Océan dort ainsi qu'une barque à l'amarre
Qui tire sur sa chaîne et grince en sommeillant.

Et sous les grands signaux dressés du sémaphore
Dont les bras étendus dominent l'horizon,
C'est l'heure où dansent en chantant à voix sonore
Les matelots, au son d'un simple accordéon.

Pointe du Ras, 1923.

EVENING

The sun sets in the mist. The beacon-light
Blinks over the horizon, distantly...
The Ocean sleeps, like a bark anchored tight,
Chain tugged in a creaking cacophony.

Beneath the beacon-arms, spread wide—a-swing,
A-sweep over the sky—devil-may-care,
The sailors dance their jig and, deep-voiced, sing
To strains of an accordion's simple air.

Pointe du Raz, 1923 *

---

* See p. 241.

LEGENDES

C'est le pays de la légende et du mystère.
Ils sont nés de la terre et de l'ombre et du vent.
Ils errent au milieu des ajoncs, des bruyères,
Ou jaillissent des profondeurs de l'Océan.

Ecoute à leurs rouets chuchoter les fileuses ;
Une vieille a jeté sur la campagne un sort ;
Et dans l'air vibre une ronde mystérieuse,
Fifres aigus, sanglots furtifs, appels de cors...

Vois-tu pas s'avancer doucement par les landes
La fée et l'enchanteur ? Mille petits génies
Sur la route, pieds nus, frémissent. Les légendes
Vont danser sous le ciel aux vastes harmonies.

Toutes ne portent pas une robe sévère ;
On voit étinceler des parures d'argent,
Et l'on entend parfois comme une source claire
Au creux de la forêt le rire des amants.

Mais au milieu des flots trop d'âmes se lamentent
Pour qu'au bord de la mer le mystère sourie ;
Et là comme devant une tombe béante,
La voix de la Bretagne implore, tremble, et prie...

LEGENDS

This land mysterious that legend bore,
Spawned of the earth's deep shadows, or come winging
Over the wind, midst reed and heather, or
Up from the Ocean's deep-most depths come springing...

Listen... The spinsters chat *pianissimo;*
A beldame wraps the landscape in a spell;
Air quakes a roundelay's dark tremolo:
Muffled sobs, piercing fifes, horn-calls pell-mell...

See? Fairy, wizard... All the spirit-band...
A thousand barefoot sprites tread gingerly,
Pattering on the moor, a-quiver... And
Legends dance in the heavens' vast harmony.

Not all in garb severe... Ah no! One sees
The silver sparkles of bright ornaments,
And, at times, hears love giggling in the trees,
Like crystal brook gurgling its innocence.

But glum the swelling tide... Too dour the gloom
Of souls' lament for mystery to smile;
And, by the shore, as by a gaping tomb,
Brittany's voice begs, trembles, prays the while...

FERME BRETONNE

A M. et Mme Edmond Pilon.

La ferme est isolée au sommet du plateau ;
Le vent de l'Océan a courbé les ormeaux
Sombres qui sur les toits de chaume roux s'inclinent.
De ses ailes en croix un moulin la domine.
On entend coasser les grenouilles dans l'eau
De la petite mare où boivent les oiseaux.
Un canard glousse, un chien aboie. Et l'on devine
Que des femmes en noir dans la grande cuisine,
En l'ombre de la ferme où claquent des sabots,
Ayant tiré le lait l'apportent dans des seaux.

Karléo, 1922.

LES FEMMES DU PAYS

Les femmes du pays ont un visage grave.
L'homme est presque toujours un pêcheur, un marin,
Et le père est souvent mort en mer. Elles savent
Quel maître impitoyable ordonne leur destin.

Elles ont de beaux yeux résignés et fidèles,
Et, symbole discret de leur tenace espoir,
Comme un oiseau posé sur leurs costumes noirs,
Toutes leurs coiffes ont des ailes de dentelles.

BRETON FARM

For M. and Mme Edmond Pilon *

Alone, the farm sits high on the plateau;
The Ocean gale has bowed the dark elms low
Over the roofs of russet thatch. A mill,
Wing-blades crossed, whirling its stately quadrille...
There, in the pond, where the birds, to and fro,
Come sip, frogs croaking... And ducks, in a row,
Quacking... A dog barks... By the kitchen-sill,
Women, garbed all in black—never a frill—
With click and clack of their country sabots,
Bring milk drawn from the cows, moments ago...

Kerléo, 1922 **

* See p. 171.
** Kerléo is a picturesque hamlet in Finistère between the resort towns of Concarneau and Pont-Aven.

THE COUNTRY WOMEN

Sad-faced, the country women come and go—
Sailors or fishermen, no doubt, their mates,
And fathers, dead and lost at sea... They know
What master pitiless ordains their fates.

Resigned, their fair eyes glow with earnest grace,
And, bird-like, on their black garb gently lying—
Symbol of their deep faith and hope undying—
Their headdresses flare wide their wings of lace. *

* See p. 259.

SOIR DE TEMPETE

A Mme Louise Madec.

Un grand vent de tempête a soulevé les flots
Et dans le port on compte à mi-voix les bateaux
Qui ne sont pas rentrés encor, et qu'inquiètes
          Des femmes aux yeux graves guettent.

La houle fait rouler la vague avec fureur.
Un sourd mugissement s'élève. Et les pêcheurs
Accoudés au rempart qui borde la falaise
          Regardent la mer et se taisent.

« TU ME PARLES SI HAUT . . . »

Tu me parles si haut, tu me parles si fort
Que je n'ose toujours, Océan, te répondre.
Que suis-je, si fragile, et vouée à la mort ?
Ma voix avec ta voix ne peut que se confondre.

Mais la mouette crie et vole en poursuivant
Je ne sais quel espoir sur tes vagues mouvantes.
Tout te parle pourtant, grande voix éloquente.
Et mon amour s'exhale. Et je chante en tremblant.

STORMY EVENING

For Mme Louise Madec

Storm, playing havoc with the crashing flows
Pounding the shore... Men, whisper-counting those
Boats that have not returned... The women—grave,
    Solemn—stare at each towering wave.

Swells roll in frenzied tide... Again, again...
A low moan, rising... And the fishermen,
Leaning against the cliff-wall, anxiously,
    Fall silent and gaze at the sea.

* "Madec" is a not uncommon French family name, especially in and around Brittany. As for the dedicatee of this poem, absent specific biographical details, we might probably suppose her to be one of the antecedents, however remote, of another "Louise Madec," of the Breton town of Plougourvest, who celebrated her 80th birthday surrounded by her twelve children, 33 grandchildren, and 30 great-grandchildren. The event was reported in the newspaper *Le Télégramme,* 15 September 2010. Unless the octogenarian was lying about her age, her birthdate (1930) and the publication date of the poem (1924) rule out any more direct relationship.

"OCEAN! SO STRONG YOUR VOICE . . . "

Ocean! So strong your voice, so bold your breath,
No reply dare I give your rumbling roars!
What am I, fragile creature, marked for death?
My voice fades, dimmed to nothingness by yours.

Yet, the gull shrieks in vague pursuit, a-wing
Over your waves. Everything speaks to you,
Answers your eloquence. Would I might too!
But my love gasps... I quake though I would sing.

« D'AUTRES LIEUX DE LA TERRE . . . »

D'autres lieux de la terre ont enchanté mes yeux.
Je sais qu'il est de grands jardins voluptueux
Où le rossignol chante au fond des nuits sereines
Devant les flots peuplés jadis par les sirènes,
Où, sous les orangers et les mimosas blonds,
On peut avec orgueil élever sa maison.
J'ai vu dans leur parfaite et suave harmonie
Se courber souplement les lacs de l'Italie ;
Sur les glaciers j'ai vu mourir le ciel en feu
Et sur les rocs rouler des torrents écumeux.
J'ai connu la langueur unique de Venise.
Mon esprit s'est orné comme une ancienne église
De souvenirs qui tournent encor vers les cieux
Tout baignés de soleil des vitraux merveilleux.
J'ai chéri mon pays natal aux lignes douces,
Ses vignes, ses coteaux, ses sous-bois pleins de mousse.
—Mais dans les champs de fleurs de pays éclatants
Sans cesse j'ai rêvé de la lande, et du vent
Sauvage qui sifflait sur tes pics aux flancs rudes,
O Solitude !

"OTHER PLACES ON EARTH . . . "

Other places on earth have charmed my sight.
I know there are vast gardens of delight
And lust, where nightingale warbles his air
On nights serene, by swelling tide, and where
Sirens once dwelt; where orange trees once stood
And blond mimosa; and where, proud, we could
Abide... I saw the bays of Italy's
Svelte lakeshores spread their perfect harmonies,
And glaciers lit by flaming sunset-sky,
And torrents gushing, rushing from on high...
I knew Venice's bliss, second to none;
And my soul, like an ancient church, where sun
Bathed wondrous stained-glass windows that would stand
In memories' heavenly light... I loved the land
Where I was born—its countryside lush-vined,
Its gentle slopes, its underbrush moss-twined...
But ever, in the flowered fields of all
Those glistening lands, dreaming, I heard the call
Of the wind gusting wild over the moor
And whistling round the lonely heights of your
Craggy-flanked cliffs, rising there, rough and rude,
O Solitude!

« ON N'ENTEND QUE LA VOIX DES FLOTS . . . »

A Fernand Dauphin.

On n'entend que la voix des flots, plainte ou cantique,
Grand cri rauque ou chuchotement ;
Bondissant dans le gouffre ou mourant sur la crique,
On entend la vague et le vent.

C'est un grand *lamento* qui monte vers la terre,
Si puissant, si religieux,
Que l'homme, en l'écoutant, s'approche du mystère,
Et parfois croit entendre Dieu.

"VOICE OF THE ROLLING TIDE . . . "

For Fernand Dauphin *

Voice of the rolling tide... Lament? Or hymn?
    Low muttering or mighty roar...
Man hears the waves, the wind, raucous or dim,
    Pounding, or dying on the shore.

A great dirge rises, landward, from the sea,
    So other-worldly, infinite,
That man, at times, facing the mystery,
    Thinks that he hears God's voice in it.

---

* See p. 175.

« UNE FEMME QUE GUIDE UN ENFANT . . . »

Une femme que guide un enfant s'est assise
Sur la haute falaise, en silence, et ne peut
Tourner vers la splendeur des vagues qui se brisent
Que les miroirs éteints, pleins d'ombre, de ses yeux.

Douleur ! cette féerie unique des lumières
Sur les flots, leur souplesse et leur diversité,
Cet indicible éclat n'est plus qu'un grand mystère.
Douleur ! ne plus pouvoir qu'écouter la clarté !

L'entendre se gonfler et se nourrir d'écume,
Bondir et retomber dans un rythme profond,
Et toujours, et toujours, étouffer dans la brume,
Ne pouvoir arracher ces voiles de son front !

Mais se laisser environner par ce qui passe,
Sentir se dérouler autour de soi les vents,
Goûter dans l'air salé l'âpre odeur de l'espace.
Etre aveugle... Et pourtant contempler l'Océan !

"A WOMAN, GUIDED BY A CHILD . . . "

A woman, guided by a child, sits high
Upon a cliff, and can but silent-wise
Turn toward the dazzling tide, crashing nearby,
The deadened mirrors of her shadow-eyes.

The pain! Rare fairy spectacle of light
Crowning the waves' boundless variety...
Vast mystery untold, this awesome sight!
The pain! Merely to hear what eyes should see!

To hear the foam-fed swells rising and falling,
Ever... Ever smothering in the cloud
Of mist... To hear their pounding rhythm calling,
Powerless to rip from your brow their shroud!

But to let everything wrap round you, and
To feel winds swirl about you lustily...
To taste gusts' bitter scent salt-cloak the land...
To be blind... And yet, gaze upon the sea!

« JE ME COUCHE À L'ABRI D'UN ROC . . . »

Je me couche à l'abri d'un roc, contre la terre.
Il n'y a que le ciel immense dans mes yeux.
Je suis comme un brin d'herbe ou comme une fougère
Sous le souffle de l'Océan mystérieux.

Je ne suis plus cet être inquiet qui discute
L'énigme de la vie et le sens de la mort ;
Je ne sens plus couler les rapides minutes.
Un esprit immortel vient habiter mon corps.

"SHELTERED BESIDE A LOFTY CLIFF . . . "

Sheltered beside a lofty cliff I lie,
Eyes brimming with the heavens' immensity.
A blade of grass, a fern, a leaf am I,
Wrapped in the breath of the mysterious Sea.

No more am I that anxious creature, trying
To plumb life's puzzle, death's dour discipline;
No more I feel time's fleeting minutes flying.
Here, now, a soul immortal dwells within...

Océan

(1926)

Chants dans le vent

Océan / Ocean
« Enfle tes grandes voix . . . » / "Raise your great voices, swelling . . . "
Clair de lune / Moonlight
Voix d'enfants / Children's Voices
La Grotte / The Grotto
Tentatives / Vain Efforts
Horizons / Horizons

Le Double Visage

Soleil couchant / Setting Sun
Aube scintillante / Glistening Dawn
Eté / Summer
Soir de tempête / Stormy Evening
Croquis d'ombres / Shadow Sketch
Sacrilège / Sacrilege
Les Galettes / The Cakes
Automne / Autumn

Prières devant l'océan

« Retrouvons pour marcher . . . » / "Close by that humble chapel . . . "
« La vague vient heurter . . . » / "The wave pounding against . . . "
« Esprit léger que le vent grise . . . » /
"Spirit of weightless, windswept bliss . . . "
« La pente qui s'incline . . . » / "The slope beside the sea . . . "
« Accordez-moi, Seigneur, au seuil de la vieillesse . . . » /
"Lord, when I reach old age's threshold . . . "

OCEAN

Comme un humble bétail qui broute sur la lande
Mène au bord du plateau chaque jour tes pensers,
Et laisse-les chercher librement leur provende
D'herbages embaumés.

Laisse-les s'en aller vers les pentes sauvages
Où le sel de la mer s'allie au miel des fleurs
Et se coucher un mol instant sur le rivage,
Accablés de splendeur.

Quand tu t'endormiras sous les toits de la ville,
Ils te rapporteront tous les parfums éteints,
L'odeur du serpolet et de la camomille
Au soleil du matin.

Ils te rapporteront le ciel aux grands nuages,
Le vol souple et les cris aigus des goëlands,
Et tu retrouveras sur leur pauvre visage
L'âme de l'Océan.

OCEAN

Like humble flock grazing the moor, let your
Browsing thoughts reach the plateau's edge each day,
Foraging free amid the ample store
        To find sweet fragrant hay.

Let them roam to the shore's wild hillsides, where
The sea-salt air and honeyed flowers are one,
Stopping to lie a tender moment there
        In the bedazzling sun.

When, under city roof, you sleep again,
They will bring back each scent, all dead and gone—
The thyme, the chamomile—that steeped you when
        Dawning day, rising, shone.

Back will they bring vast-clouded skies to mind,
Seagulls in screeching flight, a-glide, a-soar...
And, in their modest glances, you will find
        The Ocean's soul once more.

« ENFLE TES GRANDES VOIX . . . »

Enfle tes grandes voix qui montent vers la grève,
Orchestre que le vent impérieux soulève,
Où tant de souffles vont concerter leur élan ;
Chante ; tout se taira pour entendre ton chant.
Toi qu'écoutaient déjà, blottis dans leurs cavernes,
Nos ancêtres terrifiés, toi qui nous cernes
Et qui t'en viens du fond des temps vers les rochers
De la terre et sans fin tentes de l'assiéger,
La créature est devant toi toujours tremblante
Et le même inconnu qui te hante la hante,
Et ton chant l'enveloppe et l'émeut, éternel
Comme l'appel de l'âme humaine vers le ciel.

CLAIR DE LUNE

Les vents ont fraîchi. La marée
Soulève l'eau reptilienne.
Du fond du ciel la lune pleine
Monte comme une fleur nacrée.

La face sournoise et terrible
De l'ombre brille tout à coup ;
Et l'Océan dans ses remous
Entraîne une troupe invisible.

Une rumeur traverse l'air,
Le flot en glapissant ricoche.
Et l'on voit à l'assaut des roches
Bondir les vierges de la mer.

“RAISE YOUR GREAT VOICES, SWELLING . . . ”

Raise your great voices, swelling, toward the sands—
Orchestra rising at wind’s brash commands—
Whose breaths unnumbered sound as one... Rise... Sing...
Let all grow still before your bellowing,
You, whom our forebears, huddling terrified,
Deep in their caves, feared. You, surging astride
The rock-cliffs, from the depths of time, and who
Surround us now and, with your derring-do,
Besiege the heights... Now, here, timeless she stands—
Tide, trembling creature, poised before the land’s
Expanse... And the unknown that puzzles, haunts
Your soul, haunts hers no less... And your song taunts,
Envelops her in its eternal cries,
Like mankind’s soul calling out to the skies.

MOONLIGHT

The winds have cooled. The tide, incessant,
Rises in waves, coils serpentine.
Sky-borne, the moon, over the brine,
Shines flower-like, full, iridescent.

Suddenly, her face opaline
Looms from the dark, fearsome her frowns:
The Ocean, swells of ups and downs,
Rushing, bears off a troop unseen.

Sounds rustle, gushing breathlessly...
Fro and to bounds, rebounds the tide.
And there, storming the cliffs, flung wide,
Leaping, the virgins of the sea...

VOIX D'ENFANTS

O grand écroulement des vagues sur la plage,
Rumeur démesurée et qui s'enfle en mourant,
Vous n'étoufferez pas ces cris légers d'enfants
Dont les jeux tout à coup ont peuplé le rivage.

Vous ne frapperez pas de stupeur ces esprits
Où trop ingénument flotte encor le mystère
Pour que votre fracas émeuve et fasse taire
Cette ronde rieuse au bord de l'infini.

Mais jetez-leur une algue, un coquillage, une herbe ;
Roulez jusqu'à leurs pieds l'écume et les galets,
Et les voici soudain immobiles, muets,
Contemplant ces trésors infimes et superbes.

CHILDREN'S VOICES

Waves pounding on the beach... Vast-bounding maze,
Howling and swelling... Dying... You will not
Stifle those children's lightsome cries, each tot
Dotting the shore in frolics' roundelays...

You will not strike with awe—no, not a whit!—
Those spirits still too steeped in mystery
To let your roar mute the hilarity
Hovering here astride the infinite.

But cast a shell, a seaweed, midst their leisures;
Roll by their sides flat stones on shore lace-lapped
In froth, and there they stand in silence wrapt,
Gazing at tide's merest, most precious treasures.

LA GROTTE

Le flot brutal s'écrase, tonne,
Et creuse dans le gouffre étroit
Une grotte sombre où personne
Autre que lui ne sera roi.

Ouverte dans le roc sonore,
Conquise avec acharnement,
Avec amour il la décore
Ainsi qu'un magnifique amant.

Des stalactites à la voûte
Pendent comme de longs cristaux,
Et sur les parois, goutte à goutte,
Perle à perle, ruisselle l'eau.

Des algues aux robes de fées,
Des coquillages merveilleux
Ont couvert les roches blessées
De leur manteau mystérieux.

Et le flot royal et dansant
Vient jeter ses gerbes d'écume
Suer le parvis, neigeux encens
Qui jaillit, retombe, et qui fume.

Mais de l'arche un jour s'enfuira
Sans retour le flot infidèle,
Et la grotte alors ne sera
Plus qu'un nid tout palpitant d'ailes.

Belle-Isle-en-Mer, 1921.

THE GROTTO

The crashing tide, with groan and moan,
Carves in the narrows of the sea
A grotto dark where it alone
Reigns in unchallenged majesty.

Brutal, yet with a living grace,
Dashing the echoing rocks, intent,
It decorates the somber space
Like a lover magnificent.

Stalactites, from the vaulted ceiling,
Hang, long and crystalline. Each wall
Shimmers with beads of pearl, revealing,
One by one, droplets' measured fall...

Bracken of fairy-garments, shells
Exquisite to behold, have thus
Clothed cliff and rock, lashed by the swells
In sea-wrack cloak mysterious.

The waves, in regal roundelays,
Fling at the shrine flurries of streaming,
Snowflake-like incense-froth bouquets,
That burst forth, rising, falling, steaming...

But from the ark, the waves will flee
One day—fickle and faithless things!
Then no more shall the grotto be
Than a mere nest of rustling wings...

*Belle-Isle-en-Mer, 1921**

* The island of Belle-Isle-(or Ile)-en-Mer, off the rockbound Breton coast, is a picturesque tourist attraction, thanks in no small part to the paintings of Monet that it inspired in the late 19th century.

TENTATIVES

A quoi bon ces élans, ces révoltes, ces cris ?
Vous vous endormirez soudainement, tempêtes,
Vous vous assoupirez, beaux rêves, dans l'esprit
De l'homme que le temps et la vieillesse guettent.

Vous ne bondirez plus dans un voile écumant
Sur les rocs entassés au pied des promontoires
Pour retomber, tout déchirés, en sanglotant,
Et vous éparpiller dans les flots sans mémoire.

Mais vous aurez tenté d'échapper au chaos,
Dans un grand mouvement d'espoir enthousiaste ;
Mais vous aurez connu l'ivresse de ces flots
Dont meurt en gémissant l'étreinte à jamais chaste.

HORIZONS

Fuite des flots vers l'inconnu, fuite émouvante,
Rythme qui fait bondir l'esprit emprisonné
Vers la ligne lointaine et pâle qui s'argente
Et trace sous le ciel un cercle illimité !

Fuite de l'âme vers les belles certitudes,
En quête de nouveaux et divins rituels,
Et qui suit sur la mer au milieu des flots rudes
Une barque, un oiseau, symboles éternels...

VAIN EFFORTS

What use, O storms, your crashing waterfront's
Rebel waves, bounding cries? Soon you subside...
And you, sweet dreams, who slumber all at once,
Hiding in man's soul, stalked by time and tide...

No more, in veil of foam, will you go leaping
Over rocks piled in cliff-side cragginess,
Only to fall, undone, sobbing and weeping,
Sprinkling back to the sea, memory-less...

But you have tried to flee the chaos vast
In a great hopeful frenzy unabated;
And you have moaned above the swells, that last
But one embrace, to die unconsummated.

HORIZONS

Flight of the tide toward the unknown... Divine
Rhythm whose pounding frees the spirit pent,
Sent bounding toward the pale blue-silvered line
Traced endless round the distant firmament!

Flight of the soul... Questing new certainties,
New heavenly rites mid waves' brash clamor, wending
Its way in the wake of the clashing sea's
Barque and bird, symbols of the never-ending...

SOLEIL COUCHANT

Sur le port le soleil couchant
Fait miroiter des rayons roses.
Calme plat. Nul souffle de vent.
Les mouettes sur l'eau se posent.

Des femmes passent en riant.
Les barques rêvent, immobiles.
On entend chanter des enfants.
C'est la fin d'un beau jour tranquille.

Tout va peut-être s'endormir :
Il n'est plus au ciel qu'une frange
D'or. Mais l'on voit soudain s'ouvrir
Les ailes d'une voile orange.

Camaret, juillet 1925.

SETTING SUN

Shimmering pink, the sun's last rays
Color the port. Dead calm, the sea...
Gulls lighting on the water... Day's
End glimmers breathless, breezelessly.

Skiffs in the stillness slumbering,
Dreaming... A clutch of women, spending
Their hours in laughter... Children sing...
Another peaceful, fair day ending...

Everything set to sleep; at last
The glowing day, gold-fringed, grows pale.
But, all at once, flung wide, the vast
Wings of a fluttering orange sail...

Camaret, July 1925 *

* Camaret (-sur-Mer) is a historic Breton village in the western corner of Finistère. Its major attraction is a fort defending the harbor, constructed by Louis XIV's celebrated military engineer Vauban in 1689.

AUBE SCINTILLANTE

Le petit peuple obscur des herbes parfumées
Qui couvre étroitement la lande a, ce matin,
Mis à son front mille aigrettes diamantées
            Qu'on voit briller de loin.

Hier sur cette côte a ruisselé l'orage.
Dans chaque creux demeure et miroite un peu d'eau,
Si bien que le rocher dans sa coupe sauvage
            Offre à boire aux troupeaux ;

Si bien qu'à l'horizon où la brume sommeille
L'aube avec son pied d'or à peine s'est posée
Que la terre éblouie a scintillé, pareille
            A la mer irisée.

GLISTENING DAWN

The little folk—dark-hidden in their scents
Of grass spread round the moor—this evening, are
Brow-diamonded with sequined ornaments
          Glittering from afar.

Yesterday, on this slope, storm-waters ran.
Today, flocks slake their thirst in crag-pools, up
And down the rocks, over their glistening span,
          Sipping from nature's cup.

Today, dawn's golden toe, with scarce-felt touch,
Grazes the far horizon, dreamily,
Mist-veiled... Dazzles the land... Gleams quite as much
          As does the shimmering sea.

ETE

Silence absolu du village !
Le soleil règne sur les champs,
Sur les arbres au dur feuillage,
Sur les toits roux et les murs blancs.

On a laissé la porte ouverte,
Trou d'ombre fraîche où l'on ne voit
Briller dans la chambre déserte
Qu'une cruche au goulot étroit.

Mais comme une rouge fusée
Un géranium ébloui
Monte derrière la croisée.
Tout dort. La fleur éclate et vit.

Et peut-être que la pendule
Au fond de son coffre de bois
Sans souci de la canicule
Va faire résonner sa voix.

Lagatjar, 1925.

SUMMER

The village. Silent utterly!
Sun reigning over fields of light,
Over the rough-leafed greenery,
The roofs of red, the walls daubed white...

The door, ajar. There, in the room,
Cool-shadowed niche, stands, narrow-necked—
Glumly, but shining through the gloom—
A water-jug, alone, abject.

Asleep, the house... But, over there,
Flashing red through the tedium,
Behind the window-pane, the air
Bursting with a geranium...

And who can say? Perhaps the clock,
Wood-encased, will begin to beat
Time's tune, chiming midst "tick" and "tock"
Despite the summer's dog-day heat.

Lagatjar, 1925 *

* Lagatjar, south of Camaret (v. p. 289), on the road to the Pointe de Pen-Hir, is the site of several dozen typically Celtic standing megaliths—menhirs—supposedly dating from around 2500 B.C.E. and thought to have served an astronomical purpose.

SOIR DE TEMPETE

Sur les flots, les caps, les rocs,
Descend la nuit qui grelotte.
On n'entend plus que le choc
Des vagues au fond des grottes.

Sur la mer tragique, en deuil,
Se gonfle une voile noire
Qui se débat sur le seuil
Du Raz à la sombre histoire.

Avertissement plaintif
S'élève un cri de mouette.
La mer couvre les récifs.
Nul phare encore ne guette.

Il n'y a plus que le vent,
Que les nuages qui roulent,
Et, sublime, s'insurgeant,
Cette barque dans la houle.

Pointe du Raz.

STORMY EVENING

On the ocean—capes, rocks, splashing—
Shuddering, night's darkness falls.
One hears nothing but the dashing
Waves, lashing the grotto walls.

On the mournful, mourning seas—
Pitching, puffing—black, a sail
Tacks, grazing the memories
Of Le Raz's bane and bale.

Plaintive warnings flail the air—
Seagull's sudden screeching cries.
Reefs lie hidden everywhere,
Never a beacon sweeps the skies.

Naught now but the gale, the gust,
And the rolling clouds, pell-mell...
Stalwart skiff plies on... She must!
Tossed amid the swirl and swell...

La Pointe du Raz *

---

* See p. 241.

CROQUIS D'OMBRES

Il n'y a plus sur la dune
Que des moutons attardés.
Un mince croissant de lune
Dans le ciel s'est hasardé.

Les nuages courent vite.
La mer frissonne ; il fait froid.
Une humble maison s'abrite
Et disparaît sous son toit.

Et voici que la bergère
Vêtements et bonnet noirs,
Accourt parmi la bruyère,
Ombre dans l'ombre du soir.

SACRILEGE

On a coupé le bois mystérieux de pins
Qui descendait si hardiment jusqu'au rivage ;
Et le peuple léger des nymphes, des sylvains,
Qui hantait ces parages,

Repose, inanimé, sous les branchages roux
Dont se dessèche le linceul au long des pentes ;
Et nous ne verrons plus rôder autour de nous
Cette troupe charmante.

On a coupé le bois, tué les demi-dieux ;
Lamentez-vous, déesse invisible des ondes !
Les hommes détruiront le voile merveilleux
Qui flottait sur le monde.

SHADOW SKETCH

Nothing is there on the dune
Save the last sheep straggling by...
And the slimmest crescent moon
Risks a sojourn in the sky.

Clouds go rolling past apace...
Shivering sea... Betwixt, between,
Humble dwelling hides its face—
Roof slung low... Lies scarcely seen...

And see how the shepherd-lass—
Clothes and bonnet black-arrayed—
Strolls amid the heather-grass,
Shadow in the evening shade.

SACRILEGE

They cut the pine woods down, mysterious glens
And groves that boldly used to reach the shore.
Now airy nymphs, now sylvan denizens,
        That haunted them before,

Lie lifeless midst the russet limbs that spread
A shroud, withered and dry, over the land.
No more amongst us now, charm-spirited,
        Their forest fairy-band.

They cut the pine woods down, killed—unrepenting!—
Godlings, sprites... Wail and weep, sea-goddess pale!
Soon will lie, rent, despite your soul's lamenting,
        Earth's wondrous breeze-blown veil...

LES GALETTES

Le crépuscule ouvre la porte.
Les femmes se hâtent, sachant
Que dans la chambre l'ombre apporte
Plus de tristesse que le vent.

O vieux rites qui s'accomplissent !
C'est la veille de la Toussaint ;
Toutes les Bretonnes pétrissent
Des galettes de sarrazin ;

Car les morts rôdent en silence
Sans doute autour de la maison ;
Et sur l'assiette de faïence
Les galettes les attendront.

THE CAKES

Twilight's door opens... Hurrying,
Scurrying through the rooms they go,
Knowing the dark is sure to bring
More sadness than the winds of woe.

O ancient rites! Eve of All Souls'!
Each Breton woman fast betakes
Herself, with dough-filled mixing-bowls,
To knead the blessèd buckwheat-cakes.

For tonight, spirits, silent roam...
And, set out on an earthen plate—
As the dead, from their ghostly home,
Spread round—the cakes will, patient, wait...

---

* Cakes made with buckwheat (*sarrasin* or *blé noir*) are a staple of Breton cuisine. As in many religious cultures—especially those influenced by Celtic traditions—they are set out on All Souls' Eve for the returning spirits.

AUTOMNE

La Bretagne a mis sa cape
De bure et ses gros souliers.
C'est le vent d'ouest qui frappe
A la porte. Les sentiers

Ne sont que ruisseaux ou mares
Sous les sureaux effeuillés ;
Et l'Automne qui s'égare
Grelotte, les pieds mouillés.

La Bretagne sous sa mante
A longs plis courbe le dos.
Voici venir la tourmente ;
Que les volets soient bien clos.

Les coiffes de toile fine
Aux rubans désempesés
Par le crachin qui bruine,
Dans les coffres rangez-les.

Allumez vite la lampe,
Couchez les jeunes enfants,
Car les maléfices rampent
Sur la lande au soir tombant.

Les âmes des morts reviennent
Se plaindre ou prier... Qui sait ?
Et les vieilles se souviennent.
—On entend le vent siffler.

AUTUMN

Brittany, her sackcloth wearing,
Heavy-booted... West-wind's squall,
Come a-knocking... Howling, blowing
At her door... Country roads, all

Turned to pool and rivulet...
Autumn shivers, roams astray
Mid stripped elder trees. Soaked wet,
Head to toe, loses her way...

Brittany arches her back.
Trailing long, her mantle flutters
As the gusts ply their attack:
Lo! Beware! Bolt tight the shutters!

Headdresses of linen fine... *
Ribbons un-starched, blowing free
In the mist spat off the brine...
Lay them by, pray, carefully.

Light the wick! Quick! Night is falling...
Tuck the young ones safe a-bed.
Cursed, the moor will soon be crawling,
Bristling with the spirit-dead.

Back now come the souls! But who
Knows why? To lament? To pray?...
Who?... The gray old women do!—
And the wind, whistling away...

---

* See p. 259.

« RETROUVONS POUR MARCHER . . . »

Retrouvons pour marcher vers cette humble chapelle
Qui veille dans la lande un cœur simple d'enfant,
Et parlons à voix basse en nous approchant d'elle.
Soyons pieux ; un Dieu peut-être nous entend.

Et s'il ne nous entend, adorons le mystère
Et l'indicible espoir qui flottent tout autour
D'une chapelle au bord des flots. Que de prières
Ont créé sous ce toit un Etre plein d'amour !

Nous en qui ne vit plus la foi grave et sereine
Dont s'éternise ici le prestige secret,
Cueillons du moins pour le vieux saint de la fontaine
La jasione, la bruyère et le genêt.

Pointe du Van, 1924.

“CLOSE BY THAT HUMBLE CHAPEL . . . ”

Close by that humble chapel on the moor,
Let us find yet again—as we draw near—
Our simple childhood heart, pious and pure
Once more... Perhaps a listening God will hear...

And if not? Let us still bow down before
The mystery—vast hope floating above
This chapel by the sea! What prayers galore,
Under its roof, gave life to Him in love!

Let us—though lost that deep, calm faith once ours—
Praise this old fountain’s ageless saint, and strew—
Here, there—to honor him, a few wild flowers:
Briar, broom, heather, and bellflower blue.

Pointe du Van, 1924 *

* The promontory, la Pointe du Van lies across from la Pointe du Raz, in Brittany (see p. 241), and, with it, forms the entrance to the picturesque Baie des Trépassés (“Bay of the Dead”). The chapel in question is no doubt the austere late 17th-century chapelle Saint-They.

« LA VAGUE VIENT HEURTER . . . »

La vague vient heurter les parois de la grotte
Creuse et sonore ainsi qu'une conque nacrée.
Un grand élan, un sourd fracas ; l'écho sanglote
Et l'eau retombe, vaine offrande éparpillée.

Eclat léger, blancheur de mille gouttelettes
Où se résout l'effort démesuré des flots
Rués vers on ne sait quelle auguste conquête
Et qu'un obscur espoir précipite à l'assaut,

Votre gerbe qui meurt, fluide et souple, est-elle
Le vœu secret de l'onde, et tout n'est-il vraiment
Venu des profondeurs que pour qu'elle ruisselle
Ou se disperse en poudre impalpable d'argent ?

"THE WAVE, POUNDING AGAINST . . . "

The wave, pounding against the grotto walls,
Sounding the pearled conch-shell's deep-throbbing cry...
A crash... The echoes sob... The water falls,
Sacrifice—vain!—to who knows what or why!

Air-borne white flash... Myriad sparkles hurled
In rash attack, plied on the endless sea
By the brash tide—against what solemn world?—
That some vague hope spurs on to victory.

And your foam-froth, supple of form... Is it
Waves' secret wish, no sooner born than dying?
Is it sprung from the deep, only to quit
The flood, in silvered droplets flittering, flying?

« ESPRIT LEGER QUE LE VENT GRISE . . . »

Esprit léger que le vent grise
Venu du large sur les champs,
Regarde onduler sous la brise
Les moissons au soleil levant.

Sur la mer couleur de lavande
Une barque souple s'en va.
Un papillon bleu sur la lande
Voltige et ne se fixe pas.

Esprit léger que rien n'arrête,
L'air sent le blé mûr et le miel,
Et là-haut plane une alouette
Qui lance sa voix en plein ciel.

Où fuiras-tu ? Vers la lumière.
Tu ne sais plus quel est ton nid ;
Et tu t'envoles de la terre,
Esprit, parcelle d'infini.

"SPIRIT OF WEIGHTLESS, WINDSWEPT BLISS . . . "

Spirit of weightless, windswept bliss...
See how the waves of grain roll on,
Rippling beneath the breeze's kiss
Blown from the sea, greeting the dawn.

Riding the swells' lavender hue,
A skiff bends to the sea's command.
A butterfly flutters its blue
About the moor, but loath to land.

Spirit of weightless bliss, still flying...
Honey, ripe wheat, scent sweet the high
Expanse... A lark glides, gently sighing,
Singing her song against the sky.

Where will you flee? Off to the light...
And your nest? Do you know where it
Might be? Set free, you take your flight...
Spirit... Bit of the infinite...

« LA PENTE QUI S'INCLINE . . . »

La pente qui s'incline au bord des flots ne cesse
De velouter ses flancs où mille fleurs se pressent
Que sur le roc extrême où la vague bondit ;
Et le sol est feutré d'un merveilleux tapis.
Respire le parfum de la flore sauvage
Qui couvre étroitement la terre et qui dégage
Un arome puissant aux rayons du soleil.
O richesse du sol le plus avare ! Eveil
De frêles petits yeux extasiés qui brillent
Sous lesquels, minuscule, un peuple ardent fourmille.
Regarde : tout se meut, tout travaille, tout vit ;
Et moi-même, immobile et muette, ne puis
Retenir ma pensée à jamais vagabonde
D'errer sur cette lande et de flotter sur l'onde
Et mon esprit de n'être un doux balancement
D'herbe fine qui tremble au vent de l'Océan.

"THE SLOPE BESIDE THE SEA . . . "

The slope beside the sea—flanks velveted,
Reaching down to the shore—stands overspread
With myriad blossoms, save that tongue of ground,
Farthermost patch, tip of land's end, rock-bound,
Where lap the leaping waves... But, for the rest,
A felted carpet of the brilliantest!
Breathe the wild-flower perfumes... Lush blooms that lie
Tight to the earth and that, sun-lit, let fly
All the sweet richness of their heady scent,
Despite a soil ungenerous, near spent...
Young eyes shine wide in wonderment... Gape, stare
At a vast insect-race laboring there...
Look! Everything lives, moves, toils! Yet, here I
Stand silent, feel my thought wandering high
Above the moors... Or, wave-borne, seem to be
A trembling reed the wind wafts from the Sea!

« ACCORDEZ-MOI, SEIGNEUR AU SEUIL DE LA VIEILLESSE . . . »

Accordez-moi, Seigneur, au seuil de la vieillesse,
Si mes membres sont las, si mon front est pesant,
De garder des yeux clairs où l'âme transparaisse
Eblouie et limpide ainsi qu'aux premiers temps.

Que dans le vent qui brise une cime trop frêle
Je ne m'écroule pas, morne, sur l'horizon,
Au bord de l'Océan comme un moulin sans ailes
Qui ne peut plus broyer les nouvelles moissons.

Que je n'apporte pas un jour à la nature
Même s'il faut traîner sans force un corps perclus
Devant l'aube qui naît et s'emplit de murmures
Un esprit sans échos où rien ne vibre plus !

"LORD, WHEN I REACH OLD AGE'S THRESHOLD . . . "

Lord, when I reach old age's threshold, pray—
Though weary-bodied and ponderous-browed—
Let my eyes sparkle, lively still, and may
A youthful soul shine through: clear, strong, unbowed.

Let not the summit-thrashing wind dare beat
Me down before the heavens, languishing
Ocean-ward, like a blade-worn mill, effete,
That turns no more to grind the harvesting.

Weak though my flesh, let me not face each morning—
Gnarled, useless-limbed in crippled helplessness—
Bringing to the new murmuring dawn a-borning
A mind unmoved, unmoving... Echo-less!

La Féerie provençale

(1930)

Provence

Dans le val désert / In the Deserted Valley
Au bord d'une fontaine / Beside a Fountain
Février / February
Midi / Noon
La Branche d'amandier / The Almond-Bough
Mas en Provence / *Mas* in Provence
Intérieur / Interior
Temps gris / Gray Day
Petite pluie / Soft Rain
Saint-Tropez / Saint-Tropez
Bagarède / Bagarède
Clair de lune sur la mer / Moonlight on the Sea
Crépuscule / Dusk
Hameaux alpins / Alpine Hamlets
Barques / Skiffs
Découverte / Discovery
Méditerranée The Mediterranean
La Forêt vendue / The Forest, Sold

Vers la sérénité

Aigues-Mortes / Aigues-Mortes
Le Moulin / The Mill
Eblouissement / Bedazzlement
La Montée / The Climb
Cimes / Peaks
Vers la lumière / Toward the Light

DANS LE VAL DESERT

Entre les chênes-liège un mas s'est écroulé.
Qui l'avait pu construire en cette solitude ?
Des bois, des bois, des bois, des ravins désolés,
Des monts déserts, l'étroit lacis d'un sentier rude...

Qui fut assez pensif, assez sage et secret
Pour enfermer ici toute son existence ?
Et sous ces oliviers quelle femme tirait
L'eau du puits ? Quel enfant riait dans le silence ?

Sous le miracle bleu de l'hiver provençal
Les amandiers qu'ils ont plantés neigent encore...
—Quelle fillette un jour rêva d'aller au bal ?
Quel garçon l'entraîna vers les villes sonores ?

Les vieux sont morts, les vieux et graves paysans.
Le toit s'est effondré sur le mas en ruine.
Tout s'est tu. Mais parfois dans le val on entend
Tinter leur âme errante ainsi qu'une clarine.

IN THE DESERTED VALLEY

Cork-oaks... A crumbling *mas,* betwixt, between... *
Who could have built it on this spot, in this
Solitude? Woods, woods, only woods!... Ravine,
Rude path, meandering, barren hills, abyss...

Who was he—pensive, wise enough to seize
This for his whole existence? Who was she,
Who plumbed the well under those olive trees?
What tot laughed in this calm tranquility?

Provence's winter miracle of blue!
Almond-trees that they planted, snow-leafed still...
What lass one day dreamed of the ball? And who
Was he who coaxed her toward the cities shrill?

Old peasants, dead; old *mas* in shambles lying...
But sometimes, round the valley's somber knolls,
Deep in the silence, we think we hear sighing
The cowbell-clang of their long-wandering souls.

---

* *Mas* is the name given to the traditional Provençal farmhouse.

AU BORD D'UNE FONTAINE

Le jet s'est tu. La fontaine
Goutte à goutte égrène l'eau
Hors de la vasque trop pleine
Comme de frêles grelots.

A peine un rayon s'attarde
Au tronc des eucalyptus.
Dans l'ombre montent la garde,
La lance au poing, les cactus.

Pourtant dans la nuit qui tombe
Et s'allonge sur le sol,
De langoureuses colombes
Mollement s'abat le vol.

Et parmi leurs ailes blanches
Qui se froissent doucement
L'Amour un instant se penche
Sur la fontaine en rêvant.

BESIDE A FOUNTAIN

Stilled its jet, the fountain tells—
Bead by bead—its rosary,
Drop by drop... Like fragile bells,
From the basin falling free...

Scarcely one last-lingering beam
By the eucalyptus... And,
In the shadows, cactus seem
Guard-like, standing, spears in hand.

Meanwhile, in the falling night,
Spreading wide its shades around,
Languorous doves abate their flight,
Softly lighting on the ground.

And amid the whiteness of
Their wings, all a-flutter seeming,
Poised there for an instant, Love
Leans over the fountain, dreaming...

FEVRIER

Transparence du ciel posé sur les coteaux !
C'est un jour qu'eût chanté jadis le doux Virgile.
Février lentement ranime les travaux
Qui creusent l'éternelle argile.

Déjà le laboureur ouvre le flanc puissant
De la terre au milieu des ceps bruns de la vigne,
Et les bœufs accouplés s'avancent pesamment
Dans les sillons, ligne par ligne.

Déjà les amandiers, frêles processions,
Descendent doucement les pentes des collines ;
Le pointillé presque insensible des bourgeons
Violace les branches fines.

Déjà l'air porte au loin dans sa traîne légère
Du printemps invisible encore les senteurs.
Imperceptiblement se nacre la lumière
Du soir qui tombe avec lenteur.

Et dans la vapeur bleue où naît le crépuscule,
Sans hâte, précédé des chiens et du berger,
Le long des champs s'achemine sous les mûriers
Un troupeau qui tintinnabule.

FEBRUARY

Transparent sky among the hills... A day
That sweet-tongued Virgil might have sung back then, *
As February kneads the living clay
    In earth's eternal regimen.

Already, now, the plowman toils as he
Lays bare the rugged flank mid broom-stemmed vine,
And the yoked oxen, paired, trudge ponderously
    Along the furrows, set in line.

Already, now, the almond-trees' frail rows
Trail down the hills, their purpled buds scarce seen,
Dotting the tender slopes, as they enclose
    The slender boughs, lying between.

Already, now, winds waft afar, unfurled,
Spread scents of spring—distant, unseen—perfuming,
Dimly, the waning light, glowing soft-pearled,
    Of peaceful nightfall, slowly looming.

Blue vapor, twilight-spawning... There, the tread,
Slow-paced, led by the shepherd and the hounds...
And lo! the gentle flock's bell-tinkling sounds,
    And berry-bushes overhead...

---

* Obviously the poet is thinking of the bucolic inspiration of Virgil's *Georgics* and *Eclogues.*

MIDI

Nul bruit dans le village et nul éclat de voix.
Les contrevents sont clos et la rue est déserte.
Le soleil ruisselant semble écraser les toits
Et pèse lourdement sur la campagne inerte.

Midi, cloche d'argent, heurte aux portes fermées.
Et rien ne lui répond ; pas un chant, pas un rire...
Mais tu montes dans l'air, fumée, humble fumée,
Et par toi les maisons immobiles respirent.

NOON *

Quiet the village: no sounds, voices, none...
Closed are the shutters, empty is the street.
The roofs seem crushed by the cascading sun
The land lies heavy in a calm complete.

Noon, silver-belled, raps at the doors, tight-shut...
Silence. No song, no laughter in reply...
But you, smoke, prove these houses live; you, but
A humble wisp of breath reaching the sky.

---

* The original's title is somewhat ambiguous since, in this encomium on the French southland, it could refer either to the time of day, noon, or to the whole geographical area of "Le Midi." The context clearly makes the former seem more appropriate.

LA BRANCHE D'AMANDIER

A Viviane Jamati.

Dans la chambre, à petit bruit,
Une horloge ourle les heures.
Clos les volets, fermé l'huis.
Tout sommeille en la demeure.

Le chien qui jappait se tait
Au détour de la ruelle.
Dans le couloir sombre et frais
S'est éteinte la chandelle.

Mais, visage ensoleillé,
Une fillette qui porte
Une branche d'amandier
Entr'ouvre en riant la porte.

THE ALMOND-BOUGH

For Viviane Jamati *

Bedroom clock, tick-tocking, stutters,
Ravels daytime's hours of light.
Shut the house, closed tight the shutters,
All lies still to sleep the night.

Silent now the pup's sharp bark,
By the bed, beside the wall;
And pinched dead the candle; dark,
Now, the cool shade of the hall.

But, her face still sun-lit now,
Stands a tot, looming before—
In her hand an almond-bough—
Peeking in the bedroom door...

* Viviane Isambert-Jamati, born in 1924, is the granddaughter of Cécile Périn, and an important, widely published sociologist of education. The "tot" of the third-stanza scenario, she would have been about six years old at the time the present poem was written.

MAS EN PROVENCE

Au creux d'une vallée entre des bois épais
Un mas penche ses toits roses dans la clairière ;
Quatre mûriers touffus s'arrondissent auprès
D'une treille et d'un banc de pierre.

Un vieux puits se blottit sous les doux oliviers ;
Un ruisseau glisse en chuchotant dans la campagne
Et c'est à peine si l'on distingue un sentier
Aux pentes sombres des montagnes.

Mais dans la solitude on entend des grelots
Qui tintent faiblement parmi les herbes grises,
Et, bêlant et broutant, on découvre un troupeau
Qu'argente la lumière exquise.

MAS IN PROVENCE *

In this thick-wooded valley-clearing, here
Stands a *mas,* with pink sloping roofs, alone.
Four bushes, berry-laden, hover near
    A trellis and a bench of stone.

An old well nestles under olive-trees.
A whispering brooklet, gliding, fairly hides...
And, on the shadowed slopes, one barely sees
    A path etched in the mountainsides.

But in the solitude, midst grasses gray,
We hear weak-tinkling bells... Spy, silver-lit,
A grazing flock, whose trembling "baa" and "béé"
    Quaver in day-glow exquisite.

---

* See p. 315.

INTERIEUR

Un panier d'oranges mûres
Posé sur le guéridon
Luit parmi sa chevelure
De frais feuillage et sent bon.

Dans l'âtre la flamme danse
Et fait ronronner le pot.
Le crépuscule nuance
L'ombre et tire les rideaux.

Mais dans la chambre demeurent
Eclatants, au nid d'osier,
Auprès des roses qui meurent
Les beaux fruits ensoleillés.

INTERIOR

Oranges, ripe, basketed,
Set poised on the tabouret...
Fragrant—foliage-garlanded—
Shine in golden-fresh display.

On the hearth, flames darting, dancing,
Heat the purring pot... Dusk-shapes
Flicker, as twilight, advancing,
Somber-hued, draws shut the drapes.

But the fruits, no less bright-dressed,
In the muted chamber lying,
Sunning in their wicker nest—
Next to roses, softly dying...

TEMPS GRIS

La lumière au col blanc frissonne,
Se voile et flotte à l'orient ;
Et les fins oliviers moutonnent
Sous un ciel de nacre et d'argent.

La chevelure de la brume
S'accroche aux arbres des vallons ;
Le soleil forge sur l'enclume
Des nuages un long rayon.

Toutes choses sont en attente.
Mais le miracle accoutumé
D'une naissance éblouissante
Se refuse à les transformer.

Et dans la campagne pensive
Qu'un jour gris vient défigurer
On entend pépier les grives
Au pied des oliviers cendrés.

GRAY DAY

Light, fringed in white—veiled, shivering—
Floats east... Olive boughs seem to rise
And fall, like whitecaps' quivering
Waters beneath pearled, silvered skies...

Fog-tresses hang, furled roundabout
The valley's trees. On anvil clouds
The blacksmith sun bangs, hammers out
A long beam, piercing through the shrouds.

Everything stands in wait... But oh!
Dawn's usual miracle demurs:
The hoped-for transformation? Lo!
No dazzling morn's rebirth occurs!

And in the landscape's pensive hush,
Disfigured by the dismal day,
Only the chirping, peeping thrush,
By olive-trees, dull, ashen-gray...

PETITE PLUIE

Petite pluie, ô douce pluie !
Est-ce un souffle dans le feuillage,
Une source dans la prairie
Ou l'haleine d'un nuage ?

Entre les plombs de son vitrail
L'ombre cerne une aile azurée…
Mais le vent pousse le vantail
Sur les visions éthérées.

Et voici qu'on entend soudain
Courir par la plaine assombrie
Tes menus pieds par le chemin,
Petite pluie, ô douce pluie…

SOFT RAIN

Soft rain, O gentle little rain!
Is it the puff of greenery,
A brooklet rising in the plain,
Or a cloud sighing? Can it be?

See? In the stained-glass traceries,
A wing, azured in shadow-rings...
Wind blows the casement shut on these
Ethereal imaginings.

Then, all at once, upon the ground—
Over the meadow's darkening lane—
One hears your dainty feet run round,
Soft rain, O gentle little rain...

SAINT-TROPEZ

Dans l'arc de ce golfe arrondi
Comme une coupe de lumière
La mer aux mille éclats frémit
Au pied d'un petit cimetière.

La pente descend doucement
Sous le poids des tristes couronnes
Vers le flot mol et caressant.
Et l'on entend le glas qui sonne.

Le vent qui glisse sur les pins
Et sur les mimosas balance
Des cassolettes de parfums
Sur la route où le mort s'avance.

L'air est vif et léger. Tout veut
Jouir du bonheur hors de l'ombre.
Et sous ce ciel voluptueux
Le fossoyeur creuse une tombe.

SAINT-TROPEZ

In the curve of this bay, astride
The shore—this cup of light—the waves
Shimmer their myriad sparks beside
A modest cemetery's graves.

Toward tide's caressing swell, slope rolls
Ashore, beneath sad wreaths, and we
Can hear a low-voiced bell that tolls
Its knell in somber piety.

The breeze grazing the pines on high
Sways the mimosa blooms, and makes
Perfume-arrays, that fragrant lie
Along the road the dead man takes.

Crisp is the air and motionless.
Everything spurns the shadow's gloom.
Under the sky's voluptuousness
A digger, toiling, digs a tomb...

BAGAREDE

Bagarède au milieu de son bois de lauriers
A l'écart des chemins dérobe ses étables,
Son toit rouge, son puits, et sous ses oliviers
Une jeune fermière au visage adorable.

Bagarède se cache en un profond vallon.
Mais la lumière autour de ses fenêtres joue,
Poussière d'or, à poudrer les mimosas blonds.
Et dans sa solitude un beau paon fait la roue.

CLAIR DE LUNE SUR LA MER

Au Capitaine Blondeau

Le clair de lune inonde de clarté la mer
Qui vibre entre les pins aux luisantes aiguilles.
L'air n'est plus qu'un parfum liquide. Et, découverts,
Les orangers en fleurs, les roses des charmilles
Laissent s'enfuir leur souffle embaumé vers la mer.

Est-ce un rêve, un mirage en d'irréels vergers ?
L'esprit s'endort comme un enfant léger que berce
La suave langueur de bonheurs mensongers.
Et tout à coup le chant d'un rossignol transperce
Le silence, et s'exalte au-dessus des vergers.

BAGARÈDE *

Bagarède, in its laurel-grove, aloof,
Off from the prying eye... Stables none sees,
Concealed... Nor well, nor its red roof,
Nor winsome farm-lass midst its olive trees...

Bagarède hides, tucked in a valley, where
Golden dust speckles blond mimosa blooms.
Light plays about the window-panes, and there,
In solitude, a peacock spreads his plumes.

* The reference is to the Gorges de Bagarède, a secluded valley in the *département* of Var, not far from Cannes.

MOONLIGHT ON THE SEA

For Captain Blondeau *

The moon bathes in its light the shining sea,
Flashing amid the sparkling-needled pines.
The air's liquid perfume, the orange-tree
In bloom, the rosebush-bower's scented vines,
Send their breath, flowered, flying, toward the sea.

Is it a dream-mirage, this orchard-scene?
The spirit slumbers like a babe, one who
Languishes in joy's falsehoods, lulled between
Sleep's arms... A nightingale's song pierces through
The silence, revels in this orchard-scene.

* With no specifics to contradict me, I like to imagine that the Captain Blondeau in question may have been the skipper of a tourist excursion, rewarded by Périn for a pleasant sail, with her dedication of the present marine tableau.

CREPUSCULE

Le crépuscule au long des pentes des collines
Presse le troupeau bleu des ombres. Les clarines
Tintent l'une après l'autre aux colliers argentins
Et le vent tout à coup fait aboyer ses chiens.
L'herbe froissée embaume et la brume serpente
Dans la vallée au bord des sources chuchotantes
Avant de s'élever à la cime des monts
Et d'étendre un long voile autour des bois profonds.
Faible un astre scintille en la nuit transparente
Où le pâle croissant de la lune s'argente.

Silence... Une clarine encor tinte et s'éteint,
Et le vieux berger siffle en rappelant ses chiens.

HAMEAUX ALPINS

Le hameau s'est haussé de palier en palier ;
Et, lançant son église au-dessus des ruelles,
De voûte en voûte, et d'escalier en escalier,
A conquis cette roche et s'est juché sur elle.

Il a serré les toits étroits de ses maisons,
Nuancé ses murs gris de vert, d'ocre et de rose
Et fait glisser le long des gradins, des balcons,
Parmi les oliviers des cascades de roses.

Au dessus du ravin il luit, sauvage et doux,
Ecoutant l'eau qui gronde et l'angélus qui sonne
Et regardant venir au dos des ânes roux
Ses femmes au parfait visage de madones.

DUSK

Dusk urges onward the blue-shadowed flock
Over the hills. Bells' silvery-collars knock
Brightly together, tinkling out their sounds...
Now, suddenly, the wind swells, and the hounds
Begin to bark. The grass smells sweet. The mists'
Serpent-moss, in the valley, coils and twists
Beside the whispering brook... Vapor-clouds rise,
Spread a shroud-veil over the wooded highs
And lows, from valley floor to summits, where
Weakly, a star hangs in the evening air...
Moon's sliver-crescent casts its silver light,
Wan and pale, over the transparent night.

Silence... One last bell jingles... All grows mum.
Old shepherd whistles for his dogs to come...

ALPINE HAMLETS

Its church, thrusting up from tucked alleyways,
The hamlet, layered, dominates the hill.
Its arched vaults rise, its steep staircases raise
Tight steps. Cliff-perched, it sits, majestic, still...

Houses, taut... Narrow rooftops, gray walls shading
Off into ochre, pink, green... Balconies...
Between, betwixt, along railed rows, cascading,
Roses entwined among its olive-trees...

As waters growl and angelus-bells sound,
It glistens over the ravine, with graces
Crude... Listens as russet ass-mounts bring round
Its women, with flawless madonna-faces.

BARQUES

Marguerite, Marie, Elisa, Jacqueline,
Presque tous les bateaux portent le nom léger
Et caressant des jeunes femmes qui s'inclinent
Sur la digue pour voir lentement s'en aller
Les voiles et les mâts vers les plaines marines.

Sur les coques inscrits les mots évocateurs
Bercent parmi les flots leurs syllabes pensives ;
Et, dans la solitude immense, le pêcheur
Que les harmonieuses Sirènes poursuivent
Echappe par leur grâce aux appels tentateurs.

Qu'invoqua-t-il ? La barque ou la lointaine amante ?
Peut-être a-t-il mêlé dans cet unique cri
Le nom de la compagne incertaine et flottante
Qui lui sert à présent de refuge et d'abri
Et de celle dont veille au port lointain l'attente...

De celle qui là-bas, yeux noirs, bras veloutés,
Marguerite, Marie, Elisa, Jacqueline,
O belle fille de Provence, ira guetter
Le retour du pêcheur au pied de la colline
Dans l'anse calme où dort l'eau du golfe argenté.

SKIFFS

Elisa, Marguerite, Jacqueline, Marie...
Most of the barques bear the fair names of these
Young women, who nod, bow respectfully,
And watch the masts and sails patiently ease
Their way over the tide, glide out to sea...

Suggestive phrases on their hulls forestall
Distress, as every fisherman, on vast
Expanse of solitude, escapes the call
Of lulling Sirens' luring chase, clings fast,
And—thanks to those names' grace—eludes them all.

What prayed to? Whom? Perhaps both, in one cry.
This floating mistress-skiff—fragile, unsure—
His refuge, now, from wave and storm-blown sky;
And her as well, his now-distant amour,
Who, far behind in port, stands sleepless by...

Eyes black, arms soft, she whiles away each day...
Elisa, Marguerite, Jacqueline, Marie...
Fair Provençale, waiting the hour when they—
She and her fisherman—once more will be
There, by the hill, where sleeps the silvered bay.

DECOUVERTE

On l'entend faiblement bruire au pied des pins.
On aperçoit à peine un voile bleu de lin

Entre les hauts troncs roux, molle écharpe légère,
Et l'on descend, parmi le thym et la bruyère,

Au milieu des parfums dans l'ombre amoncelés
Qu'un rayon de soleil délie et va brûler.

On avance en glissant sur les brindilles sèches
Vers le vieux mur qu'échancre une profonde brèche,

Et tout à coup l'on voit, indigo, mauve et vert,
Chatoyer le plumage ocellé de la mer.

MEDITERRANEE

Elle a laissé glisser son voile en s'endormant.
Elle soupire à peine entre les pins, et rêve,
Epaule découverte où flottent mollement
Des franges que la brise aux pieds nacrés soulève.

Et les géants, groupés dans l'ombre des vals noirs
Qu'à peine en le ravin un torrent désaltère,
Allongent leur profil et s'inclinent pour voir
La déesse assoupie entre leurs bras austères.

DISCOVERY

By the pines' base we hear it murmuring through
The trees, and see a dim veil, flax-flower blue

Spread midst tall, reddish trunks... We tread beneath
Our eager feet the fragrant-scented heath.

Perfumes piled high in shadow: thyme and briar
That soon a sunlight beam will set afire...

Over dry twigs we slide, about to reach
The ancient wall, cracked deep... And, through a breach,

Lo!—mauve, green, indigo—there, suddenly
Shimmers the peacock-plumage of the sea!

THE MEDITERRANEAN

She lets her veil go slipping off as she
Falls asleep midst the pines. With scarce a sigh
She dreams, bare-shouldered, where float, airily,
Fringes that pearl-toed breezes billow high.

Giants grouped dark round the vales' deep ravine—
Whose thirst, despite a torrent, grows un-slaking—
Stand profiled, bow to view the goddess-queen
Lying calm in their rugged arms, un-waking.

LA FORET VENDUE

O forêt que l'on mit en vente,
Forêt aux dômes veloutés
Sous lesquels dansaient, transparentes,
Nymphes légères, les clartés.

Voici des murs rouges et roses
Et le hérissement des toits...
Le flot captif soupire et n'ose
Paraître à l'horizon étroit.

Et le vent, ce vieux solitaire,
Soulève en passant des nuées
Aveuglantes de poussière
Sur la côte prostituée.

THE FOREST, SOLD

O forest, sold! Put up for sale!
Woodland whose soft plush canopies
Saw nymphs dancing a fairy tale,
Transparent in lush revelries.

Now, roofs and walls—red, pink—arise,
Bristle the land. In awed despond,
The tide, held captive, sobs and sighs,
Dares not reach to the skies beyond.

And, blowing blinding clouds of dust,
The wind—lonely, old erstwhile host—
Blusters about with every gust
Over the prostituted coast.

AIGUES-MORTES

Aigues-Mortes sur qui n'a pas coulé le temps.
Hautaine comme un roc debout dans la lumière.
Aigues-Mortes, la mer frémit dans tes étangs,
Et des siècles passés la ceinture de pierre
Laisse encor à tes pieds mourir les flots tremblants.

On croirait que la ville est déserte. On n'entend
Qu'un bêlement plaintif de chèvres attardées
Et dans le marécage un lent coassement.

Silence... L'air qui passe a la saveur salée
Du vent qui fait claquer les voiles au levant.
Silence... Nul guetteur ne jette à la volée
Du haut des tours son cri, mélancoliquement...

Glauques eaux, remparts gris, ciel immense, Aigues-Mortes
Où sont donc les Croisés qu'un grand rêve transporte ?

AIGUES-MORTES *

Aigues-Mortes, untrammeled by time's destiny,
Like a cliff, standing haughty in the light.
Aigues-Mortes... Your trembling pools left by the sea,
Centuries-old stone wall, girdling you tight,
Where billows lap your feet, die endlessly...

Save for poor lost goats' bleats, you seem to be
Abandoned, bare... One can hear but the lone
Swamp-frog moan his low-croaking lethargy.

Silence... Salt-scented air—as when, breeze-blown,
Sails flap and flutter in dawn's purity.
Silence... No watchman's melancholy drone,
No tower-cry on night-winds wafting free...

Aigues-Mortes... Drear ramparts, waters blear, vast sky...
Where, now, brash-dreamed Crusaders coursing by?

---

* The medieval walled town of Aigues-Mortes, whose name means "dead (*i.e.* stagnant) waters" in the Occitan language of Provence, is situated just west of Arles and the salty Camargue marshland. Originally a port under Louis IX (Saint-Louis) in the 13th century, its location in the Rhône delta has altered its topography over the years. Aigues-Mortes was a point of departure for the seventh and eighth Crusades (1248, 1270). It is now a yearly meeting-place for Gypsies from around the world.

LE MOULIN

Pensif, découronné, le vieux moulin demeure,
Ronde tour échancrée au faîte du coteau,
Inutile ruine où s'écoulent les heures
Sans qu'un grain soit moulu dans un effort nouveau.

Ta tâche est faite. Ecroule-toi, vieux centenaire.
Une brèche déjà ronge tes flancs épais,
Et voici que s'accroche à tes pierres le lierre
Qui jadis à tes pieds sournoisement rampait.

Que n'es-tu mort, moulin, lorsque tu n'eus plus d'ailes,
Lorsque de tout élan tu fus dépossédé !
Mais tu chois, pierre à pierre, et dans le vent chancelles,
Toi dont l'âme jadis fut le vent déployé!

THE MILL

Pensive, uncrowned, the old mill stands, round tower
Nestled atop a gentle-sloping hill;
Useless, this ruin, as each passing hour
Sees no grain ground, no new life springing still.

Your task is done. Crumble, you battered, bruised
Hundred-year-old! Cracks gnaw your thick flanks. See?
Your stones bear now the ivy vines that used
To crawl about your feet, once, furtively.

Why did you not die, mill bereft of wings,
When first you stood, still and undone, unwhole!
Now, stone by stone, in the wind's buffetings,
You fall, you, to whom wind once gave a soul!

EBLOUISSEMENT

L'éblouissant printemps de la Provence rit
Tout le long des collines,
Dans les prés, les jardins, sous les pêchers fleuris,
Jusque dans les ruines.

Il se baigne dans la lumière en bourdonnant,
Ivre comme une abeille
De tant de parfums frais, suaves et puissants,
Que ses rayons éveillent.

Tout flambe, tout ruisselle, étincelle, éblouit.
Les couleurs qui délirent,
Le blanc, le jaune, l'or, le rouge, épanouis,
Entremêlant leurs lyres.

Enivre-toi. Danse dans la lumière, Esprit,
Ainsi qu'une bacchante
Que le parfum des fleurs, plus que l'odeur des fruits,
Tire de l'ombre ardente.

Délecte-toi. Tu reverras d'autres vergers,
Nuancés et timides,
Dont la bise d'Avril âprement fait neiger
Les pétales candides.

Tu reverras la boue et le ciel de Paris
Embué de fumées...
Enivre-toi. Respire éperdûment, Esprit,
La Provence embaumée.

BEDAZZLEMENT

Provence laughs in her eye-bedazzling spring,
Over her hills and through
Meadows, gardens, with peach-trees blossoming,
And her old ruins too.

Her spring is bathed in light, a-buzz, like bee
Drunk on aroma-rife
Perfumes, fresh in the piquant suavity
That the sun brings to life.

Everything flares, streams, gushes... Everything
Dazzles... Gleaming hues spread,
Blending in mad array, as each lyre-string
Twangs gold, white, yellow, red...

Spirit, drink deep. Dance in the light intense,
Like drunken maenad-maid,
Whom flower-perfumes, sweeter than fruited scents,
Coax from the fevered shade.

Enjoy! For other orchards will you see,
Gently-hued, timid... Their
White petals April's gusts will bitterly
Blow snowing through the air.

You will see mud and soot-fogged Paris skies
In smoke-mist, darkening...
Spirit, drink deep. Let your drunk passion prize
Provence's balm-fresh spring.

LA MONTEE

Courbés sous un faisceau de branches desséchées,
Regrets et souvenirs entassés par les ans,
A pas lents nous montons vers l'église nichée
Dans le roc, sur la cime où croulent ses murs blancs.

Nous nous heurtons aux troncs enchevêtrés des chênes,
Les griffes des genêts lacèrent nos habits.
Nous montons, haletants, au-dessus de la plaine,
Et, comme un loup dompté, notre corps las nous suit.

Car comme le clocher qui traverse l'espace
Nous nous élancerons là-haut vers le ciel clair,
Tournant vers l'infini l'ombre de notre face
Pour voir à l'horizon étinceler la mer.

CIMES

Découpant sur le ciel leur hautaine splendeur,
Prestige des sommets de l'Alpe virginale !
La chaîne des monts noirs rampe, s'élance et meurt,
Vaincue, au pied de cette arête triomphale.

Les monts noirs, les monts bleus, roses ou violets,
Nous savons bien qu'un jour nous pourrons les atteindre.
Mais celle-ci que nous ne conquerrons jamais
Qu'elle est belle, échappant à qui voudrait l'étreindre !

Comme elle luit parmi l'azur, ô Pureté !
Tentation vertigineuse du sublime !
—Mais vois, de tant d'orgueil un dieu s'est irrité,
Et des nuages brusquement couvrent les cimes.

THE CLIMB

Back bowed by withered branches, bundled dry—
Years of regrets, of memories packed a-jumble—
Slowly we climb up to the church, set high
Upon the cliff, where its white walls crack, crumble...

The gorse's claws grip, rip our clothes. In pain,
We lurch against the oaks, trunks thick-entwined...
We climb, with weary breath, above the plain,
As wolf-like, tamed, our body lurks behind.

For, like the steeple that darts high through space,
We too would ply skies' bright immensity,
Turn to the infinite our shadowed face,
Toward the horizon and the sparkling sea.

PEAKS

In haughty splendor spread against the sky—
Alpine chain's arrogant virginity!—
Dark ridges crawl, soar high, rise tall... And die,
Victims, undone, of mountain-mastery.

The summits—black and violet, pink and blue—
Will, doubtless, one day all submit to us,
Save this one, that we never shall subdue:
Standing in beauty, proud, victorious!

In azured Purity, its dazzling face!
What sublime giddiness temptation wreaks!...
But, for one god, vain pride bespeaks disgrace:
Look! Suddenly clouds gather, hide the peaks...

VERS LA LUMIERE

Je descends sur la route où j'ai laissé glisser
La tunique de feu que les désirs tissèrent,
Et sous le poids des ans je m'en vais plus légère
        Qu'aux jours d'enfance du passé.

Te souviens-tu ? La passion, l'inquiétude
Rôdaient autour de moi comme de jeunes loups,
Et toujours je voyais briller leurs yeux jaloux
        Et se hérisser leurs poils rudes.

Mais j'ai rompu le pacte et trouvé l'équilibre.
Je ne m'enivre plus que de simplicité,
De lumière, et m'en vais, ayant enfin dompté
        Les loups, grave, sereine et libre.

TOWARD THE LIGHT

I walk along the road, where I let fall
My cloak, woven of yearning's fire; and, though
Pressed by the weight of years, more sprightly go
    Than in youth's lighter years withal.

Do you remember? Love, passion's duress
Skulked roundabout me, like young wolves; and I
Would see them hunger, flashing-eyed, hard by,
    Hairs bristling with bloodthirstiness.

But calm now, I ripped up life's pact with me,
Drunk only on simplicity and light.
And I go on, all the wolves put to flight;
    Now grave, serene, my life... And free.

Offrande

(1933)

Ciel étoilé

Dédicace / Dedication
Accueil / Welcome
Le Phare / The Beacon
Accord / One Chord
Le Félin / The Feline
Le Tilleul sous la pluie / The Linden in the Rain
Crépuscule au jardin / Twilight in the Garden
Septembre / September
Soir / Evening
Clair de lune / Moonlight
Palmeraies / Palm Groves
Berceuse / Lullaby
Dans le miroir / In the Looking-Glass

Ténèbres

Au-dessus du Léthé / Over the Lethe
Reflets / Reflections
Les Oiseaux expirants / The Dying Birds
Vers l'invisible route / Toward the Path Unseen
Sous l'amandier / Under the Almond-Tree
Dans la maison solitaire / In the Lonely House
Les Dieux éphémères / The Short-lived Gods
Inutile Splendeur / Vain Splendor
La Mer / The Sea
Appel dans la nuit / Cry in the Night
Le Puits inépuisable / The Limitless Well

DEDICACE

Ces chants que notre amour modulait à voix basse
Et celait, redoutant l'ire d'un dieu jaloux,
Maintenant que l'éclair a déchiré l'espace
Et qu'il ne reste rien du passé qui fut doux,

Foudroyante stupeur, hors ces échos timides
D'un accord trop parfait pour des êtres vivants,
Je les offre à ton ombre, et devant l'autel vide,
Dans l'encens dispersé, je t'évoque en pleurant.

ACCUEIL

Pour t'accueillir ce soir, minute souveraine,
            Je n'ai pas un cœur triomphant.
Je n'accours pas vers toi, rieuse, et les mains pleines
            De roses pourpres, de lys blancs.

Sois indulgente, ô toi qui t'en viens, et pardonne
            Si je ne pousse pas un cri.
Chez moi l'ombre est entrée et c'est déjà l'automne.
            Pose ici tes fleurs et tes fruits.

Laisse leur chaud parfum se répandre en la chambre.
            Sois douce, et ne t'étonne pas
Si je sais qu'aux déclins émouvants de Septembre
            Il faut se réjouir tout bas.

DEDICATION

These songs that our love chanted low, and kept
Hidden from jealous, wrathful gods above...
Now that the lightning-bolt has streaked and leapt
The air, and left of that fair, bygone love—

In stunning awe!—only the timid sound
Of living beings too perfectly the same,
I lay them at this altar bare—swathed round
In incense—to your shades... And weep your name.

WELCOME

O you, moment supreme! Here, now, this night,
    I have not come, heart high, to meet you...
Hands heaped with crimson roses, lilies white,
    I have not, laughing, run to greet you.

I beg your pardon if I have not bade
    You welcome, if I failed to raise
My voice... Drear autumn dims me in her shade:
    Lay here your fruits and your bouquets.

Let their scents warm love's chamber. Do not be
    Surprised, sweet moment, if I know
That, in September's waning days, best we
    Whisper our joys, *pianissimo.*

LE PHARE

Des ombres ont cerné, peu à peu, ma jeunesse
Avec leur manteau sombre et leur voile étouffant,
L'inquiétude, la douleur et la détresse
De voir s'éteindre autour de soi des yeux aimants.

Nul astre au fond du ciel qui s'allume et qui dure.
J'ai marché sur la côte au bord du gouffre où l'eau
Vertigineuse offrait ses retraites obscures
Et le mystérieux appel de ses sanglots.

De mes pas effacés ne trouvant plus la trace,
Plus faible chaque jour, j'errais sans nul appui.
—Et c'est l'heure où j'ai vu resplendir dans l'espace
Ton amour, phare ardent qui déchira la nuit.

THE BEACON

A somber shadow-cloak and stifling veil,
Little by little, spread their dismal shade
About my youth, as I—deep in my tale
Of woe—watched loving looks falter and fade.

No star in heaven cast a lasting light.
I trod the shore beside the deep abyss's
Dizzying waters, where—dark, out of sight—
Caves sobbed their hushed call midst the precipices.

I left life's steps behind... Gone now their traces,
Alone, each day undone, roaming awry...
And that was when I saw, flashing through space's
Realm, your love-beacon, rend night's mournful sky!

ACCORD

Je touche ta main. Tout s'apaise.
Les mauvais rêves, les tourments
Qui hantaient mon âme se taisent.
Tu me regardes tendrement.

Comme des ondes frémissantes
Qui s'attirent, nos deux esprits
Vibrent tout à coup et s'enchantent
De l'accord sublime accompli.

Ames et chairs qui se confondent,
L'amour que nous avions rêvé
Et que nous cherchions par le monde,
Voici que nous l'avons trouvé.

Dans l'ombre où se heurtent les êtres,
Où tout se lie et se délie,
O l'enivrante douceur d'être
A la fois l'amante et l'amie !

ONE CHORD *

I touch your hand and everything
Grows calm. Gone, bad dreams... Gone, distress
That racked my soul... They all take wing
Before your glance's tenderness.

Like waves that ripple, each on each,
One chord... Our spirits, two as one,
Marvel as they together reach
A perfect two-souled unison!

Spirits and flesh, in one embrace...
The love we dreamed about, spellbound: it
Led us, alas, a world-round chase.
But now, that love... Lo! We have found it!

O mankind's shadow-mystery,
Where everything begins and ends!
What heady, drunken joy, to be
Ever, at once, lovers and friends!

---

* The poet plays throughout on the double meaning of the French *accord,* both the simple "agreement" and the musical "chord."

LE FELIN

Avec des grâces suprêmes
Il s'étirait tout à coup
Ou rêvait sur mes genoux
Dans le crépuscule blême.

Et j'aimais, souple et câlin,
Avec son fauve pelage,
Ses yeux mi-clos, l'air d'un sage,
Ce mystérieux félin

Qui cachait dans la pénombre
Ses griffes, et, tour à tour,
Faisait patte de velours
Ou m'égratignait dans l'ombre.

LE TILLEUL SOUS LA PLUIE

Les doigts frêles de la pluie
Pianotent, pianotent,
Filant leurs fluides notes
Sur les feuilles alanguies.

Glisse en arpège le vent
Au milieu des gouttes fines
Dont soudain se dissémine
En chuchotement le chant.

Et, troublé, l'Amour respire
L'aphrodisiaque odeur
Qu'exhale un tilleul en fleur
Dans l'ombre où l'averse expire.

THE FELINE

With his supple grace supreme's
Sudden lurch, he stretched... Or, on
My leg perching, dreamt his dreams
In the dusk-light, weak and wan.

And I loved that tawny-furred,
Svelte, caressing pose, as he—
Dim-eyed Sage—crouched, scarcely stirred,
Deep in feline mystery;

He who, in the semi-light,
Would pull in his claws, but then,
In the dark, by turns, just might,
Scratch at me now and again...

THE LINDEN IN THE RAIN

Fragile-fingered rain comes flying,
Drumming, drumming on the ground,
Spinning its notes' fluid sound
On the leaves, languidly lying.

Wind-arpeggios weave along
Midst the droplets, suddenly
Wafting wide their melody
In the whisper of a song.

Love inhales the scent, vexed, sad—O
Fragrant aphrodisiac!—
That the linden buds blow back
Through the dying shower's shadow...

CREPUSCULE AU JARDIN

Dans ce nouveau jardin où je puis, vieillissante,
Retrouver la fraîcheur de mon jardin d'enfant,
Un tilleul berce aussi dans sa neige odorante
Un ronflement d'abeille au-dessus de ce banc
Où je viens près de toi, comme auprès de mon père
Jadis, pendant les nuits féeriques de l'été,
M'asseoir pour voir glisser la traîne de lumière
D'une étoile filante et l'ombre s'argenter.
C'est la même senteur de massifs qu'on arrose ;
L'air vibre comme alors de la strideur des cris
D'hirondelles qui se poursuivent et se posent
Sur les longs fils tendus. Et les cloches d'ici,
—O les cloches des tours de ma ville natale !—
Tintent clair, tintent pur, angélique douceur ;
Si bien qu'auprès de toi j'écoute, virginale,
Mon enfance qui rit sous les arbres en fleur.

Guîtres.

TWILIGHT IN THE GARDEN

In this new garden where, aging, I may
Find my cool childhood garden once again,
A linden cradles in its gentle sway—
Spreading its fragrant snow, today as then—
A bee a-buzz... Here, to this bench, I come
To sit by you, the way I once would do,
Joining my father, in the fairydom
Of summer nights, as here and now we two
Sit in the silvering shade, watching the light
Stream from a falling star... And the same breeze,
The same new-watered grass scent fills the night;
The same air quivers to the cries of these
Swallows in restless revelries, a-flit,
Then perching on the long, taut wires... And, oh!
The bells! My native city's exquisite
Bells, peeling clear, angelic, from each tower!
With you, I give ear to the long-ago,
And childhood laughs beneath the trees in flower.

Guîtres *

* The ancient Aquitaine hillside town of Guîtres, in southwestern France, is a commune in the *département* of Gironde. It was the birthplace of artist Daniel Réal (1877–1931), the poet's second husband, whom she married after the death of his long-time friend Georges Périn in 1923, and who had illustrated her collections *Océan* and *La Féerie provençale*. The narrative voice in the poem is clearly that of Réal himself. As evidenced in several of the following poems, the couple traveled extensively through Provence, Brittany, and North Africa, settling in 1930 in Menton during the last years of Réal's life.

SEPTEMBRE

Nous allions doucement par les sous-bois.
L'air avait une odeur d'herbe mouillée,
Et, composé d'imperceptibles voix,
Un chœur vibrait sous les cimes rouillées.

L'Automne avait touché ce paysage,
Froissé ce lit de feuilles sur le sol.
Mais dans l'azur intact les grands nuages
N'allongeaient pas les ombres de leur vol.

Sérénité précaire en l'étendue !
Quel vaste golfe et que le ciel est pur !
On ne sait quelle angoisse est suspendue
Pourtant sur la mer calme et dans l'azur.

Un dernier papillon flotte ; une abeille
Errante ronfle autour des buissons d'or
Des ajoncs refleuris. L'eau s'ensoleille.
Tendre flûteau, le vent rêve et s'endort.

Mais nous savons trop bien qu'elle nous guette,
Silencieuse, avec ses yeux sournois,
La destructrice... Et notre âme inquiète
Entend son pas craquer au fond des bois.

Morgat.

SEPTEMBER

We ambled through the woods. The shimmering
Air smelled of wet grass, as it softly strewed—
Here, there—vague, scarce-heard voices, quivering
Softly beneath the summit-tops, rust-hued.

Autumn had touched this landscape: wrinkled bed
Of leaves outspread over the ground. But bright
Still shone the sky. No clouds pushed on ahead,
To shadow-streak the azure in their flight.

What anguish hangs suspended, motionless!
Vast gulf of pure blue hovers in the air,
Covering, calm, the waters' peacefulness!
Precarious silence spreads through space... And there,

Floats one last butterfly; and here, a bee
Wanders lost, buzzing round the rushes: gleaming
Reeds ever blooming in the sun-gold sea.
And the breeze, piping flute, lies sleeping, dreaming...

But we know that this tranquil calm stalks us,
Sly-eyed, spies every move. Disquieted,
Our soul would flee her motives murderous,
And, in the wood, we hear her crackling tread.

Morgat *

* Originally a little fishing village south of Brest, on the Crozon peninsula of Finistère, Brittany, Morgat became a favorite seaside resort of wealthy Parisian society at the beginning of the 20th century.

SOIR

Le soir, pensivement, a dérobé les astres
Et fait flotter au ciel son immense toison.
Que tout est doux, pourtant ! Nul éclat, nul rayon,
Mais nul signe, dans l'air, précurseur de désastres.

Le moutonnement flou des arbres s'infléchit
Dans la brume qui naît des secrètes vallées.
Toute l'hostilité des choses s'est voilée ;
A peine une lueur ourle un nuage gris.

Ne cherchons pas là-haut d'étoile inaccessible.
L'ombre fait mieux briller les regards des amants
Et leur joie en la nuit rayonne doucement
Comme sous la nuée une nacre invisible.

Grimaud.

EVENING

Evening has—wistful—tucked the stars away,
Casting afloat, on heavens' realm, its fleece
Spread vast... No flash, no beam... Everywhere, peace...
No sign of woes-to-come, no disarray...

In the dim fog the treetops billow, bowed
On hidden valleys' rising mists, that veil
The landscape's every hostile, dire detail.
A hem of light borders a long, gray cloud...

Let us not reach for stars we may have seen
But cannot touch. The dark makes lovers' gaze
Sweeter when gleaming through night's shadow-haze,
Like pearl, cloud-shrouded, glowing opaline.

Grimaud *

* The historic Côte d'Azur town of Grimaud, in the *département* of Var, just west of Saint-Tropez, includes a picturesque canal-lined port reminiscent of Venice, developed several decades after the poet's visit memorialized in this poem.

CLAIR DE LUNE

Les palmes, que le clair de lune enlace, tremblent
Au souffle du désert avec un bruit soyeux.
O mon amour, un soir encor, rêvons ensemble
Le long de l'oasis où l'oued vibre un peu.

La forêt de palmiers dont brille le mystère
Comme un sombre joyau s'enrobe de cristal.
—Mais au pied des hauts troncs, sous les cimes lunaires,
Entends dans la nuit bleue aboyer les chacals.

El Kantara, 1929.

MOONLIGHT

The palms, moonlight-enlaced, tremble above
The desert, in silk-rustling breath... Sway... Shiver...
Let us dream one more night together, love,
By the oasis, billowing calm, a-quiver.

The palm grove, like a somber gem, enwrapped
In crystal mystery, shines through the dark
At the foot of the lofty trunks, moon-capped
In this blue night... Hear how the jackals bark...

El Kantara, 1929 *

---

* The Algerian town of El Kantara is located in the northeastern, inland province of Biskra, southeast of the capital, Algiers. At the poem's writing, Algeria had been a French colony for some eight decades, not gaining its independence until 1962.

PALMERAIES

Enchantement des palmeraies
Toutes frissonnantes d'eaux vives,
Où l'âme pastorale essaie
D'accorder la flûte pensive !...

Forêt d'émeraude où s'endort
Le peuple fugitif des ombres...
Mais le vent souffle... Un cercle d'or
Scintille à leurs chevilles sombres ;

Et voici qu'à peine éveillées,
Elles dansent, glissent, retombent,
Sous les palmes ensoleillées
Où roucoulent mille colombes.

El Kantara.

PALM GROVES

Palm groves standing enchantment-wise...
Cool-quivering springs where, resolute,
The pastoral-souled landscape tries
To set in tune the mournful flute!

Emerald forest... Slumbering
Shadow-spirits in fleeting number...
But the wind gusts... A golden ring
Glints round their ankles' shaded slumber.

Look! Now their feet, scarce roused anon,
A skipping, tripping dance are doing
Under the sun-lit palms, whereon
A thousand doves perch, softly cooing.

El Kantara *

---

* See p. 371.

BERCEUSE

Apaise-toi. La mer aussi s'endormira
Une heure. Apaise-toi, le front contre mon bras.

Cœur qui bondis comme une houle, écoute et rêve ;
Dans les rochers les grands vents eux-mêmes font trêve.

Est-ce encore une attente ? Est-ce le but atteint ?
Qu'importe ? C'est si doux ! Tout se tait, tout est bien.

Apaise-toi, bercé contre mon cœur fidèle,
Et que l'amour te soit aussi léger qu'une aile.

Pointe du Raz.

LULLABY

Be calm. The sea will take its hour-spent rest
As well. Be calm, brow nestled on my breast.

Heart surging like a wave, dream and give ear:
Even the crag-gusts seem to disappear...

Do they wait merely? Or is their task done?
No matter! Silence sweet... Sweet unison...

Be calm, lulled on my heart, unwavering.
And may love weigh no heavier than a wing...

Pointe du Raz *

* See p. 241.

DANS LE MIROIR

O mon ami, tu te penches vers moi ;
Tu te souviens… Mes yeux mélancoliques,
Qu'est-ce qu'en frémissant ton amour voit
Briller encor dans ce miroir magique ?

Ami, ce qui naguère nous lia,
Etait-ce éclat du teint, fraîcheur du rire,
Ou, dansant de joie et tendant les bras,
Le bel orgueil de vivre qui délire ?

N'était-ce pas plutôt l'attrait voilé,
Le demi-deuil d'une peine secrète
Que nous avons tenté de consoler
En la berçant dans nos mains inquiètes ?

Ceci… Cela… Mais, ô douceur ! l'esprit
Qui peut broder sur des trames anciennes
Un motif neuf et qui les enrichit
Noua mon âme invisible à la tienne.

N'est-ce son feu qu'aspirent tes regards
Quand sur mes traits tendrement tu caresses
—Ami, bientôt nous serons des vieillards,—
Le visage effacé de ma jeunesse ?

IN THE LOOKING-GLASS

O lover mine, gently you lean toward me...
Remember? My sad, wistful eyes, alas!
What is it that your trembling eyes can see
Still shining in this magic looking-glass?

My love, what was it then that banded us
As one? Our fresh, young laugh? Our glowing skin?
Our outstretched, dancing arms, ingenuous
Gestures of life we proudly reveled in?

Or, rather, the attraction—dimly lit
In widow's weeds—of some deep-secret woe
That we would rock to sleep, consoling it
In our hands' lullabying tremolo?

This? That?... Who knows? But oh, that spirit sweet,
Able to weave a new design of fine,
Rich threads upon the old—new-wrought complete—
And knot your soul invisible to mine.

Or is it not my soul-fire's flaming gaze
That, when you stroke my face, gusts, runs you through—
The fair face of my youth's long by-gone days?
For soon, my love, we shall grow old, we two...

AU-DESSUS DU LETHE

Je ne descendrai pas te chercher dans cette ombre
Qui sur des yeux vivants jette un épais bandeau,
Car pour te retrouver dans la nuit sans encombres,
Un cœur qui bat encore est un trop lourd fardeau.

Mais toi, tu ne peux pas délivrer la captive
De la lumière qui t'aveugle à chaque pas...
Et sans nous voir, errant chacun sur une rive,
Au-dessus du Léthé, nous nous tendons les bras.

OVER THE LETHE *

I'll not go down, seeking you in the dark
That bands these eyes, which, living yet, still see.
To find you in this night—untrammeled, stark—
A heart still beating weighs too ponderously.

And you? You cannot free this captive, for
Blinding light flares about her... And we reach—
Unseeing and unseen, treading the shore—
Over the Lethe, yearning, each to each.

---

* In Greek mythology the Lethe was one of the five rivers of Hades, "the river of forgetfulness," from whose waters one had to drink in order to forget one's former life.

REFLETS

Tout ce qui peupla notre âme,
Jadis, de tant de lueurs,
Puis se fondit dans la flamme
Aveuglante du bonheur,

Toutes les clartés secrètes
Dont le sort nous fit présent,
Les reflets des jours de fête
Au fond des miroirs glissant,

Dans la maison solitaire
Tentent de ressusciter
Un bref instant l'âme claire
Plongée en l'obscurité.

Mais l'ombre même est moins triste
Que ces vacillants rayons
Dans la ténèbre où subsiste
Un être sans compagnon.

REFLECTIONS

All of the glimmer and the glow
Our soul was once possessor of,
That melted into flame—and, oh!
So blinding-bright with joys of love...

All of those hidden gem-facettes—
Those gifts that fate bestowed on us—
Festive reflections past, and yet
Still lurking in our mirrors... Thus,

Now, in this house, alone and lonely,
All of them try once more to bring
To life—if for one moment only!—
Our soul, shade-plunged and weltering.

But darkness deep is not so sad
As beams of shimmering light. Ah, yes!—
The shadow-pleasures one once had
And has no more, companionless...

LES OISEAUX EXPIRANTS

Nos souvenirs, ce sont des oiseaux mutilés
Qui jamais, plus jamais, ne pourront s'envoler
Et lancer vers l'écho caché dans la colline
Les trilles frémissants de voix jadis divines.

Qui donc rassemblera leurs essaims dispersés ?
Qui peuplera le ciel de ces oiseaux blessés
Dont l'aile lourdement sur la terre retombe
Et qui jonchent le sol, rossignols ou colombes ?

O douleur ! Plus de nid, plus d'arbre frissonnant !
Le crépuscule en vain, rose et mauve, descend.
Mornes, muets, le bec enfoncé dans leurs plumes,
Les oiseaux expirants grelottent dans la brume.

VERS L'INVISIBLE ROUTE

Si par-delà la tombe il te reste un désir,
Si tes mains ont encor quelque force secrète.
Que ce soit, Bien-Aimé, pour m'étreindre et saisir
Celle que pour te suivre à toute heure était prête,

Celle qui t'a laissé t'échapper de ses bras
Mais cherche obstinément cette invisible route
Où la mort effaça la trace de tes pas,
Où ton ombre en fuyant dans la nuit s'est dissoute.

THE DYING BIRDS

Our memories are crippled birds, bruise-ridden,
Who nevermore will take the air in fine
Array, or bid the hillside-echoes, hidden,
Ripple their trills in voices once divine.

Who will now gather up their flocks, spread round?
Who will, again, people the skies above
With wounded birds, whose wings droop to the ground,
All strewn about with nightingale and dove?

O pain! Gone now the nests, the quivering
Branches! Dusk casts in vain its amethysts,
Pinks, grays... Still, mute, bill tucked in feathered wing,
The birds lie, dying, shivering in the mists.

TOWARD THE PATH UNSEEN

If your desire lives yet beyond the tomb,
If secret strength can move your hands anew,
Let it be, Love, to clasp me close; me, whom
One saw, eager to follow after you;

Who let you slip out of her arms' embrace,
Yet, stubborn, seeks that path, closed to our sight,
Where death erased your footsteps' every trace,
Where your shade, fleeing, melted into night.

SOUS L'AMANDIER

Sur une branche d'amandier un oiseau chante.
Et toute la douceur du matin lumineux
Qu'anime tout à coup cette voix palpitante
S'exalte sous le ciel soyeux.

Je me souviens... Dans l'arbrisseau de nacre rose
Un autre oiseau se délectait, tendre et léger,
De cet Avril trompeur qu'est la métamorphose,
En plein hiver, d'un amandier.

Mon bien-aimé, tu me disais : —Regarde... Ecoute...
La Provence, livrant son visage ébloui,
Toute entière semblait avoir sur notre route
Vibré dans l'arbre épanoui.

Je me souviens... C'était hier... Un oiseau chante,
Se balance, effeuillant la branche d'amandier...
—Et, le front dans ses bras, ma douleur défaillante
Sanglote en l'ombre du sentier.

UNDER THE ALMOND-TREE

There, on the almond-bough, singing, a bird...
And all the soft, luminous morning springs
To life, to joy, to rapture's passion stirred,
    In heavens' silken flutterings.

I recall... Perching in the bush, pink-pearled,
Another bird, reveling tenderly
In this midwinter falsehood... Scarce unfurled
    Anew, the April almond-tree...

My love, you said to me: "Listen... Look there..."
And all Provence, donning her dazzled face,
Seemed, as we trod our path, to fill the air,
    A-tremble in the tree's embrace.

I recall... Yesterday... Singing, a bird
Sways on the leaf-stripped almond-bough... My pain—
Brow tucked among its branches—faintly heard,
    Sobs in the shadows of the lane.

DANS LA MAISON SOLITAIRE

Pour un cœur qu'enivra comme un vin capiteux
La poignante douceur de rendre un être heureux,
Pour un cœur dont l'amour fut la constante étude,
Quelle amère boisson verse la solitude !

O vous qui pétrissiez la pâte et le levain
Ou qui filiez la laine, à quoi bon, tendres mains,
Vous hâter d'entr'ouvrir au soleil les persiennes
Et reprendre sans but la tâche quotidienne ?
A quoi bon murmurer le nom du bien-aimé
Et dire, triste voix, les mots accoutumés ?
Pourquoi te réveiller ? Qui donc t'attend, pauvre être ?
Les jours sont devant toi comme un troupeau sans maître.

Nul ne frémira plus de joie en te voyant ;
Il n'est plus rien autour de toi que des passants
Puisque l'ombre entraîna dans sa barque profonde
Celui pour qui tu fus la lumière du monde.

IN THE LONELY HOUSE *

For heart spirit-drunk on the wine of making
Another happy—searing bliss for aching
Heart that lived but to study love's *métier!*—
Bitter the draught loneliness pours today!

O you, my tender hands that once would kneed
The dough, the yeast, that spun the wool... Indeed,
Why trouble now to raise the blinds a bit
And greet the morning sun? What profits it
To do again each senseless daily chore?
What need to murmur the sweet name of your
Belovèd; or—sad-voiced—whisper each word
You always said and that he always heard?
Who waits for you, poor soul? Why quit your bed?
Days loll before you, flock un-shepherded...

No one to tremble when you catch his eye,
Nothing about you, now, but passers-by...
For shade spirited off, in its dour barque
The one whose world, but for your light, lay dark.

* The house in question, in Menton, was briefly the home of Périn and Daniel Réal until the latter's death in 1931. (See p. 365.)

LES DIEUX EPHEMERES

Mon peintre, que le monde autour de nous fut beau !
Avec plus de ferveur quels yeux se délectèrent
De son visage où joue et danse la lumière ?
Quelle âme de ses chants recueillit plus d'échos ?

Nous avons bu le vin puissant qui désaltère
Et nous avons connu l'orgueil du créateur,
L'ivresse de fixer la fuyante splendeur
Et de braver la mort, pauvres dieux éphémères !

Mon peintre, que le monde autour de nous fut beau !
Mais elle a clos tes yeux, la jalouse déesse ;
Elle a scellé tes mains, arrachant, vengeresse,
A tes doigts défaillants les magiques pinceaux.

Et muette est mon âme où vibraient tant d'échos.

THE SHORT-LIVED GODS

O painter mine! * We lived the loveliness
Of life! What face could shine more ardently?
What glowing eyes danced with more gaiety?
What souls echoed with song more limitless?

Poor, short-lived gods! We sipped wine's ecstasy,
And sensed with drunken pride art's mighty power—
God-like—to fix time's fleeting, beauteous hour,
And, scorning death, spurn its dark victory!

O painter mine! We lived the loveliness
Of life! But she, dour goddess, shut your eyes,
Wrenched from clenched, lifeless hands, in spiteful wise,
That magic brush that vexed our votaress.

My soul, once echo-rife, lies echo-less...

---

* The reference is to Daniel Réal. (See p. 365.)

INUTILE SPLENDEUR

Voici toutes les fleurs que je plantai pour toi,
Violettes, soucis, fraisias, œillets roses,
Inutile splendeur qui tremble entre mes doigts...
Le vent seul humera le parfum de tes roses.

Voici les beaux fruits mûrs aux arbres suspendus
Comme aux jardins d'Eden sur notre humble terrasse.
O mon amour, voici le Paradis perdu
Et tous ses vains rayons sur ton front qui se glace.

Devant un horizon sans bornes se nichant,
Voici notre maison blanche et bleue, et si claire,
La mer, le ciel, les monts tout baignés de lumière,
Une vigne, le bois d'oliviers frissonnants...

Voici mes yeux, miroirs obscurcis par les larmes,
Mes lèvres et mes mains, mes bras tendus vers toi,
Tous les présents qui t'enchantaient, et tous les charmes
Des jours divins, des jours sombrés dans l'autrefois...

VAIN SPLENDOR

Here are the flowers I planted for you. See?
Pinks, violets, freesias, marigolds in bloom—
Vain splendor, trembling, fondled uselessly...
Only the wind now breathes your rose-perfume.

Here are the fair fruits hanging from the bough,
Ripe in our terrace-Eden's yesterdays—
Humble lost Paradise—and there, your brow,
Grown chill beneath sun's vainly splendorous rays.

Here is our blue-white house, glimmering bright,
Nestling in skyline vast, unlimited.
Heavens and sea... The mountains, bathed in light,
A vine, the rustling olive-grove outspread...

Here are my lips, hands, arms outstretched to you,
And here, my eyes—mirrors veiled dim with tears.
The gifts, charms, spells our love divine once knew—
Yours, mine—now plunged, deep, in our yesteryears...

LA MER

Nous écoutions monter la rumeur de la mer,
Sourd battement de vie en un cœur invisible,
Jusqu'en la chambre où nous rêvions, lorsque l'hiver
Roulait sur les galets quelque vague terrible.

La mer ! Nous adorions ses gestes et ses cris,
Divinité plus belle en ses jours de colère
Qu'aux heures où flottait, suave, son esprit,
Ainsi qu'une vapeur sur une coupe claire.

La mer ! De quels élans nous a-t-elle animés !
De quelle étreinte, ô bondissante inspiratrice,
Nous a-t-elle saisis en ses bras refermés
Et puis ouverts en de mystérieux caprices !

La mer ! Comme elle attire encor mon désespoir !
Ah ! n'être qu'un galet dans les flots qui s'écroulent,
Ou qu'un vol dont tournoie et sombre le point noir
D'hirondelle en détresse au milieu de la houle !

APPEL DANS LA NUIT

Prends-moi contre ton cœur, comme hier, mon amant.
Mets autour de ton cou, sans bruit, mes longues tresses ;
Noue à tes doigts mes doigts, puis, invinciblement,
Emporte-moi, selon l'émouvante promesse
Que tu me fis de ne jamais me délaisser.
Délivre-moi du mal et de la solitude ;
Pour que je dorme en l'éternelle quiétude,
O mon amant, prends-moi contre ton cœur glacé.

THE SEA

Dreaming, we listened to the rumbling sea—
Heart beating life unseen in mumbled moans,
Rolling, reaching our room—when suddenly
Winter dashed a fierce wave over the stones.

The sea! We loved her awesome hue and cry—
Divinity more beautiful, whipped up
To wrath, than when her soul would calmly lie
Like vapor rising from the steaming cup.

The sea! What passion she inspired in us,
Clasping us in her arms, with no release;
Then, all at once, bounding—mysterious—
Freeing us to her whimsical caprice...

The sea! How yet she fosters my despair!
Ah! To be but a stone, tide-buffeted,
Or that black speck caught struggling in the air—
The swallow midst the raging watershed!

CRY IN THE NIGHT

Press me against your heart, as yesterday
You did, my love... Wind round you, noiselessly,
My locks; clasp tight my hands: bear me away,
Ever together, as you promised me
That never would I have to pay the price
Of solitude... Deliver me from woe,
And let me sleep in peace eternal... O,
My love, press me against your heart of ice.

LE PUITS INEPUISABLE

J'avais pourtant déjà pleuré.
J'avais pourtant vu disparaître,
Tremblante et le cœur déchiré,
O mon bien-aimé, d'autres êtres.

J'avais pourtant déjà souffert.
De tant d'ombres traînant l'escorte,
J'avais sur des logis déserts
En sanglotant fermé la porte.

Mais par toi qui me révélas
Les plus mystérieux des charmes,
Par toi seul, je découvre, hélas !
L'inépuisable puits des larmes.

THE LIMITLESS WELL

I had already wept before.
I had already, broken-hearted,
Seen—O belovèd—those death bore
Away, to join the dear departed.

I had already suffered. I
Had followed shades' march to the tomb,
And shut the door, with sob and sigh,
On many a now-deserted room.

But you, who had revealed to me
The charms of love's mysteriousness,
You alone show how deep can be
The well of tears, wept limitless.

Dicté par une ombre

(1934)

Transmission / Message
La Source / The Brook
Harmonie / Harmony
Le Miroir nocturne / Night Mirror
La Paon blanc / The White Peacock
Apparition / Apparition
Les Ephémères / The Mayflies
Novembre / November
Cauchemar / Nightmare
Rencontre / Encounter
Grelots / "Pitapat"
Insomnie / Insomnia
Vibrations / Vibrations
Orgueil / Pride
Soir / Evening
L'Amulette / Amulet
Bacchanale / Bacchanale
La Chimère / The Chimera

TRANSMISSION

Tu n'entends plus chanter ces voix sur la colline
Ni rire les enfants au pied des arbres-fées
Dont le fluide étain qu'un souffle dissémine
Encadre de l'azur les scintillants trophées.

Tu ne vois plus danser sur la vague divine
Les lumières, blondeurs par le soleil coiffées,
Et pourtant ton esprit m'obsède, et je devine
Dans le moindre frisson ses forces étouffées.

Tu poses sur mon front ta main surnaturelle ;
Tu veux que je t'écoute encor, et que je mêle
Ton soupir à mon souffle en la nuit inspirée

Où ces rires, ces chants qui déjà se dispersent,
Ces clartés dont je fus tout le jour entourée,
De mon âme en ton âme, ondes d'or, se déversent

MESSAGE

You hear no more those hillside voices sing,
Nor children laughing by the fairy-trees,
Their glistening trophies, in a shimmering
Of tin-blue tide, blown on the azure breeze.

You see no more, over the billowing
Divine, these sun-capped glints go dancing, these
Blonde flecks of light; yet, with each shuddering,
I sense your spirit's muted energies.

You place your hand ethereal on my brow;
You would I heed you still, and that, somehow,
I blend my sigh, your breath, here in this night

Inspired, where waves of gold, already soaring
Off to the past—my daylight laughter—might,
Singing, from my soul into yours go pouring.

LA SOURCE

La source emprisonnée aux griffes de l'hiver,
Muette, sur l'abîme en glaçons suspendue,
Semble morte. Qui donc l'a jamais entendue
Bruire, ivre d'espace, aux jardins frais de l'air ?

Elle était cependant un sistre d'argent clair
Et palpitait, laissant sur sa corde tendue
Glisser les doigts légers d'un sylphe, âme ténue,
Ou, ruisselante, elle vibrait comme un éclair.

Nul ne se souvient plus des grâces de sa course...
Mais je me pencherai sur l'invisible source.
Avec un stylet d'or, au plus profond des bois,

Je briserai la glace et, sur le lit de mousse,
Je ferai rejaillir, fluide, cette voix
Qui naguère enchanta le silence, si douce !

---

* The present poem is one of several Périn sonnets from *Dicté par une ombre* appearing in my *French Women Poets of Nine Centuries: The Distaff and the Pen* (Baltimore, Johns Hopkins Press, 2008). Fellow translators will appreciate that, some richly-textured poems begging to be worked on more than once, I offer here a second version:

> In winter's claws, the brook imprisoned lies
> Mutely still, spread on ice-abyss profound...
> Seems dead... Who ever heard its murmuring sound,
> Drunk on space, in cool gardens on the rise?
>
> Yet, like a silver cittern, with soft cries,
> Throbbing, it let the taut-stretched strings resound—
> To light-souled sylph's deft fingers, as the ground
> Streamed, quivering—or flash across the skies.

THE BROOK*

This brook, imprisoned, mute, in winter's drear
And frigid grasp, seems dead, over the vast
Chasm hung still. It murmured, in the past,
Drunk on the blooms of space, but who gave ear?

And yet, it was a silver cittern, clear, **
Trembling; and on its strings, held taut, stretched fast,
A light-souled sylph's deft fingers softly cast
An air, or throbbed her sparkling music here.

None now recalls its sweet meandering...
But I shall lean over this unseen spring,
Deep in the wood, and, with a golden prong,

Shall pierce the ice, cause leap to life again
Over the mossy bed, that liquid song,
That, gentle, charmed these silences back then.

No one remembers now its graceful course.
But I shall lean over the unseen source,
Deep in the wood, take a gold spike... And then,

Piercing the ice, I shall lie on the bed
Of moss, let spurt that liquid voice again
That charmed the silence: soft, sweet-spirited...

** The context would indicate that the poet intended to refer here to the cistre, a medieval long-necked lute, known in English under various names—"cither," "cittern," "gittern," and so on—rather than to the homonymous sistre (sistrum), an ancient Egyptian rattle.

HARMONIE

La Poésie était comme une chape d'or
Sur des ailes fuyant l'émoi crépusculaire.
Des rameaux ébranlés s'égouttait sur la pierre
La cristalline voix égrenant son trésor.

Nous rêvions, écoutant naître et mourir l'accord
Des multiples sanglots et soupirs de la terre.
Peu à peu, chaque voix tremblante allait se taire
Dont nous restions l'écho sans le savoir encor.

Un rayon s'attardait sur la mer ténébreuse ;
Et le secret espoir de notre âme peureuse
Vacillait, vol d'oiseau soyeux, craintif et doux.

Nous ne prononcions pas la parole ineffable.
Mais déjà s'avançant, vibrantes, sur le sable,
Les rimes s'enlaçaient en foule autour de nous.

HARMONY

Poetry was a vestment gold, with wings
Fleeing the darkling dusk; like rosary
Of droplets from the branches shaken free,
Its crystal beads spoke prayers' low mutterings.

We listened, dreaming, as earth's singing strings—
In births and deaths—sobbed, sighed. And, gradually,
Each quavering voice would soon be still; and we—
Unbeknownst—were their only echoings.

A ray lingered above the sea's glum shade;
The secret yearnings of our soul, afraid,
Wavered—bird's silk-smooth flight—soft, timorous...

Unspoken, mum, the word forbidden... Yet
There, on the sand, in vibrant tête-à-tête,
A rush of rhymes—enmeshed—surrounded us.

LE MIROIR NOCTURNE

Est-ce toi qui reviens ou moi qui ressuscite
Au nocturne miroir ta forme évanouie ?
M'éclaires-tu dans l'ombre ? Ou, lueur que j'abrite,
Par miracle, t'aurais-je aux ténèbres ravie ?

Ah ! plus fort que la mort, par un occulte rite,
C'est l'amour qui t'arrache à la nuit infinie,
Te ramène, pensif, vers ton ancien gîte,
Et fait frémir ta main à ma main réunie.

Mais tu gardes toujours un masque énigmatique ;
Tu ne prononces pas la parole magique
Qui remplirait de vin ou d'eau pure l'amphore ;

Et, penchant vers ma lèvre une lèvre assoiffée,
Tu humes la fraîcheur en la tombe étouffée
Par l'épuisante nuit de soufre et de phosphore.

NIGHT MIRROR

Have you returned? Or have I, by some sleight,
Brought to life, in night's glass, your counterfeit;
Snatched, by some miracle, back to the light,
Your cherished shadow-form, restored, re-lit?

Stronger than death, by some uncanny rite,
Love wrenches you from dark realms infinite,
Brings you home, somber, from the shades of night,
Makes you hand quiver as I cling to it.

Yet still you wear enigma's mask obscure;
Silent, the magic word whose very essence
Would fill the urn with wine or water pure;

Drawing your thirsting life close to my own,
You quaff the freshness that the tomb of stone
Stifles beneath a sulfurous phosphorescence.

LE PAON BLANC

L'Automne a dévasté la charmille où tous deux
Nous passâmes, rêvant d'une entente parfaite.
La glycine et la rose éparpillaient au faîte
Des chapiteaux, mille souffles voluptueux.

L'air cristallin vrillé de murmures joyeux,
Trilles d'oiseaux, ronronnements d'abeille en quête
De miel, n'était que danse éblouie et que fête
De parfums, de rayons et de chants fabuleux.

La nymphe pleure emmi sa liquide parure.
Au pied des glaives verts, mourante chevelure,
Le chapiteau de fleurs au vent s'est effeuillé.

Et dans l'herbe où, muant en éventail leur traîne,
Nos rêves déployaient leur plumage ocellé,
Solitaire, un paon blanc, en criant, se promène.

THE WHITE PEACOCK

Autumn strips bare the arbor-way where we
Once strolled; where rose, wisteria used to spread
Their thousandfold lush breath high overhead,
About our dream of perfect unity.

The crystal air—riddled with harmony
Of twittering birds, bees buzzing to be fed
In honey's quest—was but a spirited
Dance of song, scent: light's festive panoply.

The nymph in liquid finery stands crying.
Midst gladiola-tresses—dying, green—
The arbor's flowers, ripped by the wind, go flying.

And, in the grass—now fanning wide a train
Of feathered eyes, where bright-hued dreams had lain—
A lone, white peacock shrieks, a-strut, a-preen...

APPARITION

Tu reviendras du fond lointain de sa jeunesse,
Avec tes longs yeux gris et ton manteau soyeux.
Les ans ne t'auront pas flétrie, et ta sveltesse
Sera toujours le lys des matins précieux.

Des perles de rosée iriseront ta tresse,
Et tu feras trembler aux plis mystérieux
Des voiles le regret, plus doux qu'une caresse,
Du bonheur qu'auraient pu vous réserver les dieux.

A l'heure où s'insinue au secret des vertèbres
L'insidieux effroi des vampires funèbres,
Las ! tu rallumeras les feux évanouis,

Même en l'ombre où s'exhale un souffle qui décline ;
Et dans ta robe d'or, vaporeuse et câline,
Tu reviendras danser sous ses yeux éblouis.

APPARITION

Back from his far-off youth returning, you
Will come, silk-dressed, with almond eyes of gray.
Un-dulled by years, your grace will glow anew,
Svelte lily born of morn's rich-dawning day.

Tresses dew-pearled in shimmering rainbow-hue,
Your mystery-veil—unfurled caress—will sway,
Trembling with joys the gods meant for you two,
Regretted now in time's dimmed disarray...

And, at that hour when fires lie faint, asleep,
And when night's stealthy vampire-fright strikes deep,
Racking your bones... When shadows' dark breath dies,

You will recall those failing flames to light,
And, in your gilt-froth gown, frilled, clinging tight,
Will dance once more before his dazzled eyes.

LES EPHEMERES

Les cimes que ployait le souffle des Furies,
Beau panache où l'Automne imposa ses couleurs,
Retressant sur le ciel leurs fantasmagories,
Exaltaient de l'azur rénové les splendeurs.

Une puissante odeur émanait des prairies,
De terre, d'herbe fraîche écrasée et de fleurs ;
Et les feuilles pourtant encor toutes meurtries
Luisaient comme un regard avivé par les pleurs.

Heureux, nous connaissions l'allégement suave.
Nos chimères dansaient, subtiles, sans entrave.
—Le feu du crépuscule alanguit ses rayons

Poudrés d'or et vibrants de mille âmes légères,
Où, sans nous en douter, nous-mêmes, nous jouions
Avec la frénétique ardeur des éphémères.

THE MAYFLIES

The hilltops that the Furies' wild breath bent
To nodding stance—panache phantasmal, whose
Autumnal shades spread on the firmament—
Plaited new streaks of orgiastic hues...

The meadows smelled of earth, strong, redolent;
Young grass and flowers lay smothered under shoes
And hooves... Like tear-spawned glance—fresh, innocent—
Bruised leaves shone through the pain of blacks-and-blues.

Content, we knew relief—the gentle thrill
As vague chimera-fancies danced their fill.
But dusk-fires slowly dimmed with every ray,

Dusted in gold, a-quiver, myriad-souled;
And we, unmindful, would mimic the play
Of mayflies' fleeting frenzy uncontrolled.

NOVEMBRE

Novembre refleurit à nos rosiers de Mai.
La mer berce en rêvant ses épaules soyeuses ;
Et l'air a ce parfum d'oranger que j'aimai
Naguère, en le jardin des minutes heureuses.

Les pétales de fleurs qu'un vent souple semait
Semblent encor joncher l'allée. Et les pleureuses
S'étonnent d'écouter un glas dans l'air quiet
Et de porter un voile noir, mystérieuses.

Comme un ciel de printemps ce ciel d'automne est pur.
Au pied des longs cyprès qui transportent l'azur
Le Jour des Morts s'éploie ainsi qu'un jour de fête.

Mais sur les chemins clairs que nous avons suivis
Vibre, deuil de cristal, un sanglot de poète...
Solitaire, tu dors... Solitaire, je vis.

NOVEMBER

November blooms on rose trees of our May.
The sea shrugs silken billows, dreamily;
Orange scents I so loved waft free, the way
They did, then, in our garden ecstasy.

Blown on a supple breeze, petals that lay
About, seem yet strewn on the lane. Look! See
Our willows, weeping, listening with dismay
To death's calm knell, veiled in black mystery!

Pure as a sky of spring, this autumn sky.
The azure-piercing cypresses rise high:
All Souls' Day spreads, like feast-day, at their feet.

But on the bright paths we once trod upon,
Poet's grief, sobbing, throbs a crystal beat...
Alone, you sleep... And I, alone, go on.

CAUCHEMAR

Que le sommeil me soit doux comme une colombe !
A peine un battement d'aile autour de mon front ;
Invisible plumage où, mols, se berceront
Des rêves dont la trame au mystère retombe.

Mais dans la nuit d'émail et de velours succombe
Sous la griffe d'acier sanglante d'un faucon
La colombe. Et, brisant le funèbre flacon
De morphine, un vampire émerge de la tombe.

Mon sang lourd coule ainsi qu'un fleuve empoisonné ;
La hyène et le chacal en l'ombre ont ricané.
—Il rive à mes poignets une chaîne d'esclave ;

Vibrante, je me lève à l'appel de sa voix,
Et, dans la moite horreur de l'alcôve, je vois
Luire le vert phosphore au fond de son œil cave.

NIGHTMARE

Would that my sleep might gentle, dove-like be!
Scarcely a wing grazing my brow; unseen
Plumage, to cradle, soft—betwixt, between—
Dreams, woven in the weft of mystery.

Instead, velvet, enameled night will see
That dove beneath the bloodied-red, steel-keen
Claw of a hawk; and, drinking his morphine,
A vampire, risen from his tomb, set free.

Heavy as poisoned stream, my blood. Midst jackal's
Barking, and midst hyena's jeering cackles,
He chains my wrists: I lie, slave acquiescent.

Shivering, I rise to his strident cry,
And, in the alcove's sultry horror, I
See shine his hollow orbs, green, luminescent...

RENCONTRE

Je mettrai la tunique et le voile de lin,
Agrafant à leurs plis la rose au cœur fragile
Que tes doigts ont cueillie au jardin de la ville,
—Etait-ce hier ? —et qui s'effeuille dans ma main.

Je m'en irai vers toi. Tu ne me diras rien,
Mais je devinerai ta présence subtile.
Nous nous retrouverons près du lac immobile
Dont tu m'auras montré l'invisible chemin.

Ployant sous le fardeau des mystères occultes,
J'accomplirai les rites étranges des cultes
Où l'amour rend le souffle au rêve enseveli.

Mais soudain le lotus surgira de l'eau morte,
Et, subjugués, happés par sa langueur trop forte,
Nous humerons le narcotique de l'oubli.

ENCOUNTER

I shall put on the linen veil, the shawl
Pinned with the fragile-hearted rose that you
Picked for me in our garden rendezvous—
Yesterday?—and whose petals now must fall.

I shall draw near... You do not speak, but all
The while I sense your presence, as we two
Follow the unseen path you lead me through,
By the still lake, to heed your silent call.

Bent by the weight of occult litanies—
Whereby love grants the buried dream new breath—
I shall perform rites' curious mysteries.

The lotus will spring from the waters' death;
And, brought down by its languorous excess,
Drugged, we shall breathe deep of forgetfulness. *

---

* The reader will recall the passages in *The Odyssey* (and in Joyce's *Ulysses*, as well as other works) in which the heroes, lost among the Lotus-eaters, experience the plant's narcotic effect.

GRELOTS

Nostalgique, la nuit en grelottant s'effeuille
Mais laisse encor traîner son souffle sous la nue.
Dans un miroir sans tain ne s'est pas reconnue
L'aurore que nul cri léger d'oiseau n'accueille,

Mais un long friselis de gouttes que recueille
Sous les taillis la nymphe invisible et menue
Qui sur les rocs déjà gonfle sa gorge nue,
S'étire, et seule, il semble, en pleurant ne s'endeuille.

Au linceul de l'azur la lumière fanée
N'est plus au fond du ciel qu'une étrange araignée
Qui tisse incessamment des fils gris et les noue.

Jour morne, sans espoir. Et l'âme qui s'ennuie,
Comme la nymphe en la fontaine, pleure et joue
Au cachot de cristal musical de la pluie.

"PITAPAT" *

Nostalgic night, shivering, peters out,
Trailing her breath beneath the clouds. Dawn breaks:
But, dim and dull her glass, no notice takes,
Nor chirp the birds morn's welcome roundabout...

Droplets, rather, that pitapat without
Design—sipped by wood-sprite unseen, who slakes
Her thirst—yawns, proud of breast: though tearful, wakes
To joy, alone untouched by fear or doubt.

On azure's winding-sheet, spreads, by and by,
The faded light, deep on the mournful sky:
Weird spider, weaving endless threads of gray.

Day, hopeless, dark... The soul, spent and in pain,
Will, like some river nymph, now weep, now play,
Pent in the cell of music's crystal rain.

---

* The literal "little bells" of the title has obviously given way in my title to its metaphorical meaning expressed in the poem.

INSOMNIE

Elle bondit soudain dans un cercle infernal,
Menaçante, en faisant jaillir mille étincelles
De sa toison dont luit l'électrique fanal
Sur le sombre velours d'heures surnaturelles.

Elle enfonce en ma chair ses ongles de métal,
Se repaît du sang noir qui m'inonde et ruisselle ;
Dans l'ombre elle répand un parfum de santal
Et les rêves mourants s'assemblent autour d'elle.

Caressante, elle joue, ou sauvage, elle étreint.
Du céleste opium elle écrase le grain,
Dissipe la fumée et renverse l'amphore.

Féline, s'incurvant sur le dos de la nuit,
Elle s'étire, bâille, et miaule d'ennui,
Puis referme ses yeux d'agate et de phosphore.

INSOMNIA

Her leaps bound in a hellish round, begin
To threaten, as a thousand sparks flash, flare
From fleece electric, and gleams saturnine
Light hours of velvet magic, devil-may-care.

She sinks metallic claws into my skin,
Laps at the flood of night-black blood... An air
Of fragrant sandalwood hovers within
The dying dreams gathered about her there.

A savage hug... A mere playful embrace...
Swatting the smoke, down goes the poppy-vase.
She paws the seeds, wafts free the opium essence...

Humped on night's back in sprawling feline pose,
She stretches, yawns, meows bored pianissimos,
Then shuts her eyes of agate phosphorescence...

VIBRATIONS

Cet accord a frémi sur le luth invisible
Où vibrèrent d'abord des rêves alternés.
Par un réseau de chants mélodieux cernés
Nos deux esprits ont fait la rencontre indicible.

Lyrisme impérieux, appel irrésistible,
Mots qu'un pouvoir occulte enlaçait, étonnés
De trouver un écho fidèle, à peine nés,
Vous frémissiez ainsi qu'un souffle inextinguible.

Par-delà le silence immuable, voici
Que vos vibrations se prolongent aussi.
Est-il encor pour nous quelque belle aventure ?

Hélas ! la sourde nuit où nous errons n'étreint
Dans son voile profond qu'un fleuve léthéen,
Et l'astre en feu s'enfuit parmi sa chevelure.

VIBRATIONS

Plucked on a lute unseen by human eye,
That chord quivered its strings in web-work, round
Dreams diverse; harmonies, where two souls found
Each other, blending in one soulful sigh.

Imperious poetry's resistless cry...
Secret force, words scarce born, that awe, astound
Our hearts, to find two spirits' kindred sound
Shivering, like a breath that dare not die.

Now, past the changeless silence, starkly mute,
Your strings resounding still, sigh resolute:
One last adventure's joy to pleasure us?

Alas! Dark night, where we go wandering,
Spreads its veil from Lethe's forgetful spring,
Like comet's fleeting tail, diaphanous...

ORGUEIL

Au sommet de la tour d'onyx et de porphyre
Notre âme s'est drapée en un royal manteau,
Opposant à la joie impure son veto
Et daignant la douleur et ses pourpres élire.

Nul souffle désormais aux cordes de la lyre.
La voici suspendue ainsi qu'un ex-voto
Aux murs de la chapelle obscure du château.
Silence ! Solitude ! Inaccessible empire !

Mais offensés les Dieux ont encerclé la tour,
Franchi le pont-levis, et, de leur glaive lourd,
Ils fustigent la porte. Un cri jaillit. Ecoute !

Où les armures d'or, les carquois précieux,
Et nos pauvres orgueils blessés dans la déroute
Qui meurent en fuyant sous l'étreinte des Dieux ?

PRIDE

Atop the tower—onyx and porphyry—
We draped our souls in regal mantles; chose,
Rather than joy impure and sullied, woe's
Raiments of purple: royal panoply.

Breathless, the lyre, strings hushed... No melody...
Mute offering, it hangs from the chateau's
Dim chapel walls, in somber, dark repose.
Silent! Alone! In stalwart majesty...

But the Gods, riled, have circled roundabout
The tower, leapt the moat, and, blades drawn out,
Defiled the gate... A shout! Listen!... You hear?

Where, now, our precious quivers? Mail of gold?
And our pride, put to flight?... Poor cavalier,
Who, wounded, died in the Gods' crushing hold...

SOIR

Nous irons vers la mer dans le soir ténébreux,
Bercés par les soupirs de musiques câlines
Et guidés par l'éclat des lueurs opalines
D'invisibles bateaux dont s'allument les feux.

Frémira dans la nuit notre cœur douloureux.
L'espoir fera tinter ses subtiles clarines.
Nous humerons l'odeur des saumures marines
Au bord de la calanque où fuit le flot peureux.

Sur le sable mouillé par la frange d'écume
Nous errerons, pensifs, dans un voile de brume,
De nos chastes secrets n'ayant rien échangé.

Mais, souffle insidieux épandu dans l'espace,
Nous rejoindra, glissant d'une proche terrasse,
Voluptueuse, l'âme en fleur d'un oranger.

EVENING

Off in the evening darkness we will go,
Rocked by the wheedling song of lulling sighs,
And led on by the light, dazzling our eyes,
Of boats unseen, casting their opal glow.

In black night will our hearts tremble their woe...
Delicate notes, tinkling with hope, will rise.
We will breathe deep the scent of brine, that flies
Over the inlet's timid, fleeting flow.

On sandy shore—moist with a froth of lace—
Pensive, veiled in the mist, we'll stray apace,
Our secrets, chaste, kept hidden deep in us.

There shall we be, together, joined as one
By that sly breath from terraced grove outspun:
Orange-tree's soul, in bloom voluptuous...

L'AMULETTE

Couché sur le lit bleu d'un songe évanescent
Dont le molle fumée autour de toi palpite,
Tu te plais à tirer du plomb gris la pépite
Fascinatrice, et le rubis couleur de sang.

Tireras-tu l'amour de ton cœur languissant ?
Sous son voile soyeux danse la Sulamite.
L'écoutes-tu chanter dans l'ombre qu'illimite
Cette étrange vapeur autour de toi glissant ?

Non ; tu ne cherches plus l'éclat pur d'une étoile,
Tu n'écarteras pas sur ce corps frais le voile.
C'est en vain que la vie aux fentes du vitrail

Se penche, déployant sa robe violette...
Nonchalamment épris d'onyx, d'or et d'émail,
Tu souris, caressant une froide amulette.

AMULET

Lying upon fleet dreams' azure-blue bed—
Dreams wrapped in smoke, soft, round you palpitating—
You snatch from the gray lead a fascinating
Nugget, and pluck the ruby-gem, blood red. *

Will you draw love from heart discomforted?
Silk-veiled, dances the Shulamite, love-fêting. **
Heed you her song in darksome, undulating
Shadow—strange blue mist roundabout you spread?

No... No more need you seek star's pure and fresh
Eclat, nor will you unveil her cool flesh.
Life bows in vain before stained glass—slit-holed

And cracked; unfurls her violet robe... Heart set,
Nonchalant, on veneer, fine onyx, gold,
You smile, caressing a cold amulet.

---

* Consistent with their implication in the poem, the words "*fascinatrice/* fascinating" are taken in their literal meaning of "spell-binding."

** The reference is to the Shulamite woman, the beautiful but enigmatic heroine of the *Song of Songs,* as enigmatic as the power of the amulet and the desires of its possessor.

BACCHANALE

Pour atteindre ma face où l'épouvante râle,
Tu poseras d'abord tes griffes sur mon cou,
Comme une amante tendre et chaste tout à coup ;
Puis tu te dresseras, prête à la bacchanale.

Tu darderas sur moi ta prunelle fatale,
Suscitant le désir et l'orgueil ivre-fou,
Et, déroulant l'anneau du lubrique crotale,
Tu jetteras au vent du soir ton voile flou.

Ancienne détresse ou nouvelle chimère,
Cruciale splendeur, ton étreinte éphémère
Ravive de joyaux un bouclier d'airain.

Et, que coule le sang d'une fraîche blessure
Ou se rouvre par toi la cicatrice obscure,
L'impérial serpent se lovait dans ton sein.

BACCHANALE

I lie, panting with fear, as you would place
Your claws about my neck, innocently— *
Like lover chaste—then loom before my face,
Bent on sheer bacchanalian revelry.

Your glances' fatal darts will span our space,
Fire my drunk, arrogant depravity;
Then, lustful snake uncoiled, you will unlace,
Drop your loose veil, and let night's breeze make free...

Erstwhile distress or new chimera, this?
Your brief embrace—splendor's tormenting bliss—
Re-brazens shield begemmed, pressed to my chest.

And blood... New-springing from a fresh wound, or
From the dim scar you rip apart once more?...
Coiling... The royal serpent in your breast...

* It is clear from the grammar of the original that the poetic voice here is not that of the female poet but that of the male lover addressing the bacchante.

LA CHIMERE

Elle éventa nos fronts de son aile, cuivrée
Par le dernier reflet qui colorait le ciel.
Et son regard pensif d'être surnaturel
Semblait luire le feu d'une sphère éthérée.

Par sa face de sphinx puissamment attirée,
Quelle âme n'eût puisé la goutte d'hydromel
Sur sa lèvre, en rêvant d'un délice éternel ?
Telle, dans son miroir qui de nous l'a créée ?

Mais tous deux nous l'avons reconnue. Et, déjà,
Son vol vertigineux nous révélait l'éclat
De mille astres naissant dans l'ombre fascinée.

Hélas ! L'aile d'or saigne aux griffes des démons.
Et, pour la ranimer, en vain nous étreignons
La Chimère en la nuit sinistre assassinée.

THE CHIMERA

It fanned our brows with its wing, copper-hued
By the demise of sun's last-dying rays.
It seemed to fire a deathless sphere, ablaze,
Deep in its pensive, heaven-born attitude.

What soul would not partake the honeyed food
Upon its lips, lured by its sphinx-like gaze,
And dream the sure delight of endless days?
Who, in her glass, has here her likeness viewed?

But we have seen and known it, you and I.
Its dizzying flight already lights the sky
With myriad stars spawned of the spell-cast shade.

Alas! Demons' claws bleed its wing of gold.
In vain would we hug back to life this cold,
Lifeless Chimera, in night's clutches laid.

Miroirs du bonheur

(1935)

Dans la maison déserte
Crépuscule / Twilight
La Lyre / The Lyre
La Porte entr'ouverte / The Door Ajar
La Douleur muette / The Silent Pain
Amour... / Love...

En songe
Nocturne / Nocturne
En songe / Dreaming
L'Archet / The Bow
Eveil / Waking
Nuit de juin / June Night
La Fée / The Fairy
Les Jets d'eau / The Fountain-Jets

Sortilèges
Andante / Andante
L'Allée / The Lane
Chuchotement / Whispering
Clair de lune / Moonlight
Fugitive / Moment
Le Miroir de lumière / The Looking-glass of Light
Nuit / Night

L'Attrait funèbre
Obsession / Obsession
Epouvante / Terror

CREPUSCULE

Je ne suis qu'une femme assise dans un coin
De chambre où, peu à peu, la lumière s'éteint.
Le crépuscule enroule un fil au fuseau bleu
Et la braise rougeoie et prolonge le feu.
Silence… C'est un soir nostalgique d'automne ;
Le regret fait tourner son rouet monotone.

—D'où viens-tu, fantastique esprit, ô salamandre
Qui danses tout à coup au milieu de la cendre ?
De la flamme et du jour n'est-ce pas le déclin ?
Toi, tu luttes encor dans l'ombre qui t'étreint.
A mon souffle tremblant voici tes voiles frêles
Qui palpitent et font jaillir mille étincelles
De ces plis envolés, de ces rubans de feu
Où tu vas dérouler ton corps mystérieux.
L'ombre fait plus vivante et plus chaude ta joie
Et te cerne comme un filet de fine soie
Où tu sembles t'étendre un moment, où tu luis
Sans jamais te laisser atteindre par la nuit.

Je ne suis qu'une femme et le soir m'a touchée.
Enseigne-moi tes ruses d'or, subtile fée,
Détache de mon front ce voile aux reflets gris
Que le Passé noua sur ma tête, sans bruit.

—Pensive sœur vouée au lit profond des brumes,
Toi qui passes et meurs, toi que le feu consume,
Mon corps impondérable est pétri de clarté
Et sa danse lui crée une immortalité.

TWILIGHT

Merely a woman am I, and I sit
Here in the bedroom corner, dimly lit,
As twilight spindles, blue, its skein of thread
By the undying embers, kindling red...
Silence... Nostalgia's autumn night, whose pain
Of loss spins the wheel round... Again... Again...

—Where do you come from, spirit salamander,
Who all at once appear, rise, writhe, meander
Over the coals? Has not the fire, like day,
Come to an end? And yet you dance away,
Struggling against the shadows clasping you.
My trembling breath blows your veils, lightly to
And fro, and makes a thousand sparks flash, fly
Out of the folds of ribboned flame that tie,
Untie, about your body's mystery...
The darkness makes your joy seem suddenly
More alive, more hot yet, and wraps you round
As in a net of silk, where you lie bound,
Glowing a moment in the web of light,
And unstirred by the somber dark of night.

Merely a woman am I, and yet I
Am touched by evening. Teach me how to ply
Your gilded fairy stratagems. I pray
You free my brow from this veil, glinted gray,
That, noiselessly, long since, the Past had spread
Before my eyes and knotted round my head.

—O pensive sister, bedded deep in gloom's
Shroud-mist, who pass and die, whom fire consumes...
Wrought through with light, my body airily
Dances the dance of immortality.

Mais tes souvenirs sont de frêles salamandres
Qu'un souffle éveillera, vibrante, dans les cendres,
Et qui te survivront, si tu peux les capter
Dans leur voile de flamme, et si tu sais chanter.

LA LYRE

Tu peux tout remporter dans la nuit ténébreuse
    Des beaux présents que tu me fis,
Me laissant nue et dépouillée, humble pleureuse,
    Au bord des chemins interdis,

Destin tout à la fois cruel et magnanime
    Qui pétris l'amour dans mon cœur
Et permets qu'à mon chant la flamme se ranime
    Parmi les cendres du bonheur,

Puisque tu m'as donné, pitoyable, une lyre,
    Pour évoquer mon compagnon
Et le faire revivre avec moi dans l'empire
    Enchanté des rythmes, des sons.

But fragile memories, your times remembered,
Are salamanders in the fire, death-embered,
That a mere breath will call to life once more—
A-quiver on the coals, as once before—
To live, flame-veiled, beyond your days, if you
But capture them, sing them to life anew...

THE LYRE

Fate, generous and cruel by turns, you may
        Sweep off into the shadowed night
All the fine gifts you gave me, as I stay
        Naked, in tears—abandoned quite—

Beside life's path closed to my tread; Fate, who
        Knead my love-embers' heart-duress
And let my song's flame rise once more, as you
        Stir the coals of past happiness.

For, in my plight, you granted me a lyre
        To sing my lover back to me,
And dwell with him in the poetic fire
        Of wondrous-rhythmed majesty...

LA PORTE ENTR'OUVERTE

Je vis. Je mâche l'herbe amère des journées ;
Je fais les gestes coutumiers dans la maison
Comme si tu n'étais, ma tâche, terminée,
          Puisque je vis sans compagnon.

Je vis, et m'épouvante à chaque instant de vivre,
D'avoir soif, d'avoir faim, de boire, de manger,
De contempler le ciel, la mer, d'ouvrir un livre,
          De parler à quelque étranger.

Peut-on donc à la fois être vivante et morte,
Ployer sous le fardeau trop lourd du souvenir,
Et tenir entr'ouverte obstinément la porte
          Lorsque nul ne doit revenir ?

LA DOULEUR MUETTE

Quelquefois la douleur est en nous si profonde
Qu'on ne peut même pas pleurer, qu'on ne peut pas
Par des gestes, des cris, s'en délivrer. Nulle onde
N'amollirait le dur fardeau de ce cœur las.

Pas d'épaule où blottir un instant notre tête.
Pas de mots pour livrer notre angoisse à quelqu'un.
Notre peine est en nous trop sûre, trop complète,
Pour offrir un miroir à nos bonheurs défunts.

Nul sanglot ne viendra dénouer sa ceinture
Et la faire briller, nue et vive, en le vent.
Elle se sait puissante à force d'être obscure,
Et nous possède mieux, sans doute, en se taisant.

THE DOOR AJAR

I live. And in the house I go about
My days, chewing the herbs of bitterness,
As if, my task, you had not petered out,
    And left my life companionless.

I live, yet every instant, awed to live,
Eat, drink... Gaze—hungering, thirsting—at the sky,
The sea... Open a book... Or even give
    A look, a word to passers-by.

Can you be both alive and dead, and be
Bowed by the burden memory weighs on you,
Yet keep the door ajar, obstinately—
    The door that no one will come through?

THE SILENT PAIN

At times, so deep the pain that dwells in us
That tears will fail to flow. Nor can our cries,
Our flailing gestures, ease our onerous
Woe, nor can waters soothe our heart-sore sighs.

No words to tell another why we fret,
No shoulder-nest where we might rest our head.
Our pain is too real, too complete to let
Us hold a mirror to past joys, long dead.

No sob will rise to cast it, live and bare,
Blatant, upon the wind, freed of its fetter.
Its strength thrives in the darkness, well aware
That, silent, it subdues us all the better.

AMOUR…

Amour, tu t'en iras sur les routes fleuries,
Eparpillant d'un geste léger de tes doigts
La passion d'hier et ses roses meurtries
Dans la brise, comme un encens, autour de toi.

Tu t'en iras, portant ta corbeille encor pleine
D'autres rêves, d'autres plaisirs. C'est ton destin
De jeter en passant le trouble à l'âme humaine
Et le délice, ivraie alliée au bon grain.

Tu poses mollement tes pieds nus sur la terre,
Tu ris. Tout ce qui fut est-il donc effacé ?
Ne t'exalterais-tu que de ton seul mystère,
Sans tourner, dédaigneux, ton front vers le passé ?

NOCTURNE

Cette nuit, tu me pris doucement par la main.
Je ne fus plus qu'une ombre à ton ombre liée.
Nous revînmes tous deux dans le palais lointain
D'une rive oubliée.

Au caprice nocturne et funèbre soumis,
Nous ouvrions, légers, les invisibles portes ;
Et nous découvrions nos rêves endormis
Parmi les roses mortes.

LOVE...

Off you go, Love, on many a flowered path,
Spurning yesterday's passion, scattering browned,
Bruised petals—breeze-strewn rose-blooms' aftermath!—
Incense-like, lightly cast over the ground.

Off you go, with your basket brimming still
With other pleasures, dreams. It is your task,
Your fate, to wound our soul with many an ill
And hide grain's treasures sweet behind chaff's mask.

Barefoot, you softly tread the earth; and you
Laugh! Can it be that what is fled is fast
Erased? That—mystery-fraught—now wrought anew,
You face the future and disdain the past?

NOCTURNE

Last night you took me softly by the hand—
Me, a mere shadow joined to yours, no more...
We found the palace in a distant land,
            By a forgotten shore.

Then, bowing to night's morbid whim, we flung
Open the weightless gates unseen... There, spread
About, we found our dreams, asleep, among
            The roses lying dead.

EN SONGE

Quel rêve dans la chambre où je dors a vibré ?
Silence… Tout se tait dans la maison déserte.
—Rendors-toi. Nul passant, pauvre âme, n'est entre
Nulle fenêtre sur la nuit ne s'est ouverte.

Sur l'oreiller pose la tête en soupirant.
Apaise-toi. Ce n'est qu'un songe qui rassemble
Comme un appel de cor ses meutes. —Et pourtant,
Le Souvenir caresse, ivre, ma main qui tremble.

L'ARCHET

Le bois d'oliviers vibre ainsi qu'un flot d'argent
Sous le vent et la lune.
Des gouttes de cristal se brisent en tombant
Dans la vasque, une à une.

Nocturne… Sur les nerfs du silence un archet
Musicalement glisse ;
Et sous tes doigts pensifs va revivre, ô Regret,
Un fugitif délice.

DREAMING

What dream is this, that quivers as I lie
Asleep?... None. Silence fills the empty room.
Go back to sleep, poor soul. No passer-by,
No window open on night's darkening gloom...

Rest. Lay your head upon your pillow, sighing.
Only a dream that, like the horn's command,
Rallies the hunting hounds... But, drunken lying,
Memory—haunted—strokes my trembling hand.

THE BOW

Olive grove, shimmering like a silvery wake,
    Lit by the moon... Breeze-spun
Droplets of crystal—forming, falling—break
    In the pool, one by one.

Nocturne... Silence's nerves, stretched tight... A bow
    Plays music on the night.
And you, Regret, with pensive fingers, lo!
    Reborn: fleeting delight...

EVEIL

Dans l'oranger froufroute un vol furtif d'oiseau.
L'aube au voile de lin glisse sur la colline
Parmi les oliviers où déjà les troupeaux
En broutant font tinter d'argentines clarines.

Mais comment t'envoyer cette fraîcheur, ce bruit
De sources, de grelots, qui dans l'ombre s'épanche,
Ce lys qu'irise encor une larme de nuit,
Son arôme, et ce vol d'oiseaux parmi les branches ?

NUIT DE JUIN

Comme des traits de feu rayant l'obscurité
Secrète des jardins, vibrent les lucioles,
Etincelles d'un cœur mystérieux hanté
Par le rêve, l'ardeur, frêles clartés qui volent.

Dans les eucalyptus des trilles exaltés
Ravissent le silence. Et le chant sans paroles
Monte, voix du printemps et de la volupté,
Au-dessus du brûlant ballet des lucioles.

WAKING

Bird's furtive bustling in the orange-tree...
Rustles, flits... Dawn, in linen veil, slips round
The hill, among the olive-trees. I see
Flocks grazing, hear their goat-bells' silver sound.

But how to send you these cool notes that fill
The shade: brook-babble, tinkling melodies?
This lily that a night-tear shimmers still?
Its scent?... And the birds flittering midst the trees?

JUNE NIGHT

Like darts of fire streaking the secrecy
Of gardens dark, flickering fireflies play...
Sparks of a haunted heart's dream-mystery,
Fragile specks flash in flittering array.

Trillings of eucalyptus ecstasy
Glint through the calm. The springtime sings away
In wordless bliss's glittering melody,
Above the white-hot firefly-roundelay...

LA FEE

Tu poses sur mes yeux tes mains, Magicienne...
La nuit se transfigure en un matin léger ;
Abolissant l'espace et le temps, tu m'entraînes
Et peuples le désert de myrtes, d'orangers.

Autour de moi ta danse éveille mille extases.
De la source des pleurs, soudain, un hymne sourd ;
Sous ton souffle tout luit, ressuscite, s'embrasse ;
Et la douleur n'est plus qu'un reflet de l'amour.

LES JETS D'EAU

Prestige bleu, cœur lunaire des nuits d'été
Où la secrète ardeur des fleurs chastes s'exhale,
Où l'univers n'est plus qu'un miroir de clarté,
Baigné par les reflets d'une laiteuse opale,

C'est l'heure où ton silence aspire les échos ;
Mais rien n'étouffera, voix fluide et ténue,
L'appel passionné, sanglotant, des jets d'eau
Qui, sans l'atteindre, fuse, en vibrant, vers la nue.

THE FAIRY

You, Sorceress, lay your hands upon my eyes...
Night turns to airy morn. Time's mysteries
Dissolve in space. You lead me through the skies,
Fill desert sands with myrtles, orange-trees...

Your dance wakes myriad ecstasies. A spring
Of tears wells up, hymn-like, as suddenly
Your breath breathes life, enflaming everything...
Pain is no more than love, shining on me.

THE FOUNTAIN-JETS

Night sky... Moon, heart of summer's honored blue,
Where blooms blow passions, chaste, hidden from sight,
Where heavens—bright mirror vast, bathed through and through
With glints of opal—glow a milky white...

Hour of your silent-throbbing pirouettes...
But nothing quells the waters' slender cry,
The sobbing murmur of the fountain-jets,
Striving as one—in vain—to reach the sky.

ANDANTE

Sur les degrés rougis par le sang des automnes,
Quel orchestre assembla ces plaintifs violons,
Nos souvenirs mêlés dont les cordes résonnent
A la recherche émouvante des unissons ?

Il n'est plus de reflet de nymphe dans les vasques ;
Sous le rideau de pourpre il n'est plus un oiseau.
Mais cette symphonie en des rythmes fantasques
Tente de ranimer un fugitif écho.

Quels rêves, quels regrets sous les archets ruissellent
Ou quel long cri d'amour les exalte ce soir ?
Ah! pathétiques voix, seul, un violoncelle,
Dans l'ombre où la tendresse étreint le désespoir,

Peut-être traduirait nos extases jumelles ?

ANDANTE

What orchestra—on autumn's scales, blood-red—
Assembled those sad fiddles one by one:
Memory-strings, whose notes haphazard spread,
Yearn for their one passionate unison?

Now, no nymph's pool-reflections... Now, no bird
In crimson clad... But still, this symphony,
In reveries to phantom rhythms stirred,
Tries to recall an echo, fleeing free.

What dreams—regrets!—billow beneath the bows,
Or what long, low love-moans charm them this night?
Ah! Might a single 'cello's 'ahs' and 'ohs'—
In hopeless, shadow-dream's embrace held tight—

Warble our twin ecstasies' tremolos?

L'ALLEE

Rousse allée où flambait une orgie éphémère
De feuillage cuivré, pourpre, fauve, incarnat,
Translucide, brochant l'azur de palmes claires,
Et déjà sur le sol traînant des falbalas,

Le vent a déchiré votre voile admirable,
La pluie en une nuit transfigura le front
Des tilleuls, des kakis, des chênes, des érables.
Et la féerie expire en frêles tourbillons.

Mourez ainsi, mourez avec noblesse et grâce,
Beauté, rêves d'amour d'un cœur qui s'exalta,
Dispersez vos trésors renversés dans l'espace.
Mais il reste le vent, la pluie au cœur qui bat,

La nuée argentée aux franges délicates
Et l'ultime parfum d'automne, âcre et poignant.
Hier, était-ce hier, ce panache écarlate
Qui fusait et vibrait dans le ciel éclatant ?

Les hauts troncs verdissants à la ligne sévère
Ne balanceront plus un fantastique espoir.
Mais que tout est encor touchant dans la lumière
Rose, cendrée, et tôt déclinante du soir !

Mais que l'allée encor où les feuilles se froissent,
La nostalgique allée, offre, à qui lui revient,
De splendeur répandue, et d'ardeur, et d'angoisse !
Beauté, rêves d'amour d'un cœur qui se souvient...

THE LANE

Russet lane, where there flamed, in fleeting wise,
Orgies of tawny coppers, scarlets, round
Translucent palms laid against azure skies;
Where, trailing furbelows along the ground,

Wind-gusts have ripped asunder your fine veil...
Rain, in one night, transformed the linden trees—
Maples, persimmons, oaks—and dying, frail
Fairy-scenes swirl in eddying filigrees...

Die, Beauty... Die with grace and noble air,
You, dreams of heart's bliss, never dreamt again.
Strew, unkempt, over space your treasures, where
Howl whirling winds and the heart-pounding rain...

The silvered cloud, with fringe-wisps blown astray...
The autumn's last perfume, biting and bitter...
Yesterday... Was it only yesterday?
That scarlet sunset-swirl, yearning to glitter...

The lofty trunks. in stark green symmetry,
Will waft fantasy-hopes no more. And yet,
Still touching in light's final majesty:
Pink, ashen-skied... Day, soon about to set...

Yes... Still, the lane—leaves wrinkling, crinkling dry—
This lane, nostalgia-fraught, offers its embers'
Splendorous anguish to the passer-by!
Beauty, love-dreams of a heart that remembers...

CHUCHOTEMENT

Je te chuchote à voix basse
Des mots très doux et câlins,
Des mots tendres qui s'enlacent
Comme s'enlacent des mains.

Je suis seule ; je murmure
Pourtant ton nom à mi-voix,
Et, ce faisant, me figure
Que tu te penches vers moi.

Ce que je n'osais pas dire
Quand tu pouvais l'écouter,
Voici que je le soupire
Dans la chaude nuit d'été,

Et que s'en va dans l'espace
Vers toi qui ne le sauras
Ce vol de mots qui s'enlacent
Comme s'enlacent des bras.

WHISPERING

Softly whispered mutterings,
Murmured words from me to you…
Sweet and tender blandishings,
Hand in hand, betwixt us two…

But alone am I; and, sighing
Low your name, I seem to see
You here, by my side, and trying
Gently to lean close to me…

What I dared not say when fit
Were your ears to hear aright,
Now—sighing—I whisper it
In the sultry summer night…

Off through space it goes, a-flying,
Seeking you, alas, who never
Hear—nor will—the words undying,
Arm in arm, flying forever…

CLAIR DE LUNE

Le crépuscule éteint lentement les reflets
Du soleil sur la mer d'hyacinthe et de cuivre,
Et dans l'ombre mélancolique un reflet naît
Du jour presque écoulé qu'on ne pourra revivre.

L'obscurité s'étend sur les caps veloutés,
Comme flot après flot l'eau gagne sur la rive.
C'est la nuit. Rien ne doit un instant s'arrêter
Sur le chemin mystérieux qu'il faut qu'on suive.

Un grand nuage sombre étouffe le couchant.
Et nous nous éloignons peu à peu de la dune
Aux bondissantes voix dont s'assourdit le chant.
Silence. Tout s'endort. Mais que voici la lune,

Déchirant le linceul du jour qui va mourir,
Argente tout à coup les tremblantes nuées
Et que, dans notre cœur triste, le Souvenir
Brille aussi doucement que la lune nacrée.

MOONLIGHT

Gently the twilight mutes the heavens' hints
Of hyacinth and copper, flecked before
The shore... Brief, melancholy shadow-glints
Of fleeing day, soon to be lived no more.

Darkness covers the sands, soft-velveted,
As the waves, one by one, come rolling, break,
Ushering night, ever un-stopping... Spread
Over the obscure path our tread must take.

A great, dark cloud stifles the sunset deep.
Slowly we quit the dune. The singing sea
Deadens its clamors with the sounds of sleep.
Silence... Vast slumbering... But suddenly,

Moon-silver rips, tears at the day's blear shroud,
And Memory, in our heart, doleful and drear—
Glistening light over the trembling cloud—
Bright as the pearl-faced orb, stands shining, clear...

FUGITIVE

Le ciel de nacre et de soie
Sur la danse de la joie
Délicatement se pose.
Effeuille encor cette rose
Dans la vasque où quelque fée
Rit, de nénuphars coiffée,
Et que le bonheur s'y mire.

—Mais déjà le rire expire,
La robe d'or s'est fanée.
Sur la joie enrubannée
Dont le voile arraché flotte
Et dont la danse grelotte,
Comme un linceul se déploie
Le ciel de nacre et de soie.

FLEETING MOMENT *

Silken skies, spread opal-pearled,
Crown the dance—joy whirled and swirled—
Striking a frail moment's pose.
Petals blow, fall from the rose
To the pool... A fairy laughs—
Whom a water-lily coifs—.
Gazing with admiring eyes.

But lo! Now the laughter dies.
Faded too the robe of gold.
From joy's every ribboned fold,
Veil—snatched free—floats on the breeze,
Dances shivering melodies,
Shroud-like, billowing unfurled...
Silken skies spread, opal-pearled.

---

* Given the scenario, I think the original title—suggestive but grammatically obscure—justifies my non-literal compromise.

LE MIROIR DE LUMIERE

Dans l'espace se perd la voix qui t'appelait
Et dans la fraîche nuit le rossignol se tait.
Ce souffle qui faisait bruire le feuillage,
C'était le chant, c'était le rire d'un autre âge,

L'ombre d'une ombre encor qui dans l'ombre passa,
Un soupir égaré qui vers toi se glissa.
Ouvre tes doigts serrés où cette gerbe expire ;
Humblement, redescends vers le funèbre empire.

L'Espoir à peine né s'incline et se souvient.
Et déjà le bonheur ferme ses yeux éteints.
Mais rends grâces aux Dieux tendres qui te prêtèrent,
Ne fût-ce qu'un instant, ce miroir de lumière.

THE LOOKING-GLASS OF LIGHT

The voice that summoned you through space grows still.
Hushed, too, the nightingale's cool-evening trill.
Those spirit-breaths rustling the leaves... Ah, they
Were but the song, the laugh of bygone day.

Shade's shadow—turned again to shadow now...
Sighing, yearning to reach you... Lost somehow...
Unclench your fist. And, as the nosegay fades,
Sink back, humbly, to death's dark realm of shades.

Scarce born, Hope yields, recalls. Meek, gentle-wise...
Happy, our gaze grows wan, wanes dim... And dies.
But thank the tender Gods, who lent—this night,
For just a trice—that looking-glass of light.

NUIT

Les grands feux d'herbe sèche aux pentes des collines
Ne sont plus qu'un brasier rougeoyant qui décline.

Funéraire, le ciel ne s'est pas argenté ;
Et je vais, m'égarant parmi le bois hanté.

Je cherche dans la nuit d'automne une autre route
Que celle où, sous l'azur, nous passâmes. J'écoute

L'orgue des pins gémir un long De Profundis.
Je porte le pavot, l'asphodèle, l'orchis,

Et je jette en pleurant leur gerbe à ta folie,
Sur l'eau qui te berça, triste sœur, Ophélie.

NIGHT

Over the slopes the grass fires die a slow,
Red death, now but the embers' afterglow.

Dying, the sky, un-silvered now by day...
I wander in the haunted wood, astray,

Through autumn night, shunning the path that, here,
We took beneath the azure. I give ear...

Pine organ-pipes moan De Produndis... Swell,
Groan... I fling orchid, poppy, asphodel—

Weeping your folly—to the cradling brine,
O mad Ophelia, O sad sister mine. *

* The reader will certainly recognize the allusion to Hamlet's innocent and ill-fated lover, daughter of Polonius, destined to go mad and drown in a flowered brook.

OBSESSION

Je n'entends plus ta voix ni ton pas. Et pourtant
Je sais que tu viendras dans le soir étouffant
Et que tu frapperas tout à coup à ma porte.

Hélas ! ô mon ami, vois, je ne suis pas morte.
Je garde encor ce cœur tendre qui t'attira,
Ce besoin de blottir mon front entre des bras,
Et l'horreur de survivre en traînant, fardeau rude,
Le Souvenir, orgueil morne des solitudes.
Je suis là, dans la chambre où nous avons souri,
Où se mêlèrent ardemment nos deux esprits,
Où toute la douceur du passé, palpitante,
Suspend en vain dans l'air ses ailes, rêve et chante.

Est-ce toi qui reviens pour écouter encor
Battre mon cœur dans le silence, pauvre mort ?
Est-il donc un espoir, un désir, des chimères,
Dans l'abîme où s'effondre une forme éphémère ?
Gardes-tu le regret d'avoir trop peu de temps
Incarné le bonheur et posé doucement
Ta main sur cette main qu'en rêve tu caresses ?
Parle-moi. Quels secrets sur ta bouche se pressent
Dont je ne comprends pas les suppliants accents ?
Je ne puis te répondre, hélas ! qu'en sanglotant.

Mais comment te rejoindre en la nuit où tu rôdes
Pour réchauffer tes doigts glacés dans mes mains chaudes,
Et comment apaiser ton ombre que je sens
Bien plus proche de moi que nul être vivant ?

OBSESSION

No more your voice, no more your step I hear.
And yet I know that you will come when drear
The stifling night, come knocking at my door...

Alas, dear friend! See? I live as before;
Still mine, alive, this tender heart that drew
You to me, us together, me and you,
My head tucked in your arms... Still mine, the stark
Horror of living yet, dragging the dark,
Burdensome memory of proud solitude.
Here am I, in the chamber, now un-wooed,
Where once we smiled, where our two souls as one
Burned hot, where now our sweet past's unison,
In vain, holds still its passion-throbbing wings,
Suspended in the air and, dreaming, sings.

Is it you, poor dead soul, who came once more
To hear my heart pound through the silence; or
Is it a hope, a wish—chimeras yearning
In the abyss—a fleeting specter turning
Too soon to dust, undone? Do you miss now
The brief time happiness was flesh, and how
That hand of yours, with oh, such tenderness,
Would stroke this hand that, dreaming, you caress?
Tell me, what secrets flood your lips, that I
Understand only with a sob, a sigh...
Secrets, whose moans defy my ken, surpass
My wit's demand, hard though I try, alas?

How can I join your soul, that nightly lingers,
Nestling your frigid hands in my warm fingers?
How can I calm your death-shade, closer yet
Than souls enlaced in living tête-à-tête?

EPOUVANTE

La douleur me torture et m'écrase et m'arrache
Des cris de désespoir qui sont presque inhumains,
Et, dans la solitude étroite où je me cache,
Tord dans ses doigts mes mains.

Le serpent froid des nuits glisse dans mes vertèbres ;
L'épouvante m'éveille, et mon cœur bat si fort
Que tu devrais l'entendre au milieu des ténèbres,
Même aux bras de la mort.

TERROR

Pain tortures me, torments me, wrenches my
Cries of despair—scarce human: and it stands
Racking my hidden solitude, as I
        Clench tight my writhing hands.

Night's serpent slithers round my bones; chill fear
Jars me awake... Loud pounds my heart... Distress's
Sounds fill the dark, so loud that you can hear,
        Despite death's cold caresses.

La Coupe

(1937)

La Coupe / The Cup
La Chimère / The Chimera
Les Initiés The Acolytes
Trêve / Pause
Abeilles / Bees
Visage / Visage
Arc-en-Ciel / Rainbow
Le Courant / The Current
Bruine / Mist
Jeunesse / Youth
Clarté / Clarity
Echo / Echo
Petite Chanson / Little Song
Vieille Chanson / Old Song
La Colombe / The Dove
Guirlande / Garland
Le Sylphe / The Sylph
Les Présents / The Gifts

LA COUPE

Laisse venir à toi doucement les images;
Comme une coupe pure offre-leur ton esprit
Et qu'au cristal de l'eau dans leur fraîcheur surpris
S'inscrivent les reflets légers des paysages.

Ne bouge pas. Bientôt s'en viendront les oiseaux
Apprivoisés poser leur vol près de la coupe.
Des lézards étendront leur corps agile et souple
Au soleil ; et le ciel s'irisera dans l'eau.

Sois celui qui se tait, contemple, se recueille,
Le lac calme où s'apaise un instant le torrent
Avant de rebondir dans l'ombre en s'enfuyant
Dans un grand éboulis de pierre et de feuilles.

LA CHIMERE

De ton sang le plus pur tu nourris la pensive
Beauté de la Chimère assoupie en ton cœur.
Et la source subtile en t'épuisant s'esquive ;
Et la Chimère étend son aile avec lenteur.

Tu caresses sa forme avec amour. Tu lèves
Vers le ciel des regards avides d'infini ;
Et tu vois tout à coup se déployer ton rêve
Si vaste, si nouveau, que, toi dont il naquit,

Tu t'étonnes d'avoir créé ce monstre étrange,
Riche de tant d'ardeurs, d'élans insoupçonnés,
Et de savoir que bat, sous ses plumes d'archange,
Un peu du sang humain que ton cœur a donné.

THE CUP

Welcome the images' soft patterings...
Hold out your soul to them, like a cup, pure,
Whose water—crystal-cool—holds fast, secure,
The landscape-light's reflected glimmerings.

Hold sill. Soon come the birds perching in place
Beside that cup; and lizards, tails a-flick,
Will sun their supple bodies, lithe and quick,
As the sky shimmers on the water's face.

Be the calm lake—in silent thought, alone—
Like rumbling torrent, peaceful grown, before
Fleeing off to the shades' retreat once more,
Amid the tumbling rush of leaf and stone...

THE CHIMERA

Beauteous bird, pensive Chimera, she
Sucks your pure blood, in your heart languishing,
Drinks her fill, saps your strength, then courses free,
As she, Chimera, slowly spreads her wing.

Lovingly you caress her form. You raise
Skyward your eyes, that crave the infinite;
And suddenly, your dream, before your gaze
Unfolds, so vast that you, who fostered it,

Stand shocked to have spawned such a beast unreal,
With passions scarcely guessed, raging pell-mell,
And to know its archangel plumes conceal
Drops of your human heart's own blood as well.

LES INITIES

O prêtresse d'un culte au rite obscur, Nature,
Qui renouvelles toute chose et transfigures,
Puis détruis chaque jour ce que tu reconstruis,
Je t'apporte en offrande, humblement, mon esprit.

Apprends-lui ta sublime et simple patience.
Lui dont l'aile a parfois une envergure immense,
Il retombe toujours, comme un oiseau blessé
Loin des pics vers lesquels il s'était élancé.

Il a soif d'infini, de lumière, d'espace.
Fais descendre sur lui tes clartés et ta grâce.
Qu'il soit léger, qu'il soit rapide comme l'air,
Et souple et traversé d'ondes comme la mer.

Humble et hardi pourtant, qu'il t'approche et comprenne
Ta force, ta douceur, ta tristesse sereine,
Et, dans le grand concert aux chants multipliés,
Ce que tu dis tout bas à tes initiés.

THE ACOLYTES

O priestess Nature—cult of rite arcane—
Who transform all you touch, then yet again,
Each day, destroy all you have wrought anew,
I offer up my spirit unto you.

Teach it your patience, simple and sublime.
Its wings spread vast, over space, over time,
Ever it falls, like wounded bird, from each
Of the far summits it had sought to reach.

It thirsts for light, for space: the infinite...
Call down your grace, your wisdom unto it,
Weightless and swift as air, supple and free,
Rising and falling like the billowing sea.

Humble but bold, pray let it understand
Your calm, sweet sadness, your almighty hand;
And what your hymns, swelling your days and nights,
Whisper low to your faithful acolytes.

TREVE

Le vallon vert se courbe entre les peupliers
Dont l'automne déjà cerne les feuilles blondes,
Et dont la cime à peine en l'air semble bouger.
Tout s'apaise et sourit dans ce doux coin du monde.

Les ombres sur le pré s'allongent, de velours.
Pur silence ! Tout rêve, oublie et se repose.
Un soleil délicat glisse, à la fin du jour,
Sur les troncs élancés des pins ses lueurs roses.

Dans ce vallon feutré l'esprit triste un instant
S'allège ; autour de lui des souvenirs sans nombre,
Mollement étendus, s'endorment... Mais le vent
S'élève, et, tout à coup, fait revivre les ombres.

ABEILLES

Pourquoi dire : « Le monde en éternel labeur
N'est que lutte sanglante, implacable, cruelle.
Rien n'est créé que par la force et la douleur.
Le rêve est mort des républiques fraternelles... »

O voix qui décrétez le massacre et la mort,
Ecoutez bourdonner doucement les abeilles
Qui, sans meurtrir les fleurs, portent aux ruches d'or
Le suc délicieux des roses qui s'éveillent.

PAUSE

The valley, green, twists mid the poplar trees,
Whose blond leaves autumn has already furled,
And whose crowns scarcely rustle in the breeze.
Smiling, calm, this sweet corner of the world...

The shadow-velvet stretches meadow-wise.
Silence pure! Everything rests, dreams, forgets...
The sun slips its pink rays, at day's demise,
Gently over the slender pines, and sets.

Sad, the hushed valley's spirits rise, as there,
Soft memories without number doze... But then,
A sudden breath, gusting up through the air,
Blows life into the shadows once again...

BEES

Why say: "The world is cruel, mean-spirited,
Eternally locked in bale's bloody throes.
Nothing is spawned save with pain's deathly woes.
Brotherhood's dreams fraternal now lie dead..."?

You who say all is murder, dole and death,
Hear the bees' gentle buzz, as, from the live,
Uninjured flower they fill the golden hive
With nectar sipped from roses' waking breath.

VISAGE

Argile incessamment modelée et fragile,
Mystérieux visage humain aux mille aspects,
Que d'éclats fugitifs, que de lignes mobiles,
Jour à jour, composent vos traits !

Rien de définitif, et rien qui ne s'efface.
Sous d'invisibles doigts, lentement, lentement,
Se font et se défont la fraîcheur et la grâce
D'une face et d'un corps vivants.

Dans le profond miroir où se mirent les êtres,
Les ombres du passé les cernent d'un halo.
Et l'homme qui voudrait ne jamais disparaître
Est déjà son propre tombeau.

ARC-EN-CIEL

On n'entend sous le feuillage
Que le bruit des gouttes d'eau,
Que la cloche du village
Et qu'un faible cri d'oiseau.

Un parfum de terre fraîche
Monte des prés alanguis.
Et comme un chat le vent lèche,
Tiède et souple, à petit bruit,

L'herbe que courbe l'averse
Et les fleurs couleur de miel,
Sous les nuages que perce
Un fugitif arc-en-ciel.

VISAGE

Mysterious human visage! Versatile,
Ever re-modeled in its fragile clay...
A myriad fleeting flashes, never still,
    Re-make your features day by day.

Nothing is permanent. So slow, so slow...
Made and unmade, the freshness and the grace...
Fingers unseen fashion and knead the dough
    Into the living form and face.

In the deep mirror where we cast our eye,
The shadows of the past halo our brow.
And the man who would choose never to die
    Has quite become his own tomb now.

RAINBOW

Mid the foliage, spread pell-mell,
Only dripping drops are heard,
And the peeling village bell,
And the soft cry of a bird.

From the meadows' lethargies,
Rise aloft the fresh earth scents.
And the warm and supple breeze
Laps, with cat-like indolence,

At the grass, bowed by the showers,
As the clouds, pierced by a crescent—
Spanning honey-colored flowers—
Of a rainbow, evanescent...

LE COURANT

Les vents sont suspendus. Tout dort sur le rivage
Sous l'azur implacable et puissant de l'été.
Nul vol d'oiseau, nul frisson d'herbe ou de feuillage,
Et la rivière même est un lac de clarté.

Rien ne cesse pourtant un seul instant de vivre ;
Et sur l'eau la plus calme un visage incliné
Frémit dans le courant qui continue à suivre,
Invisible, la route où tout est entraîné.

Et l'homme qui contemple, immobile, le monde,
Avec des yeux pensifs qui reflètent le ciel,
Et qui croit s'arrêter, garde une âme profonde
Qu'attire en frémissant un espoir éternel.

THE CURRENT

The woods have stilled, the shore in slumber lies.
No trembling grass or leaf, no birds in flight...
Beneath summer's relentless azure skies,
Even the brooklet seems a lake of light.

And yet, not for a moment does life cease.
There, as the billows gently shimmer-shake,
A face bows low over the seeming peace:
Unseen, the current drags all in its wake.

And he who, motionless, stands contemplating
Life, with his sky-reflecting eyes, anon,
May think he stops, but his soul, merely waiting,
Shudders as hope undying bears him on...

BRUINE

Divine mélancolie
De la bruine, du chant
Et des parfums que délie
Aux branches des pins le vent !

Mille frissonnantes franges
Se suspendent aux rameaux.
Féerique, la mer échange
Avec le ciel l'ombre et l'eau.

Tout se confond, s'harmonise,
Dans l'enchantement du gris.
Bruine ! Nuance exquise
Et fluide du pays !

Un rais de soleil argente
Un instant le réseau fin.
Douces, douces, pleurent, chantent,
Les gouttes d'eau sous les pins.

MIST

Melancholy melodies—
Mist and song, sadness divine—
And the fragrance that the breeze
Shakes free from the boughs of pine!

Myriad fringes, shiveringly,
Hang from branches. In a trade—
Fairy-like—the sky and sea
Barter with water and shade.

Everything together stands
Blended, moist and gray: all these
Mist-bewitched, enchanted lands'
Graceful, fluid harmonies!

Beam of sunlight, silvering
Gossamer, a moment, shines
Softly, softly... Weep and sing,
Droplets strewn beneath the pines...

JEUNESSE

Rêves de la jeunesse, éclat de flots pressés
Qui se heurtent pour s'élancer à la conquête
Du monde, si légers d'être encor sans passé
Et d'affronter la mort en vêtements de fête !

L'un s'affaisse ; mais l'autre, en l'entraînant, poursuit
Le mirage éternel, et l'emporte en l'espace.
Un rêve à peine meurt qu'un autre le remplace.
Jeunesse ! Tant d'éclat qu'engloutira la nuit !

Tant d'élans pour gagner le paisible rivage
Où le flot s'étendra, las d'avoir tant lutté
Et de ne plus savoir pour quelle vérité
Il s'enthousiasma dans le vent et l'orage !

Il ne songe à présent qu'à descendre en la brume
Vers l'horizon qui jette sur lui ses filets,
Ne laissant sur la mer qu'une flottante écume
Et sur le sable nu que de nouveaux galets.

YOUTH

Youthful dreams... Waves that swell and flood, and press
Against each other, on their haughty way
To rule the world... Weightless, yesterday-less,
And facing death dressed for a holiday!

One wanes; another sweeps it up as light
Spreads its timeless mirages counterfeit.
Scarcely one dies, the next replaces it!
Youth! So much brilliance deep engulfed in night!

So many bounds to reach the tranquil shore...
The tide, now tired for having struggled so,
Has little notion what it labored for
Against the ocean's wind-spawned undertow!

It dreams now only of its final home,
Netted in the horizon's cloud-mists... And
The sea, sown only with a flotsam foam,
And flat stones strewn about the naked sand...

CLARTE

Jour d'été vêtu de lumière,
Aux transparences de cristal,
Tombé comme un présent royal
Du ciel de Juillet sur la terre,

Baigne tes beaux pieds frémissants
Dans la coupe des flots si pure
Que l'ombre elle-même s'azure
Sur ce miroir éblouissant.

Nudité, chasteté du monde,
Tes voiles flottent, emportés,
Et le jour, de sa volupté,
T'enveloppe toute et t'inonde.

Tout vibre, tout s'épanouit
Sur les eaux, dans l'air et sur terre.
C'est le règne de la lumière
Dans le royaume de l'esprit.

CLARITY

Summer day, clothed in light... The air—
Transparent crystal, heavenly boon,
Princely gift that July has strewn
Unstinting, here, there, everywhere—

Bathes your fair feet as, trembling, they
Dip in the goblet-waters, blued
So pure that shade shines azure-hued
In dazzling light of mirror-day.

World chastely nude, your veils waft to
And fro, blown on the wind, as thus
The daylight's bliss voluptuous
Engulfs you quite, envelops you.

Everything quivers, plies its reign
Over the sea, the land, the air:
The reign of light, spread everywhere
About the soul's spirit-domain.

ECHO

Au sculpteur Bouraine.

La belle nymphe écoute en la vasque profonde
Retomber le murmure assourdi des jets d'eau
Et rit d'être, inclinée au-dessus de cette onde,
Vibrante comme un écho.

Porte à qui t'entendra, Nymphe, les doux messages
Que chuchotent autour de toi ces confidents.
De l'onde qui renvoie au monde ton image,
Renvoie au monde le chant.

ECHO

For the sculptor Bouraine *

As the jets spout their waters, humming low
In the deep pool, nymph fair bends, listening,
Laughing above the billows as, just so,
    Echo-like, she stands quivering.

Bear off, O Nymph, to all those who would hear,
The waters' whispered confidence. Let it
Warble your echoing song, as they give ear
    Before your image exquisite.

---

* Highly regarded Art Deco Sculptor Marcel Bouraine (1886–1948) produced many mythological nymphs and nymph-like nudes, mainly in bronze. Several might have served as the general inspiration for this poem, especially the "Forest Nymph" (*ca.* 1920–25), or, more chronologically likely, "A Bathing Woman" of 1935.

PETITE CHANSON

Bonheur dont les pieds se posent
Tout à coup dans mon jardin,
Tu jettes sur le chemin
                Deux roses.

Doux visage que j'aimai,
Déjà quelque sortilège
T'efface... Un jour, t'oublierai-je ?
                Qui sait ?

Le Dieu qui métamorphose
Toute chose effeuille Avril.
Du bonheur que reste-t-il ?
                —Deux roses.

Que reste-t-il du chagrin
Quand Mai paraît sans nuages ?
—Pas même un soupir, cœur volage,
                Plus rien !

VIEILLE CHANSON

O nymphe que pourchasse un faune dans les bois,
Souple, tu fuis, mais tu n'es pas assez agile ;
Ton cœur bat, et, surtout, tu te laisses parfois
Troubler par les accents d'une syrinx habile.

Ecoute, le désir au loin sonne du cor,
C'est l'hallali. Prends garde aux racines traîtresses.
Mais tu plonges d'un bond dans l'onde où luit ton corps
Qui souhaite et redoute à la fois les caresses.

LITTLE SONG

Happy days... My garden-lane
Sports a present from your hand.
All at once, as there you stand:
    Roses twain...

Sweet, fair face I loved full well,
What spell now erases you?
One day shall I lose you too?
    Who can tell?

God, who transforms our domain,
Who strips April's bloom-bouquets,
What remains of happy days?
    Roses twain...

What remains of woes, heart-sore,
When May, cloudless, lights the sky?—
Fickle heart! Nor sob, nor sigh...
    Nothing more!

OLD SONG

O nymph, chased by a woodland fawn, you flee—
Lissome and lithe—but, alas, much too slow.
Your heart pounds, and the Panpipe melody
Troubles you with its rustic tremolo.

Listen! Lust sounds the hunting-horn... But oh!
Take care lest stumps trip up your comelinesses!
Lo! Down you plunge into the waves, aglow,
Squirming, yet yearning for love's sweet caresses...

LA COLOMBE

D'après Anacréon.

Retiens encor le vol tremblant d'une colombe
Dans ta main caressante. Ecoute roucouler
Sa palpitante ardeur, et de son col gonflé
S'exhaler le sanglot où son plaisir succombe.

Et puis, ouvre tes doigts qui gardaient prisonnier
L'oiseau divin dont l'aile en s'évadant te frôle,
Mais qui, peut-être, un soir, viendra sur ton épaule,
Après la fuite et le retour au pigeonnier,

Poser, bond délicat de plumes qui retombent,
Son corps où gémissait un regret clandestin ;
Et tu retrouveras tout à coup dans ta main,
Apprivoisée et roucoulante, la colombe.

THE DOVE

After Anacreon *

Hold tight the quivering dove that would go flying.
Caress it in your hand. Hear how it coos
Its eagerness, and, trembling lest you bruise
Its pleasure, how—breast-puffed—it sobs its sighing.

Then open wide your fingers that hold fast
The bird divine, whose wing grazed you in flight,
But that, perhaps perched shoulder-wise one night,
Back to the dovecote makes its way at last,

Lighting—as feathers fall, soft from above—
In gentle bound, warbling a plaintive moan
Scarce heard... And, suddenly, yearning alone,
Nestling, tame, in your hand, once more: the dove...

---

* The reference is to the Anacreontic ode XV, known in English through the translation of Thomas Moore:

> Tell me why, my sweetest dove,
> Thus your humid pinions move,
> Shedding through the air in showers
> Essence of the balmiest flowers.

GUIRLANDE

Tresse pour qui t'aima la grâce de guirlandes
          Que nul souffle n'effeuillera.
Sous les cyprès suspends verveines et lavandes ;
          Que des lys glissent de tes bras.

Du buis, du houx, du lierre, écarte le feuillage.
          N'exhume que l'éclat des fleurs ;
Et sur sa tombe même entretiens le mirage
          Où survit l'âme du bonheur.

LE SYLPHE

Vous faites palpiter si doucement vos ailes
Qu'à peine on les entend froisser l'ombre des nuits,
Qu'à peine vous glissez, la rayant d'étincelles.
O sylphe, est-ce votre âme ou votre corps qui luit ?

O sylphe, souvenir qui vous posez à peine
Dans mon âme muette, et qui la repeuplez
Comme un jet d'eau soudain repeuple la fontaine,
Doucement vous dansez sous le ciel étoilé.

Mais vous n'êtes jamais qu'un reflet éphémère ;
D'un astre éblouissant vous empruntez les feux.
Et déjà vous mourez de la mort des chimères
Dont l'aile emporte au loin le corps mystérieux.

GARLAND

Tress garlands' grace for him who loved you. Let
    No breath blow one leaf out of place.
From cypress boughs hang herb and floweret;
    Let lilies slip from your embrace.

Bare, let the boxwood, holly, ivy stand,
    Sporting only their flowers' bloom.
Let soul's contentment, spurning death's demand,
    Preserve its image on his tomb.

THE SYLPH

Your wings flutter so gently, barely grace—
Scarce heard—the muted shadows of the night,
Rustling crisscrossed in flashing sparkle-maze.
O sylph! Is that your soul's or body's light?

O sylph... Memory, faintly perched upon
My silent soul, and who replenish it
Like the jet-spout that feeds the pool anon...
Softly you dance under the sky, star-lit.

Ever a mere reflection, vanishing,
You seize a star-fire's dazzling brilliancy,
And die chimera's sudden death, whose wing
Bears off, afar, your body's mystery...

LES PRESENTS

J'ai jeté dans les flots la coupe où nous buvions,
Le miroir qu'embua, naguère, notre haleine,
L'anneau dont un matin sacré tu me fis don.
De tes présents, il ne me reste que ma peine.

Pour la tarir il faut que s'épuise en mes veines
L'afflux du sang que fit bondir la passion,
Et que s'en aille au vent mon âme à jamais pleine
De ton image et de l'écho de ton seul nom.

THE GIFTS

The cup we drank from I flung in the sea,
Our mirror too, mist-clouded by breaths twain,
The ring one blessèd morn you gave to me...
Of your gifts, none but my woes now remain.

But, of that woe, if I would staunch the pain,
My passion-pounding blood must silent be;
And windward cast, my soul, still full—in vain—
Of your name's echo and your effigy...

Mélodies

(1943)

Mélodies

Délivrance / Deliverance
Leit motiv / Leitmotiv
Cantique / Canticle
Mélodie / Melody
L'Ombre / Shadow
Sylphe / Sylph
A voix basse / Soft and Low
Danse païenne / Pagan Dance
Discordance / Dissonance
Lied / Song
Essaim / Swarm
En sourdine / Muted
Les Mains fées / Fairy Fingers

Crédo

Gardienne de colombes / She Who Keeps Doves
Colombes assassinées / Doves Struck Down
Printemps 42 / Spring '42
Un Instant / A While

Elégies

« Entre. Voici le pain, le sel, les fruits . . . » /
"Come in. Bread, salt, fruit. . . "
« Nous mettrons en commun . . . » / "Yours, mine, together . . . "
« Dans les jardins déserts . . . » / "Abandoned gardens . . . "
« Dans le verger où neigent . . . » / "Mid the white-snowing . . . "
« Dans l'enclos morne . . . » / "In the dark niche . . . "
« Ivre du paysage . . . » / "Drunk on the landscape . . . "

Guirlande pour Elia

Harmonie / Harmony

DELIVRANCE

Qui nous délivrera de nous-mêmes ? D'un souffle
Quel Dieu fera vibrer l'aile, battre le sein
Des jours où sous le poids du silence on étouffe,
Où l'âme ne peut plus supporter son destin ?

Quel passage d'étoile ou quel rire d'Ondine,
Quel sanglot déliera l'angoisse dans le vent,
Effeuillera sur l'eau les grappes des glycines,
Saura nous accorder aux rythmes du Printemps ?

Un chant de rossignol peut-être, au crépuscule ?
Ou, sous des doigts prestigieux, un concerto
Qui fera ruisseler, Musique, de ton urne
La Pitié sous l'éclat ranimé des rameaux ?

DELIVERANCE

What God will free us from ourselves? Can he
Breathe live the muted breast, shake loose the wing
Of soul's long days of stifling destiny,
And ease at last its breathless suffering?

What passing star, what Mermaid's laugh, what sigh
Will cast our anguish to the wind, and then
Strew the waves with nostalgia, blown awry,
To blend us with Spring's rhythms once again?

O Music... Nightingale at twilight? Or
A deft concerto, talent-fingered? One
Sure to pour Pity from your urn once more,
Blazing, reborn midst boughs beneath the sun?

LEIT MOTIV

La nuit chantait. L'ombre était fée. Et sous tes doigts
Prestigieux tremblait, ivre-mort, le Silence.
Tu traduisais l'intraduisible, la cadence
Du mystère qui flotte autour de nous parfois.

Tu t'élançais, planant sur les routes obscures.
Et nous, humbles, soumis, vaincus, nous te suivions,
Car tu nous transportais dans l'univers des sons
Où tout se purifie, où tout se transfigure.

Pathétique visage illuminé d'éclairs,
Ton musical génie au-dessus des paroles
Donnait à notre esprit des ailes qui s'envolent.
—Et seule t'égalait la rumeur de la mer.

Villa Bénédicte,
La Croisette.

LEITMOTIV *

Night would sing... Trembling, drunk, in fairy-shade—
Silence! And with your sovereign fingers, deft,
You voiced the inexpressible: the weft,
At times, of our wafting aura-charade.

You would leap forth, above roads tenebrous,
As we, subdued and humbled, followed your
Flight to a universe of notes, whose pure
Sounds of transfiguration sang for us. **

Sorrowful face, flashes of majesty...
Musical genius past all telling, you
Granted our spirit wings to course the blue—
And nothing matched you but the roaring sea.

Villa Bénédicte,
La Croisette ***

---

* I think we can assume the poet's spelling in two words, *leit motiv,* to be an oversight.

** It would appear that a specific musician—apparently a pianist—is referred to here, a supposition corroborated by some of the following poems. Though Périn offers no specifics, the poem "L'Ombre" ("Shadow") alludes at least vaguely to the spirit of Chopin. (See p. 507.)

*** The Villa Bénédicte was a fashionable resort on La Croisette, the elegant beachfront promenade at Cannes.

CANTIQUE

Toi qu'enivre la musique
Comme une coupe d'encens,
Qui transposes en cantique
Les moindres bruissements,

Maître incontesté des notes,
Tu détaches leurs liens
Et d'un souffle les transportes
Sur les bords élyséens ;

Tu t'exaltes ; tu découvres
Ce que l'homme en vain poursuit ;
Et tes mains divines ouvrent
Les écluses de la nuit.

CANTICLE

You, whom music's charms transport,
Incense-like; for whom each dim,
Shuddered sound of every sort,
Turns to canticle and hymn;

Undisputed master of
Every note unfurled, you come
Floating them to heights above,
Unto the Elysium.

Spirits high, at last you know
Where man vainly sets his sight,
And, with hands divine, you throw
Wide the floodgates of the night.

MELODIE

Le fragile éclat,
L'odeur d'une rose
Qu'un souffle apporta ;
Un vol qui se pose
Sur l'acacia ;

Un chant qui soupire
Au fond du jardin
Et semble traduire,
Cœur qui se souvient,
L'ancien délire ;

Un amour qui meurt,
Mais qui se délie
Sans drame, sans pleur,
Chaste mélodie
Ou souffle de fleur...

MELODY

How fragile-lived these:
Perfume of a rose
Blown light on the breeze;
Bird striking a pose
An acacia-trees;

In grove's greenery
A song sighed withal,
That brings back to me—
Heart quick to recall—
The old ecstasy;

A love's final hour,
Calm-dying amour—
No scene, no tear-shower—
Tune simple and pure,
Or breath of a flower...

L'OMBRE

Est-ce l'âme de Chopin
Qui tressaille, ou bien la tienne ?
De ce passant qui revient
D'une rive si lointaine,

As-tu retrouvé l'accent,
Les traits, l'ardeur invincible ?
As-tu renoué, tremblant,
Le pacte avec l'invisible ?

Transfiguré, tu t'en viens
Portant l'ombre souveraine.
Est-ce l'âme de Chopin
Qui tressaille ou bien la tienne ?

SYLPHE

Tu danses légèrement,
Souvenir, sylphe invisible,
Dans l'espace où l'on n'entend
Qu'un frisson d'ailes sensibles.

Tu chantes, mais si faiblement
Que parfois une âme oublie
D'accueillir de ce chant
La tendre mélancolie.

Et tu t'effaces, laissant
Ta grâce, que seuls devinent
Les très fidèles amants,
S'estomper dans la bruine.

SHADOW

Is it Chopin's quivering soul
Come a-wandering? Or yours?
Does his spirit, pole to pole,
Journey here from far-flung shores,

With a deathless passion? Is
His accent reborn between
Trembling talents—yours or his?—
Scheming with the Great Unseen?

For, transfigured, here you stroll
As, supreme, his shadow soars...
Is it Chopin's quivering soul
Come a-wandering? Or yours?

SYLPH

Blithely you go dancing round—
Sylph unseen, lithe Memory—
Shuddering in space... No sound
Save wings fluttering, fleetingly...

So slender your song, that we
Scarce, at times, can even guess
How to listen, soulfully,
To its doleful tenderness.

Vanishing, you leave behind
But your grace, that—all agog—
None but faithful lovers find,
Gently blurring in the fog...

A VOIX BASSE

De rythmes légers
Que tintent les ailes ;
Que l'ombre étincelle
Sous les oliviers.

Afin de traduire
Dans l'aube à mi-voix
De furtifs émois,
Accordant ma lyre,

Je chante tout bas.
Mais l'ultime extase
S'exprime sans phrases ;
Toi seul la diras.

SOFT AND LOW

Gentle rhythms, these...
Wings' tinkling cascade,
In the sparkling shade
By the olive-trees...

In dawn's whisperings,
When I would express
A sly blissfulness,
Tuning my lyre's strings,

Soft my ritornelle...
This last ecstasy?
Words abandon me:
Yours alone will tell.

DANSE PAIENNE

Tu danses au clair de lune,
Menue, avec les Sylvains
Rythmant de leurs sabots une
Ronde fantasque. Et, soudain,

Dans les bois tu te dérobes
Pour reparaître aussitôt
Sans voile et sans autre robe
Que tes cheveux sur ton dos.

Tu es nue, et ris, Dryade,
D'entendre à présent le chant
D'une flûte d'où s'évadent
L'âme et le désir de Pan.

PAGAN DANCE

You dance by the moon, *petite,*
With each sylvan denizen,
Beating with hoof-cloven feet
A fantastic round... And then,

Off into the woods you flee,
Only to return, as there,
Bare, you stand for all to see—
No gown but your flowing hair...

Naked Dryad, laughing, you
Hear Pan's fluted tune, afire
With his soul, come piping through,
In the heat of his desire... *

---

* In Greek mythology, the Dryads were nymphs, guardians of the forests, each of whom had a particular tree under her protection. As such, they were not infrequent objects of the demigod Pan's erotic designs.

DISCORDANCE

Les délicates nuances,
Du blanc pur à l'orangé,
Mêlent leurs frissons légers
Dans la trame du silence,

La font à peine frémir,
Et de leur ardeur secrète
A peine nacrent, paillètent
L'écharpe du souvenir.

Mais tout à coup, écarlate,
Vibrante, au-dessus du ton,
Reflet d'une passion,
Une discordance éclate.

DISSONANCE

In the weft of silence, how
Delicate the shades—pure white,
Light tan—blending in their slight,
Gentle shiverings... For now,

Scarce a shudder, fleetingly,
To betray their ardent mood;
Scarce a fleck, a flash pearl-hued,
Glints the sash of memory...

And then, suddenly, alone,
From the harmony's perfection,
One passion's scarlet reflection
Blares forth a discordant tone.

LIED

Sur l'herbe de la clairière
Aux aigrettes de cristal
Vibre le chœur musical
Des tristesses éphémères.

Hors des voûtes des tilleuls
Leurs formes pensives glissent.
Mais le clair de lune tisse
A ces ombres des linceuls.

Elles flottent, dispersées.
Et de leur souffle subtil
Demain que restera-t-il ?
—Quelques gouttes de rosée...

SONG *

In the clearing, on the grass
Crystal-tufted, trills the choir:
Music that day's woes inspire,
But that, in a day, will pass.

From the linden-grove, arch-boughed,
Pensive figures come, a-slither,
But the moonlight, wending thither,
Weaves each shadow-form a shroud.

Off they float, fading from view.
And tomorrow what will be
Left of their breath's frailty?
—A few drops of morning dew...

---

* There must be a reason for the poet's use of the German word for "song" as her title, but I am unable to offer a specific explanation.

ESSAIM

Dans les cerisiers,
Neigeuse merveille
Prête à s'effeuiller,
Vibrent les abeilles.

Tu cherches en vain
A capter, furtive,
Jeunesse, l'essaim
Divin qui s'esquive.

Tout va s'évadant
Des nids et des branches,
Abeille, aile, chant
Et molles fleurs blanches.

EN SOURDINE

Céleste répit,
Musicale trêve,
L'esprit assoupi,
            Rêve,

D'irréelles voix
Le bercent, l'enchantent,
Et comme autrefois
            Chantent.

Mais pâles, hantés
Par les voix du gouffre,
L'Amour, la Pitié
            Souffrent.

SWARM

Snow-white marvel, these
Cherry-trees, soon bare,
With their nests of bees
Swarming everywhere...

Vain, lass, your design:
Slyly though you may
Stalk the swarm divine,
Still, it slips away.

Fleeing nest and bough,
Everything takes flight—
Bee, bird, song... And now,
Blossoms, soft and white.

MUTED

Heavenly the pause
In the music's theme,
And mind—lulled—withdraws,
        To dream.

Unreal voices calm,
Charm its suffering,
Spread their timeless balm,
        And sing.

Yet, pale, haunted by
Chasm-voices, low,
Love and Pity ply
        Their woe.

LES MAINS FEES

Tu fais glisser tes mains fées
Sur les touches du Pleyel.
L'air vibre, surnaturel.
Et ton âme, transportée

Dans un domaine secret
Où mille rythmes l'accueillent,
Ecoute au cœur d'humbles feuilles
Frémir toute une forêt,

Et se délecte, éblouie
Par d'invisibles rayons,
De capter avec des sons
Un chœur de voix inouïes.

FAIRY FINGERS

With your fairy fingers, you
Glide over the Pleyel's keys *
Like some otherworldly breeze...
And your soul, transported through

Secret realms and regions, where,
Hailed with rhythms infinite,
Couched in humble thickets, it
Hears the trembling woodland... There,

Takes its pleasure—senses blurred,
Dazed by rays unseen—that thus
It can capture glorious
Voices, choruses unheard...

* Named for its founder, Austrian-born composer and piano-builder Ignace (Ignaz) Pleyel (1757–1831), the instrument bearing his name has been virtually synonymous with fine French pianos since 1807.

GARDIENNE DE COLOMBES

A Marie-Louise Delannoy

Laisse gronder autour de toi l'orage immense.
Parmi ses tourbillons
Approfondis ta solitude et ton silence.

Veille sur l'olivier ; protège la colombe
Qu'un jour à l'horizon
Tu verras s'envoler et planer sur les tombes.

Berce inlassablement, berce encor la Tendresse.
Les vents à peine morts
Le feuillage blessé s'apaise et se redresse.

Au milieu de la lutte effroyable, inhumaine,
Défends ton seul trésor :
Un esprit que jamais n'asphyxiera la Haine.

SHE WHO KEEPS DOVES

For Marie-Louise Delannoy *

Let rage the storm about your loneliness.
Deep in your silence, still,
Let whirl the eddies, swirling, merciless.

Guard safe the olive-trees; protect the dove,
Horizon-bound, that will,
One day, fly round the graves, gliding above...

Cradle life's Tenderness, unceasing. Then,
As scarce the tempest dies,
Shall the leaves, tattered, rise and live again.

Midst the barbaric struggle, ply each breath
To shield your treasured prize:
A soul that never Hate shall choke to death. **

---

* Research fails to identify the dedicatee. Whatever her connection to Périn, one wonders, given the subject, if she raised doves or perhaps homing pigeons, a not uncommon practice of the period.

** Given the date of the collection (1943), one has to assume that allusions in this poem refer to the ongoing hostilities of World War II.

COLOMBES ASSASSINEES

Rauque roucoulement, colombes, vous chantiez
Sous le ciel couleur de pervenche,
Sur le rebord du toit ou dans les oliviers
Dont frémissaient déjà les branches.

Déjà dans les vergers le vent sournois, d'un bond,
Effeuillait les blanches promesses ;
Et dans l'ombre de la maison nous entendions
L'écho du cri des prophétesses.

Mais tant que s'élevait votre roucoulement
Parmi l'aérien feuillage,
Qu'aurions-nous craint ? Des souffles les plus menaçants
L'Amour défiait les présages.

La Paix luisait, source vive entre les rameaux,
Mêlant sa rumeur pastorale
Au bruit du vent qu'à peine écoutaient les oiseaux,
Quand se déchaîna la rafale.

La foudre a tout à coup frappé l'arbre innocent ;
Et des chanteuses obstinées
Sur le sol gît le plumage souillé de sang...
—O colombes assassinées !

DOVES STRUCK DOWN

You, doves, now throaty grown, who once would sing *
    Under the periwinkle sky,
On olive branch—a-tremble, quivering—
    Fluttering roof-ward, perching high...

About the house hovered a shadow, blear;
    A stealthy gust was stripping clean
Orchards' white hopes... Echoing, we could hear
    The wail prophetic, sybilline...

But while your cooing filled the leaf-blown air,
    Nothing was there that could go wrong!
Why fear? Despite fate's tempest-blast and blare,
    Love raised a bulwark, stout and strong!

Peace sparkled, bright. Brook gurgled midst the boughs,
    Bowing to meadows' gentle breath.
The winds, far off... Noise yet too weak to rouse
    You, doves... Then lo! The sound of death...

Lightning flashed, flying... Lashed the blameless tree...
    And on the ground, now song-less, lying
Silent, you who had warbled ceaselessly:
    Blood-spattered feathers... Doves... Dead, dying...

---

* The reader will notice, even more striking than in the previous poem, the use of the dove-metaphor to express the illusion of peace—an illusion quickly dispelled.

PRINTEMPS 42

A Claire Charles Géniaux

Une palme se balance
Mollement sur le ciel bleu.
D'invisibles oiseaux lancent
Leurs appels mélodieux.

De chaque terrasse glisse
Le souffle des orangers,
Des roses, croulant délice
De beaux jardins étagés.

Mais parmi tant d'harmonie
La douceur de vivre meurt ;
Une sueur d'agonie
Perle au front du monde en fleur.

SPRING '42

For Claire Charles Géniaux *

Softly, lithely sways a palm
Set against the sky's deep blue;
Birds unseen, in accents calm,
Peep their peaceful bill-and-coo.

Lovely gardens, terrace-tiered,
Orange-trees wafting sweet breath,
Roses' grace—long-since appeared—
Waning now, gentling toward death...

But amid such harmony,
Living's joy faces its doom:
Death-watch sweat, forebodingly,
Beads the brow of life in bloom.

---

* Claire Charles Géniaux (1879–1971) was a journalist and novelist. Born Marie Claire Mazère, she frequently collaborated with her prominent writer-husband, Charles Géniaux (1873–1931), and signed with him, variously hyphenated—usually as Claire Charles-Géniaux—a number of sentimental novels and works of North African inspiration. Later in life she espoused the causes of militant feminism and pacifism, the latter no doubt explaining Périn's dedication.

UN INSTANT

Jette un instant ce lourd fardeau ;
Souris à la beauté du monde,
Cherche encor parmi le chaos
La lueur des sources profondes.

Tout n'a pas sombré dans la nuit.
Ecarte un instant les nuées.
Voici le filet d'eau qui luit,
Source pure, âme impolluée.

Tes mains que la boue et le sang
Dans nulle lutte ne souillèrent,
Elève-les, même en tremblant,
Un bref instant, dans la lumière.

Au milieu des cris inhumains
Dont les échos du monde vibrent,
Lance un instant l'appel serein,
Le cri d'espoir d'une âme libre.

« ENTRE. VOICI LE PAIN, LE SEL, LES FRUITS . . . »

Entre. Voici le pain, le sel, les fruits, l'eau pure,
Simples mets que je veux partager avec toi.
Assieds-toi. Goûte en paix du moins la grappe mûre,
Rêve en sécurité, cher passant, sous mon toit.

Puis découvre, étonné, derrière la demeure
Nue, étroite et sans faste où se déroule encor
Ma vie, humble quenouille aux mains d'actives heures,
Les jardins fabuleux que m'accorda le Sort.

A WHILE

Throw off, a while, our onerous
Duress; smile at life's beauteous things;
Seek, midst the chaos burdening us,
The sparkling light of deep-born springs.

Everything is not plunged in night...
For a while, draw the clouds aside.
The water shines its thread of light:
Spring pure, soul still unvilified...

Your hands, unsullied yet by blood
Of struggles vile, that soil, defile—
Lift them up, trembling, from the mud
Into bright day, just for a while...

Amid the savage hue and cry,
Echoing to the world's distress,
Raise the calm call, a while, on high:
The free soul's cry of hopefulness.

"COME IN. BREAD, SALT, FRUIT . . . "

Come in. Bread, salt, fruit, water pure lie spread...
Simple fare we shall share here, you and I.
Sit. Sip the dark, rich wine... Calm, comforted,
Dream here your dream in peace, good passer-by.

Then look about, amazed, and you will find,
Behind my dwelling spare—where yet I card
And spin life's hours away—bare, humble-starred,
The fabled gardens Fate for me designed.

« NOUS METTRONS EN COMMUN . . . »

Nous mettrons en commun toutes les choses douces ;
De mille brins légers nous tisserons un nid,
—Un peu de paille, un peu de chanvre, un peu de mousse—
Au creux de l'arbre où vibreront nos chants unis.

Du cristal d'une cloche ou de l'envol d'un cygne
Nous nous enchanterons, pensifs, au bord de l'eau ;
Et nous recueillerons comme un trésor insigne
Tout ce qui semble bon, tout ce qui semble beau.

« DANS LES JARDINS DESERTS . . . »

Dans les jardins déserts, sous les platanes roux,
Les derniers dahlias flambaient dans les corbeilles ;
Sur l'eau lisse glissaient les cygnes au long cou,
                    Fugitive merveille.

Cendre rose, le soir s'effeuillait mollement.
Et nos rêves flottaient, mêlant leur fantaisie,
Leur arabesque souple et leurs chuchotements
                    Sous un ciel d'élégie.

"YOURS, MINE, TOGETHER . . . "

Yours, mine, together... Ours, each lovely thing...
And we shall weave a nest with myriad grasses—
A bit of straw, hemp, moss—and we shall sing
In the tree's hollow, as time—mine, yours—passes...

Pensive, we shall be charmed by crystal bell,
By swan a-wing at water's edge; and we
Shall gather in a treasure trove, pell-mell,
Everything good to bring and fair to see.

"ABANDONED GARDENS . . . "

Abandoned gardens, plantains russet-hued,
Dahlias—the last—flower-flames basketed,
Swans, gliding smooth in long-necked attitude...
      Marvel, too quickly fled...

The evening, ash-pink, petals stripped asunder...
And our dream-fantasies, floating on high,
In arabesques and soft-hushed whispers, under
      An elegy of sky...

« DANS LE VERGER OU NEIGENT . . . »

Dans le verger où neigent les cerisiers blancs,
Où le jeune soleil avec les ombres danse,
Peut-être eussions-nous vu croître en nous enchantant
Les lilas et les lys de notre adolescence.

Peut-être, protectrice et conjurant le sort,
Eussé-je autour de toi suscité quelque escorte
Invisible, et veillé quand tu dormais encor...
—Mais déjà sous mes pas crissent les feuilles mortes.

« DANS L'ENCLOS MORNE . . . »

Dans l'enclos morne où rien ne t'émeut, ne t'enchante,
Accueille un Souvenir qui suscite en chantant
Les beaux jardins gonflés de fleurs, d'eaux ruisselantes,
Et les longs rires d'or d'Octobre vacillant.

Rappelle-toi. Dans sa tombe d'azur va vivre
Le jour inerte ; et dans l'ombre tu croiras voir
Un papillon de feu, de velours et de cuivre
Frémir, sombre et doré, sur les ailes du Soir.

"MID THE WHITE-SNOWING . . . "

Mid the white-snowing cherry-trees, where, dancing,
The young sun's shadows frolic with its rays,
Perhaps we might have blossomed buds entrancing—
Lilies, lilacs of our youth's callow days.

Perhaps I might have spared your fated woe,
Mounted a guard unseen, about you spread,
And kept you safe as there you slept. —But no!
Beneath my feet... Leaves, crinkling... Lying dead...

"IN THE DARK NICHE . . . "

In the dark niche where there is naught that seems
To charm you, move you... Seize a Memory,
And sing to life flower-gorged gardens, streams—
Gilded October, laughing aimlessly...

Remember. Day, entombed in azure, dead ,
Will rise; and, from shadow-imaginings,
A butterfly's dark gold will, fluttering, spread
Its velvet Evening's copper-flaming wings.

« IVRE DU PAYSAGE . . . »

Ivre du paysage ainsi que d'un vin bleu,
Je passe.
L'air qui glisse, doré, sur le lac nébuleux,
M'enlace.
Je deviens fleur des prés, libellule, roseau,
Et j'erre
Dans un rayon, comme une barque sur les eaux,
Légère.
Tout m'enchante, tout vibre et danse, fol essaim
D'abeilles.
Et l'esprit qui bruit hume les derniers grains
Des treilles.

"DRUNK ON THE LANDSCAPE . . . "

Drunk on the landscape, like a wine's deep blue,
Enlaced
In the wind, gliding on lake's golden hue,
Mist-faced.
Weightless, barque on the billows bright am I,
A stray
Reed in a sunbeam, wild flower, dragonfly
At play.
Life quivers, charms... Bees dance their wild designs
Intense.
And my soul, humming, breathes deep of the vine's
Last scents.

HARMONIE

A Elia et Paul Surtel

Pastorale demeure au-dessus d'une étable,
Auprès du champ pierreux de maigres oliviers,
Entre tes murs secrets frémissait l'ineffable
Accord de l'Art, du noble Amour, de l'Amitié.

Heureux, nous partagions sur la rustique table
Les mets frugaux, les amandes, le lait caillé.
Les fifres du mistral sifflaient ; mais, impalpable
Comme le feu, l'Esprit régnait sur ce foyer.

Et tandis que montait la Parole admirable
Du Christ dans le logis humble sanctifié,
On entendait tinter dans l'ombre de l'étable
Une clarine au cou d'un mouton réveillé.

Peipin, octobre 1942.

HARMONY

For Elia and Paul Surtel *

Rocky field, olive-trees' sparse penury...
A stable, with drear dwelling-place above,
Where, trembling, dwelt—in hidden harmony,
Together—Friendship, Art, and noble Love.

Happy, we shared the frugal fare: the table's
Almonds, curds... The mistral fifed through the air,
But, like the flames ethereal, on the stable's
Hearth, we could feel the Spirit reigning there.

And, as went rising up Christ's blessèd Word
Over the humble dwelling, grace-partaking,
Soft, in the stable's shadow, could be heard
The tinkling bell about a sheep's neck, waking.

Peipin, October 1942 **

---

* Elia Duc, Périn's inspiration for the poems of "Guirlande pour Elia" that form the final section of *Mélodies,* was the wife of prominent Provençal landscape painter Paul Surtel (1893–1985). After a brief meeting in Algeria, where she was a professor of literature, the couple engaged in a seven-month exchange of daily love-letters, marrying in 1937. Their passionate correspondence, eventually published, was celebrated at the time.

** Peipin in a bucolically picturesque village in southeastern Provence. One assumes that Périn visited Elia and Paul Surtel there.

Pénélope

(1950)

Pénélope / Penelope
Danse / Dance
Transfiguration / Transfiguration
Soupir / Sighing
Clarines / Sheep-Bells
Dans la pinède / In the Pinegrove
Effeuillaison / Falling Petals
Rouvre les yeux / Open Your Eyes
Silence dans la forêt / Silence in the Forest
Vers les cimes / Toward the Peaks
Solitude / Solitude
Le Voile / The Veil
Hiver / Winter
Le Dépositaire / The Legatee

PENELOPE

Prêtant au fil léger qui glisse dans ma main
La souplesse et l'ardeur des beaux rêves humains,
Pénélope espérant l'invraisemblable grâce
D'un retour triomphal dans quelque aube, je trace
Des signes merveilleux sur le blanc canevas
Et puis je les efface. Et mon esprit s'en va
Vers les rives, vers les oiseaux, vers les aurores
De ces pays que je ne connais pas encore,
Mais dont déjà me hante et m'inspire l'éclat.
Demain, je reprendrai l'aiguille que voilà,
Et les ailes, les fleurs, sous mes doigts inlassables
Renaîtront, brilleront, diverses et semblables
Aux songes qu'en silence, obstinément, je fais.
Et tu me prêteras, Dieu caché, tes attraits,
Et tu me souriras sous le voile où sans cesse
Tu veilles sur le lys des fidèles tendresses.

PENELOPE

With human fancy's ardent-spirited
Yet supple dreams gracing the slender thread
Betwixt my fingers, I, Penelope—
Hoping against all hope, some morn, to be
Favored with a return triumphant—trace
Most wondrous figures, only to efface
Them from my loom. And lo! My spirit soars *
Off to far-distant shores, and birds, and scores
Of places yet unknown, but whose bright sky
Haunts and inspires me. And tomorrow, I
Shall take once more my needle; and the wings,
And flowers, and all manner of lovely things
Beneath my tireless fingers shall again
Shine like my stubborn, silent dreams. And then,
You, hidden God, shall smile, and grant to me
The charm-allure of your veiled mystery,
Shielding from harm my lily-pure caresses'
Endless fidelity's chaste tendernesses.

* Odysseus's long-waiting and faithful wife would put off her many suitors by spending the day spinning and, each night, undoing her never-completed work. I have no reason to assume any autobiographical implications in Périn's classical allusion.

DANSE

A René Alix

Qui danse parmi le thym ?
Est-ce un rayon, un lutin ?
Peut-être un petit lapin...

Est-ce une abeille en maraude,
Une couleuvre qui rôde,
Un lézard couleur d'émeraude ?

Je ne sais. Mais je sais bien
Que tout danse ce matin
Parmi les touffes de thym,

Que l'esprit est une abeille,
Un lutin qui s'émerveille,
Un souple lézard qui veille,

Ou bien ce petit lapin
Qui joue et bondit soudain
Parmi les touffes de thym.

DANCE

For René Alix *

Dancing in the thyme... What? Who?
Beam of light? Sprite bugaboo?
Or you, little rabbit? You?

Bee a-buzz, betwixt, between?
Snake, a-slither, serpentine?
Lizard, sporting emerald green?

No idea... But, *entre nous,*
I know that it's all of you,
Dancing in thyme's morning dew;

That the spirit is a bee,
Sprite of wondrous witchery,
Lizard spying languidly,

And you, little rabbit? You,
Bounding as you always do,
Dancing in the thyme?... You too?

* The dedicatee, René Alix (1907–1966), was a conductor and composer of vocal, choral, instrumental, and orchestral, music, as well as the author of a book on music theory, *Grammaire musicale* (Paris, Durand, 1953). I can only assume that Périn's dedication bears witness to either their friendship or her admiration, or both.

TRANSFIGURATION

Crépuscule aux molles féeries
Qui d'un souffle as transfiguré
L'herbe même de la prairie
Et jettes ton réseau doré

Sur les feuillages immobiles
Des arbres inclinés sur l'eau
Profonde et limpide de l'Isle
Où s'en vont boire les troupeaux,

Tu donnes à ce paysage
Un éclat si pur, si serein,
Que le plus humble pâturage
Semble un rivage élyséen.

TRANSFIGURATION

You, twilight, spreading fairy-soft,
Who, with your breath, transform the very
Grass of the meadow, and who waft
Your gold net round the stationary

Leaves of the boughs, bent low and still
Over the Isle's clear waters, deep, *
Where come and go, drinking their fill,
The herds of cows, the flocks of sheep...

You clothe this glimmering space outspanned
In brilliance, calm and pure, wherefore
Even the humblest pastureland
Shimmers like an Elysian shore.

---

* There is no indication in the original to what "isle" Périn is referring. A later poem in the collection, "Au long des chemins creux", not translated here, is dated September 1945 at the Ile aux Moines, one of two islands in the Gulf of Morbihan, off the southern coast of Brittany. It is not impossible that the present poem was also penned there.

SOUPIR

Dans le jardin désert où te cherchent mes pas
On n'entend qu'un sanglot roucoulé de colombe.
Nulle feuille n'appelle une feuille tout bas,
Nul jet d'eau dans la vasque en pleurant ne retombe.

Est-ce sous ces cyprès que tu t'es endormi ?
A leur ombre, immobile, incertaine, je n'ose
Que murmurer ton nom, humblement, mon ami...
Mais ton nom, soupiré, fait frissonner les roses.

SIGHING

This barren garden where I seek your trace... *
Only the sobbing warble of a dove
Moans low: no calling, leaf to leaf, through space;
No jet falling in teardrops from above...

Is this the cypress-grove of your repose's
Endless sleep? In its shade I scarcely dare,
Sighing, whisper your name, my friend... And roses,
Hearing that name, waft, quivering, in the air...

---

* Périn provides no details as to the object of her graveside pilgrimage, in all likelihood her second husband, artist Daniel Réal, who died in Menton in 1931 (see p. 365). She does, however, seem to have traveled about considerably during this period, as evidenced by a number of poems signed in various locations, notably in the southeastern town of Montélimar, in the *département* of Drôme, whose proximity to Menton suggests the probability that her stays there were for visits to his grave.

CLARINES

A Mme Georges Day

Ce grelot qui danse
Au cou d'un mouton,
Ecoute, en cadence,
Au loin lui répond
Le son des clarines
D'un autre troupeau
Qui sur la colline
Semble être un écho.

Ecoute ! Je chante
Dans l'ombre, et parfois
Mon âme s'enchante
D'entendre la voix,
—Sur une autre rive
Invisible, au loin—
D'une âme attentive
Qui vers moi s'en vient.

SHEEP-BELLS

*For Mme Georges Day **

Sheep-bell dangling, hanging
Round a neck... Out there,
Comes an answer, clanging.
Sheep on hillside, where
Other sheep-bells ring...
Bells... Bells by the score—
Ringing, echoing—
Echoes, nothing more...

Listen! Hear my voice's
Shadow-song. At times,
My soul, awed, rejoices,
Hears a soul that rhymes
With my own!... Rings clear—
Unseen, out to sea—
Lends an eager ear,
Wends its way to me...

---

* Research notwithstanding, I can offer no information about Mme Georges Day, or, indeed, her husband, other than the fact that the latter, whom I assume to have been an *homme de lettres,* was co-dedicatee, with writer Jacques Duron (1904–1974), of Périn's collection *Regards vers l'ombre,* in which the present poem appears.

DANS LA PINEDE

A M. et Mme André Isambert

Ecoute le long bruit des vagues sur la grève
Et les fifres du vent qui sifflent dans les pins.
Accorde en ton esprit la cadence des rêves
Et ces rythmes sereins.

Qu'il soit comme une harpe éolienne où tremble
Au moindre souffle un chant grave et mélodieux,
Et que les souvenirs et les songes s'assemblent
Et dansent sous tes yeux.

Dans ce bois d'où l'on voit le flot d'un golfe antique
Briller entre les pins qui dominent les eaux,
Où le silence même est comme une musique.
Où l'air est plein d'échos...

IN THE PINEGROVE

For M. and Mme André Isambert *

In drifts the tide... Hear it lapping the shoal,
As the fife-breezes stir the pines. Let your
Soul tune their cadence calm to dreams, that roll
    Like waves upon the shore.

Let it chime like the wind-harp, swaying free,
That, at the slightest breath, hums low, sweet sighs;
Let all your memories, every fantasy,
    Dance there before your eyes.

Woodland beside an ancient bay... Grove rife
With pines astride bright-shining billows, where
Silence itself is music come to life,
    And echoes trill the air...

* Research has failed to identify these specific family members (see p. 89).

EFFEUILLAISON

A la mémoire de Louisa Paulin

Molle chute sur le sol
De pétales dont le vol
Comme des ailes se pose,
Ou qui flottent un instant
Et s'esquivent dans le vent...
De ta grâce exquise, rose,
Molle chute sur le sol !

Ah ! s'effeuiller sur la route
Où, seule, une source écoute
Les plus infimes des bruits,
Comme une fleur dont l'haleine
Révèle la chute à peine
Sous la lune, dans la nuit...
—Ah ! s'effeuiller sur la route

A l'heure où le rossignol
Invisible chante, fol,
L'Amour qui métamorphose
L'humble pierre en diamant
Et l'âme en arôme, en chant :
—Haleine de molle rose
Ou trille de rossignol !

FALLING PETALS

In memory of Louisa Paulin *

Falling softly to the ground,
Petals strewn and scattered round,
Settling, fluttering like wings,
Or aloft, at liberty,
Floating, breeze-blown, gusting free...
Rose, you gracefulest of things,
Falling softly to the ground...

Ah! To shed my petals here,
Where a lone brook lends an ear
To the murmuring hush of night...
Like a flower, whose failing breath
Scarce reveals its fall to death,
There, in moon's dim shroud of light...
Ah! To shed my petals here,

When the nightingale's sweet sound
Trills—unseen, unnerved, love-bound—
Round the sorcery he sings:
Stone-to-diamond alchemy,
Soul turned fragrant melody...
Rose breath—gracefulest of things,
Nightingale's low-warbled sound...

---

* A number of my translations from the lyrics of Louisa Paulin (1888–1944) in French and Occitan, can be found in my *French Women Poets of Nine Centuries: The Distaff and the Pen* (Baltimore, The Johns Hopkins University Press, 2008).

ROUVRE LES YEUX

Sur le chemin, toi qui, sacrilège, somnoles,
Laissant autour de toi s'effeuiller les corolles
Sans t'enivrer de leur parfum, de leur éclat,
Rouvre les yeux, le monde éblouissant est là.
Tout ce qui s'exaltait en traversant ton âme,
Tout ce qui se prenait, frémissant, à la trame
Des mots magiciens et transfigurateurs,
Les rythmes, les reflets, la joie et la douleur,
Regarde, écoute : tout est là qui luit et vibre.
Rien n'a rompu le miraculeux équilibre
Des milliers d'astres gravitant autour de toi.
Redécouvre en chantant les ineffables lois ;
Ah ! trouve encor les mots qui captent les nuées
Et le mystérieux sillage de la fée
Que nul autre en passant sous les pins n'aperçoit
Et qui, pourtant, subtile, a dansé dans ce bois.

Le Panelier
Août, 1946

OPEN YOUR EYES

For shame! You, dozing while the dizzying scents
And sights of flowers, in their lush redolence,
Surround you, as their petals fall, unfurled!
Open your eyes. There lies a dazzling world...
Everything that went shuddering through your soul—
The weft of magic-working words, the whole
Tapestry's weave of rhythms, sparks, joys, woes...
Look! Listen! Everything glimmers and glows,
A-shimmer and a-shiver... Everything,
Still a part of the wondrous balancing
Of the vast, myriad stars revolving round
About you... Find again in song's rich sound
Their laws ineffable. Yes, find once more
The sorcery-words to seize the clouds, that soar,
Mist-born, above the wake a fairy leaves—
Fairy no other's passing eye perceives
Among the pines... That no one else could see,
Though she went dancing, deft, from tree to tree...

Le Panelier
August 1946 *

* Le Panelier is a historic guest-house in the south central Auvergne *départe-ment* of Haute-Loire. In 1942–43 it was celebrated for playing host to Camus, recuperating from tuberculosis, during World War II.

SILENCE DANS LA FORET

Entre les troncs des pins à peine la lumière
Laisse filtrer la grâce exquise d'un rayon ;
Et dans le clair-obscur mordoré, glauque et blond,
A peine un souffle émeut les palmes des fougères.

A peine un vol d'insecte, un cri faible d'oiseau
Rompent l'enchantement que mille mains secrètes
Tissent dans la forêt où quelque dieu s'apprête,
Svelte, à jaillir entre les pins et les bouleaux.

Au charme de ce bois solitaire sensible
L'âme que nul regret, nul cri ne hante plus,
Comme une biche glisse entre les troncs moussus
Et boit le frais silence aux sources invisibles.

Le Panelier

SILENCE IN THE FOREST

The woodland pines' exquisite grace becalms
The air; a slim light-shaft comes piercing, bold,
Midst the boughs' dim-blond chiaroscuro's gold...
Scarcely a breath ruffles the ferns, the palms;

Scarcely an insect's flight, a bird's slight peep,
To break the spell a thousand secret hands
Weave in the forest, where some lithe god stands
Among the birch and pine, ready to leap...

Touched by the charms of such wood-wildernesses,
The soul, freed from regrets, and sobs, and sighs,
Slips betwixt moss-clad barks and sips—doe-wise—
Cool silence from the unseen springs' recesses.

Le Panelier *

---

* See p. 553.

VERS LES CIMES

Pour Yves

Tu tailleras ta route en plein roc. Les sapins
Dresseront sur les monts leurs cimes orgueilleuses ;
Et tu t'exalteras d'être dans le matin
Tel qu'un arbre où la sève bout, mystérieuse.

Hors des routes tu t'en iras, escaladant
La pente où sous tes pas s'écrouleront les pierres,
Et, dédaigneux de tout ce qui fuit en rampant,
Tu laisseras siffler à tes pieds les vipères.

Vers les sommets et vers l'azur tu monteras,
Dépassant la forêt qu'un souffle pur anime ;
Et ta soif des hauteurs se désaltérera
Dans la coupe de neige où luit le lac des cimes.

TOWARD THE PEAKS

For Yves *

Through the rock you will hack your way. The trees
Will raise vain heads atop each lofty peak;
You will delight in morning mysteries
Of gurgling sap: pine standing proud, unique...

Over the crumbling stones you will climb high—
Far from all life's soul-humbling paths—and, fleet
Of foot, spurn all that crawls... With scornful eye,
Leave sprawling vipers hissing at your feet...

Up to the mountaintops... Up will you rise
Above the woods' pure life-breath, there to slake
Your thirst for heights, your thirst for azured skies,
Quaffing snows' cup, where gleams the summits' lake.

---

* See p. 89.

SOLITUDE

Tu t'en vas par la nuit noire,
Sous la pluie et dans le vent,
Ressassant la vieille histoire
De la route et des errants.

Où frapper ? Et quelle porte
S'entr'ouvrirait devant toi ?
Dans tes vêtements tu portes
La Solitude et l'Effroi.

Hululement de chouette...
Hurlement de chien perdu...
Dans nulle auberge quiète,
Hélas ! tu n'es attendu.

Va pourtant, cherche une route
Qui te mène au Paradis.
Pauvre solitaire, écoute :
Un vol d'ange te conduit

Quand ton esprit ressuscite
Aux soirs les plus désolés,
Sur les plaines les plus tristes,
Les mirages étoilés.

SOLITUDE

Off through rain and wind you go
In night's shadows, and you ponder,
Timeless, the scenario
Of the road, of those who wander...

Where to knock? What door, ajar,
Welcomes, beckons...? Solitude,
Fright... Your very garments are
Wrought of lonesome, fearsome mood.

Lost hound's barking, baying, growling
Screech-owl's doleful, mournful din...
No inn's peace, midst all the howling,
Where you might be taken in...

On you go. Seek far and near
For the path to Paradise.
Poor thing! Come and lend an ear:
Listen! Angel's flight will rise,

Guide your soul to breathe new life—
Drear the nights and out of tune,
And the meadows, sadness-rife—
In mirages, starlight-strewn.

LE VOILE

Si par delà la mort il est encor des fêtes
Où se rejoignent ceux qu'elle a cru délier,
Je n'irai pas vers la clairière où les poètes
Récolent l'asphodèle et cueillent le laurier.

Je descendrai ver le sous-bois aux blonds feuillages
Où glissent, deux à deux, tenant toujours tressés
Le myrte, la verveine et la rose sauvage,
Les couples que l'Amour, jadis, tint enlacés.

Je ne porterai pas d'orgueilleuse couronne,
De sceptre, de flambeau, mais laisserai flotter
Le voile encor fleuri de mauves anémones,
O mon ami perdu, que tes mains ont tissé.

THE VEIL

If, beyond death, there are still feasts where may
Yet mingle those she thought she could dispel,
I'll not go to the poets' grove, where they
Gather the laurel and the asphodel.

I shall go to the brush, of flaxen hue,
Where—with wild rose, verbena, myrtle-tressed—
Couples, soft-treading, hushed, come two by two,
Couples whom Love, time past, held breast to breast.

No haughty scepter, torch, crown shall I bear,
But, rather, shall let waft upon the breeze—
O friend now lost!—the flowered veil I wear,
That your hands wove of mauve anemones... *

* While Périn offers no mention of her specific "friend now lost," Daniel Réal, no doubt, her allusion to the anemone confirms the sentimental nature of her loss and the yearned-for conquest of death. Among other attributes, legend had it that the flower, symbolic of lost love, had sprung from Venus's tears when she was weeping for the dead Adonis, immortalized in its open petals.

HIVER

Sous le ciel tu n'es plus qu'un arbre sans feuillage,
Tes fleurs, jadis pourtant, neigèrent sur le sol.
A ton ombre, jadis, vint s'abriter un Sage,
Et, caché dans ton nid, chanta le rossignol.

Quels fruits as-tu produits ? Quelles vives abeilles
Tirèrent de tes fleurs leur miel ? Et quel destin
Te laisse dépouillé, désormais, toi qui veilles
Encor, bras étendus, ce soir, sur le jardin ?

La neige, un jour prochain, viendra couvrir tes branches.
Du Passé tu seras le spectre étincelant.
Tu dresseras dans l'air ta silhouette blanche
Pour éblouir encor une fois le passant.

Qu'importe ! Ceci fut : les ailes, le ramage
Qui bruissait dans l'aube où tout semblait si beau...
Le rameau le plus nu se souvient du feuillage
Et suscite en ses nids déserts un chant d'oiseau.

WINTER

Sky-spread, you are now but a tree stripped bare.
Back then, your blossoms snowed over the ground;
Back then, a Sage sat in your shade. The air
Sang with the nesting nightingale's sweet sound.

What fruits sprang from your boughs? What sprightly bees
Sucked honey from their blooms? What fate-duress
Has doomed you, flayed you, standing guard with these
Outstretched arms, on night-garden's nakedness?

Soon snow will cover them. Phantom-vedette,
The Past once more will shine on you; the sky
Will gleam with your white-glistening silhouette,
And dazzle yet again the passerby.

No matter! So it was: wings, warblings dealt
Their sounds at dawn. So fair seemed everything!
Now, barest bough, remembering how leaves felt,
Stirs empty nests... And, once more, birds shall sing.

LE DEPOSITAIRE

Pour Emmanuel Isambert

Je ne serai sans doute un jour dans ta mémoire
Qu'un nom par d'autres répété,
Le personnage d'une histoire
Comme Petit Poucet ou Chat Botté...
Je ne serai plus rien qu'un nom dans ta mémoire.

Je ne te verrai pas grandir, petit enfant.
Je n'ai jamais penché mes yeux vers un visage
Plus doucement, plus tendrement.
Et pourtant j'ai chéri beaucoup d'autres visages
Passionnément.

A nul être je n'ai légué ma ressemblance,
Vainement j'ai cherché mes traits sur d'autres traits...
Mon tout petit enfant qui danses
A présent sur la route où près de toi je vais,
M'enchantant de la danse,

Toi que je puis serrer un instant dans mes bras,
Est-ce toi le mystérieux dépositaire
Du rayon qui ne s'éteindra
Que pour renaître, un jour, plus vif, sous les paupières
De l'enfant inconnu qui me ressemblera ?

THE LEGATEE

For Emmanuel Isambert *

One day a name is all you'll have of me,
A name recalled, pronounced... Not much...
Like hero of the nursery—
A Puss-in-Boots, or a Tom Thumb, or such...
Only a name is what you'll have of me.

Dear child, I'll never see you grow apace.
Never have I reached low my eyes' caress
More gently on another face,
Though I have loved with passion's tenderness
So many a face.

To no one have I willed my countenance,
Much though I've sought its likeness, fresh and new...
Dear little child, who do your dance
Along the path that now I tread, and who
Entrance me with that dance;

You, whom I hug in fleeting vis-à-vis...
Are you the legatee mysterious
Of the light that will die, to be
Reborn one day in eyes more splendorous
Of child unknown, and who will look like me? **

---

* See p. 89.

** I follow Périn in this curiously free-form poem—among the freest of her repertory—with its varied syllable-counts, its rhymes, and its intentional repetitions.

Bretagne

(1951)

Pipeaux / Pipes
Dimanche / Sunday
Sur la place du village / On the Village Square
Bretonnes / Breton Women
Paysage / Landscape
Sous-bois au bord de l'océan / Underbrush by the Ocean
Crépuscule / Twilight
O vent ! / O Wind!
O mélancolique pays… / O Melancholy Land…
Houle / Swell
« Rentre au port . . . » / "Return to port . . ."
L'Arche / The Arch
Marine / Seascape
L'Oiseau posé / The Perched Bird
Mer montante / Rising Tide
Les Ephémères / The Mayflies
Le Goéland blessé / The Wounded Gull

PIPEAUX

Un peu de pluie, un peu d'eau divine du ciel,
Flûtes et pipeaux qu'on écoute
Frémir à petit bruit, presque immatériel,
Dans la poudre des routes…

Un peu de pluie, un peu d'air frais sur les plateaux
Où ce souffle menu délivre.
Frémissants et mouillés, tous les parfums enclos
Parmi les herbes ivres,

Ivres de ce peu d'eau chuchotante et du vent
Dont se délecte le feuillage ;
Un peu de pluie, un peu de musique, le chant
Mineur du paysage…

DIMANCHE

Dimanche… Sur le quai passent les jeunes filles
Et l'on entend siffler et rire les garçons
Dans la salle de danse où déjà s'éparpillent
Au son d'un aigre biniou les airs bretons.

Quelques vieilles, en coiffe blanche et robe noire,
Assises à l'abri d'un bateau renversé,
Ressassent lentement leur monotone histoire
Ou parlent à mi-voix des marins trépassés.

Mais les vieux, pipe aux dents, remâchant l'amertume
D'être sans force alors que leurs yeux restent clairs,
Sur la digue où s'écrase en paquets mous l'écume
Regardent inlassablement s'enfler la mer.

PIPES

Some rain, some drops divine falling on us...
    Flutes' and pipes' muted tremolos
On dusty country roads, seem vaporous
        In their pianissimos.

Some rain, some cool air on the plateaus' crest,
    Where, as this breeze's frail breath passes,
It wafts its scents, trembling and moist, sweet-pressed
        Betwixt the drunken grasses...

Drunk on the drops, the wind, whispering along
    The foliage's revelry...
Some rain, a little music, landscape's song,
        Sung in a minor key...

SUNDAY

Sunday... Along the quay the girls pass by;
One hears the lads laughing and whistling there,
Inside the dance-hall, where a bagpipe's wry,
Sour notes go sprinkling many a Breton air.

Old women—white coif, black dress, neckerchief—
Slowly retell their stories, on and on,
Sitting beside a beached, overturned skiff,
Or whisper tales of sailors, dead and gone.

Old men suck on their pipes, drone their distress
At flesh grown weak—though clear their glance, sharp-eyed—
As, on the dyke splashed with foam's gentleness,
They watch the waves, untiring, swell the tide.

SUR LA PLACE DU VILLAGE

Le plus humble village a dressé vers le ciel
Sur la place, au milieu de ses maisons serrées,
Ou devant l'horizon, symbole essentiel,
          Le granit d'une croix sacrée.

"Souffre..." dit cette croix aux bras écartelés,
Et le Seigneur, le front penché, murmure : "Espère."
Ainsi jaillit d'un phare au fond des soirs voilés
          Le rayon dont la mer s'éclaire.

Et le pêcheur s'en va sur les flots en priant ;
Et la femme s'en va vers la lande infertile.
Mais sur les marches du calvaire un jeune enfant
          S'assied, et rit aux vents hostiles.

ON THE VILLAGE SQUARE

Even the humblest village raises high
Amongst the houses on the square—pressed taut,
Each to the next, or stark against the sky—
    A sacred cross of granite wrought.

Unerring symbol, this! With arms spread wide,
"Suffer!" it says. But, head bowed, "Hope!" sighs He,
Our Lord... Thus does a beacon light the tide
    Despite veiled night's obscurity.

Off goes the fisher, praying, on the brine;
Off goes the woman to the barrens bare...
But, a lad, on the steps before the shrine,
    Sits and guffaws at winds' gruff air.

BRETONNES

Femmes au dur visage où de précoces rides
Dans le hâle du teint ont tracé leurs sillons,
Les Bretonnes que courbe tôt la terre aride
En gardant leurs troupeaux sur la lande s'en vont.

Le front penché, les doigts actifs, elles tricotent.
—Un mouton bêle et tourne autour de son piquet.—
Elles remontent du lavoir de lourds paquets
Ou, puissamment, retournent d'un geste les mottes,

Sans savoir que leur forme étroitement s'inscrit
Sur l'horizon, mêlant la pensive mémoire
Des femmes sous la coiffe et dans la robe noire
A l'émouvante nudité de ce pays.

BRETON WOMEN

Harsh-faced, wrinkled before their time... The sun
Furrows the Breton women's brows, bent low
By the unkind and arid moor, each one...
Tending their grazing flocks, they come and go.

Heads bowed and busy-fingered, there they sit, *
Knitting... A bleating lamb, tethered, winds round...
They bear armfuls of wash, or dig the ground,
Firmly turning the soil and working it,

Not knowing that their silhouette must be
Ever etched on the sky, in never-ending
Memories of headdress, black garb, blending
Starkly with this land's stunning nudity.

---

* I preserve Périn's subsequent change of rhyme-scheme here, though it seems to serve no artistic purpose.

PAYSAGE

Un ciel délicat
Couleur de bruine ;
Dans l'ombre l'éclat
D'une eau cristalline ;

Des hêtres autour
D'une humble chapelle
Qui niche le jour
Dans son clocher frêle ;

Silence où l'oiseau
Jase, où le feuillage
Bruit comme l'eau…
—Le doux paysage !

SOUS-BOIS AU BORD DE L'OCEAN

Une complexe odeur d'amande et de résine
Naît des ajoncs en fleurs, des bruyères, des pins,
Se dilate au soleil, flotte, se dissémine,
Suave encens, dans la fraîcheur de l'air marin.

Trilles d'oiseaux, bourdonnements de mille insectes,
Et, comme un luth qui vibre à peine, l'océan,
Accordent en secret leurs voix dont se délecte
Le silence qui rêve et sous les pins s'étend.

A qui fut consacré ce bois dans un autre âge ?
Son clair-obscur est demeuré mystérieux
Et tel qu'on croit entendre, aux abords du rivage,
Sur le sable craquer le pas léger des Dieux.

LANDSCAPE

Fragile sky, mist-grayed,
Delicate... And in
A flash, in the shade,
Brooklet crystalline...

Round the chapel, beeches
Standing in full height...
Humble spire, frail, reaches
Up in nestling light.

Silence... Chirping bird,
Dry leaves, rustling hiss,
Water-like, scarce-heard...
—Gentle landscape, this!

UNDERBRUSH BY THE OCEAN

A rising scent—almond and resin, born
Of heather, budding reeds, and pines combined—
Wafts in the sun, floats on the briar-thorn.
Incense, calm, in the cool sea air entwined...

Birds trilling, insects—thousands!—buzzing... And,
Like a lute, strings light-strummed, the humming sea...
Voices in tune: a hidden pleasure-land,
Standing beneath the pines, dreams silently.

Whose sacred woods were these in times before?
Their chiaroscuro mysteries lie spread,
And one can almost hear, skimming the shore,
Crackling over the sand, the Gods' dim tread.

CREPUSCULE

Le crépuscule bleu de lin qu'à peine argente
Un reflet du soleil effondré dans la mer
Renverse autour de nous sa coupe transparente
Sous laquelle s'allonge une ombre, lézard vert.

Mais regarde, là-bas, sanglante, une buée
Monte d'un invisible et puissant encensoir,
Et l'orient voit naître au milieu des nuées,
Ronde, la lune orange au-dessus des caps noirs.

O VENT !

O vent du large, vent des plaines souveraines,
Dans les liens du soir mollement attaché,
Bondis ! Tu n'es pas né pour vivre sous les chaînes
          Ni mourir dans la volupté.

Dans l'immobile azur gonfle les grands nuages,
Cortège fantastique ou déploiement d'oiseaux
Dont neige en tourbillon le délicat plumage
          Sur le sommet nu des plateaux.

Ebranle l'orgue et gronde au milieu de l'espace.
Tout t'appartient : le roc hautain va s'écrouler
Et l'humble fleur se courbe en tremblant quand tu passes,
          Terrible, dans ton char ailé.

TWILIGHT

Linen-blue twilight, lightly silvered—flecked
With glints of sun, sinking low to the sea—
Cupping the land, transparent-domed, bedecked
With lizard-shadow green, stretched languidly...

But there! Blood-orange, round, and draped in shrouds!
Mist, from some smoldering censer, vast, unseen...
And the east sees the moon born midst the clouds,
Cast on dark headlands, strewn betwixt, between...

O WIND!

O wind blown from the sea! Wind from the plains
Supreme, soft-fettered in night-loves' excesses!
Leap free! You were not born to live in chains
    Or to die in voluptuousness's.

In azure peace, clouds swell in grand design—
Cortege fantastical!—or bird-tableaus
Cast round their whirling snows of feathers fine
    On the bare peaks of the plateaus.

Let organ blast, let air resound. The sky—
All space—is yours! The haughty cliff cannot
Withstand... Meek flowers bow, tremble, when you fly,
    Fierce, in your wingèd chariot...

O MELANCOLIQUE PAYS !...

O mélancolique pays !
Des champs d'ajoncs, de la pierraille
Autour du village, toits gris
Presque écroulés sur les murailles...

La bruine étouffe le vent
Dans sa défroque de fantôme.
On n'entend plus le grincement
Du grand moulin coiffé de chaume.

Mais du Raz vient l'appel plaintif,
Le meuglement de la sirène,
Et tout le village est captif
D'une invisible souveraine

Qui l'opprime et jette sur lui
Le spectre noir de ses rafales
Ou l'enserre en les filets gris
De ses bruines infernales.

O MELANCHOLY LAND...

O melancholy land! Fields, bare
Save for their reeds and pebbles... Gray
Village rooftops, beyond repair,
Ready to crumble, worn away...

A drizzle muffles, soft, the gale,
Clad all in ghostly rags; hushed still,
Now, is the grating, scratching wail
Once creaked by the great thatch-coifed mill.

Pointe du Raz*... A threnody—
Moans, groans a siren *en sourdine*—
And all the village seems to be
In the thrall of a power unseen

That lays it low, attacks, besets
It—phantom garbed in black—persists,
Clutching it in its drab web-nets
Of hell-spawned gusts and spectral mists.

* See p. 241.

HOULE

L'espace est alourdi de stagnantes nuées ;
A peine un flot ronge la grève, et vibre, et gronde.
Les furieuses déesses exténuées
Reposent un instant dans leurs grottes profondes.

Mais le vent s'engouffrant aux cavernes du ciel
Ebranle tout à coup les nuages qui croulent
Et, jetant aux échos son redoutable appel,
Fait courir sur la mer l'effroi des grandes houles.

« RENTRE AU PORT . . . »

Rentre au port. La tempête a dévasté la côte.
Que cherches-tu dans l'ombre au milieu des récifs ?
Ta voile se déchire et sur les rochers sautent
Les grands monstres marins qui te feraient captif.

Dans ces gouffres jamais n'ont chanté les Sirènes ;
Tu ne dormirais pas entre leurs bras divins.
Il n'est au fond des mers secrètes qu'une traîne
De goémons visqueux, de funèbres jardins.

Regarde : une lueur brille en vain sur la lande ;
Tu ne distingues plus les écueils submergés.
Rentre au port ; il n'est plus de chants ni de légendes ;
Entends monter des flots les cris des naufragés.

SWELL

Heavy, space lies beneath a stagnant shroud;
Scarcely the tide moans, quivers, gnaws the shore.
The fury-goddesses—tired, bent, and bowed—
Take their rest on the grottoed ocean floor.

But then the surging wind—swooping within
The caverns of the sky—crumbles, and fells
The clouds, raises the echoes with its din,
And spreads over the sea its dreaded swells.

"RETURN TO PORT ..."

Return to port. The coast is tempest-thrashed.
Why do you haunt the shadowed, shoal-bound deep?
Slashed is your sail... Over the rocks, gale-lashed,
The monsters that would seize you bound and leap.

Never in these gulfs, did the Sirens sing:
You shall not sleep in their embrace divine.
No. In the seas' dark depths lurks not a thing
But sea-wrack slime, gardens of death's design.

Look! A light glimmers from the moor... In vain...
No more can you discern the reefs, sea-tossed.
Return to port. Songs? Legends?... Never again!...
Hear, rising from the flood, cries of the lost...

L'ARCHE

Dans le couloir obscur creusé par l'eau tenace,
La mer se précipite et tournoie en grondant ;
Gerbe d'écume, elle a franchi l'étroite passe,
Arche future où s'appuieront nos descendants
Pour contempler le large au-delà de la grève
Enfermée à présent entre de hauts rocs noirs.

—O patience ! O rude effort, espoir et rêve !
L'eau s'acharne, obstinée, à forcer ce couloir...

MARINE

Sous un réseau d'écume enfle ta masse sombre
Et gronde, flot d'argent noirci ;
Le vent d'automne accourt, jetant son aile d'ombre
Dans le ciel obscurci.

Le fantastique amas des nuages s'écroule
Et ruisselle sur la mer
Qui se soulève et roule en son immense houle
Ces naufragés de l'air.

THE ARCH

In the dark channel hollowed by the sea,
The rushing water snarls, swirls, ominous...
Great foam bouquet, it gushes stubbornly,
Leaps the scant space... For those come after us—
Eyes fixed beyond this cliff-bound oceanside:
An arch on which to lean and gaze one day.

Patience! Keen efforts! Dreams, hopes... As the tide
Struggles, unbowed, to carve the passageway...

SEASCAPE

Silver-black flood, your dark mass swells and growls
    Under a net of froth. On high,
Casting its shadowed wing, autumn wind howls
        Against the hidden sky.

Solid cloud—sight phantasmagoric!—crumbles,
    Showering on the ocean, there
Below... Heaving, tossing, with rolls and rumbles,
        The flotsam of the air.

L'OISEAU POSE

Comme un oiseau posé sur le sommet d'un mât,
Va, replie un instant tes ailes frémissantes,
Désir ivre de ciel et qui toujours aimas
Parcourir dans l'espace une invisible sente.

Tu ne touches pas terre ici ; mais cependant
Tu contemples de loin le port aux maisons grises ;
Immobile, tu suis le lent balancement
Qu'imposent au bateau le flot, la moindre brise.

Et déjà tu sens naître en toi l'immense essor
Qui t'emportera loin des barques et des voiles,
Vers la roche sauvage où tu niches encor,
N'ayant pu t'évader jamais jusqu'aux étoiles.

THE PERCHED BIRD

Like a bird perched atop a mast, O my
Desire, fold back your wings, you who would trace
With trembling joy your unseen path, and fly,
Drunk with the ecstasy of sky and space.

Lighting not on the land, you fix your gaze
Upon the somber houses standing there
In port, motionless on your mast, that sways
With each wave, each mere breeze blown on the air.

And even now you feel surge in your breast
That flight from sails, boats, sweeping you afar,
Off to that savage cliff, where you still nest,
With never a hope to reach your distant star.

MER MONTANTE

La mer monte en s'épuisant ;
Déjà son rythme chancelle
Et sur le sable elle étend
Plus mollement sa dentelle.

Depuis l'aube elle a bondi,
Inlassable, vers la rive.
Le soleil luit. C'est midi.
Mille rayons la poursuivent.

Elle cède ; elle s'endort
En dénouant ses sandales,
Ivre du terrible effort
Qui sur sa couche l'étale.

Elle dort. Si peu de temps !
—Quand elle monte, sait-elle
Qu'après le sublime élan
C'est la descente éternelle ?

RISING TIDE

Weakening, the stumbling tide,
Rising, rolls in on the land,
And, now calm and pacified,
Spreads her lace astride the sand.

Since dawn, raging tireless, surging
Shoreward... Noon... She reaches it,
With sun's myriad rays converging,
Urging her to rest a bit.

She agrees... Yields... Takes a nap,
Loosening her sandal-strings,
Lying in the shoreline's lap,
Muddled from her buffetings.

And she sleeps. Not long, however!
After her new high sublime,
Doesn't she know life is ever
"Rise... Fall..." Till the end of time?

LES EPHEMERES

Le sous-bois tout peuplé de formes fugitives
Fait courir dans le vent l'ombre après la clarté,
Et l'on voit frissonner sous les pins argentés
Mille lueurs, mille reflets qui se poursuivent.

Le silence est vrillé par les cris des oiseaux
Qui, pressentant déjà le proche crépuscule,
Du froissement léger de leurs ailes bousculent
Et font trembler longtemps la cime des bouleaux.

Dans un poudroiement d'or vibrent les éphémères.
—Ame impalpable et presque semblable au rayon,
Serais-tu rien de plus qu'un frêle moucheron
Qui semble se nourrir, en dansant, de lumière

Morgat.

THE MAYFLIES

Flitting specks in the underbrush abound
As the shade, wind-swept, fades dusk's dimming shine...
Glimmering at the feet of silvered pine,
Myriad glints of glitter, flittering round...

Birds' chirpings drill the tranquil calm, who sing,
Sensing approaching twilight, innocently
Flapping their wings against the birches, gently
Rustling their topmost branches, fluttering...

Flickering gold-dust, now, the mayflies' flight...
—O soul, impalpable as sunshine's ray,
Might you be but the gnat, who live the day,
Dancing in air and feeding on the light?

Morgat *

* See p. 367.

LE GOELAND BLESSE

Les vagues l'ont jeté, demi-mort, sur la grève ;
Il tourne encor vers l'océan son œil voilé.
Il grelotte, frileux, et pourtant se soulève,
Tout pantelant, et tente en vain de s'envoler.

Qui le frappa ? Quel plomb sacrilège et barbare
Osa briser l'essor qui possédait le ciel ?
L'immense goéland que nul risque n'effare
Planait, et dans le vent lançait son rauque appel.

Sans peine il fendait l'air sous l'amas des nuages.
Tout l'espace à ce roi semblait appartenir.
Et voici que, blessé, jeté sur le rivage,
Il replie humblement ses ailes pour mourir.

O désir d'infini, sauvage plénitude,
Hantise des palais de cristal et d'azur,
Chastes essors vers les plus vastes solitudes,
Goélands évadés parmi les souffles purs,

Fuyez ! Un œil jaloux guette, aux plis de la lande,
Sur la barque, l'îlot ou le roc écarté,
L'instant où dans le ciel en un grand vol s'étendent
Les ailes des oiseaux ivres d'immensité.

THE WOUNDED GULL

The surf cast him, half-dead, upon the sand;
Yet seaward still he turns his pain-dimmed eye.
Shivering, chill, he does his best to stand,
Panting, and—bravely, vainly—tries to fly.

Who shot him down? What sacrilege of lead
Barbaric caused this lithe sky-master's fall—
This great gull, dauntless, who, blithe-spirited,
Soared on the winds that cawed his raucous call?

How leisurely he rent the cloud-decked air!
The heavens seemed his domain—this erstwhile king
Who, humbled, folds his wing in dark despair,
Waits by the shore for death's stark reckoning...

Thirst for infinity! Swooping gulls, you,
Who haunt ice-castles' crystal purity
In facile flight, sweeping the azure blue,
Climbing the winds' chaste height, alone and free,

Fly! Flee! For—lurking on the skiff, the isle,
Tucked on the moor, the cliff—an eye, askance,
Patiently spies its chance... In but a while,
Broad wings spread wide, drunk on the vast expanse...

D'une chambre ouverte au ciel

(1953)

Mistral / Mistral
Legs / Bequests
Epine noire / Black Thorn
Nocturne / Nocturne
Source / Fount
Flottilles à l'ancre / Fleet at Anchor
Couchant / Sunset
Brume / Mist
Phares / Beacons
Crépuscule / Twilight
L'Etoile / The Star
Blancheur / Whiteness
Joie / Joy
Flamme / Flame
Coup de mistral / Mistral Attack

MISTRAL

A Elia et Paul Surtel.

Le mistral qui régnait sur les monts dépouillés
Emplissait de ses souffles purs le paysage,
Tordait comme une flamme d'argent l'olivier,
Grondait, torrent ; fifre, sifflait ; dansait, feuillage.

L'ombre même n'était qu'un long hululement.
Mais dans le havre étroit et sûr de la demeure
L'âme, écoutant gémir les cascades du vent,
En silence buvait aux sources qui demeurent.

Peipin.

MISTRAL

For Elia and Paul Surtel *

Roundabout, the mistral, majestically, **
Blew sparse the summits with its chaste breath, prancing,
Twisting like silver flame the olive-tree...
Fife, whistling; torrent, roaring; foliage dancing...

Even the shade was a long, mourning moan.
But the soul, in home's haven—snug, secure—
Listening to the winds' cascading groan,
Drank, silent, from its founts, forever pure.

Peipin ***

---

* See p. 535.

** The reader will recognize the mistral as the violent northwest wind that, characteristically cold and dry, blows down through Provence to the Mediterranean, and that also gave its name to the iconic modern Provençal poet Frédéric Mistral (1830–1914). My use of the adverb "majestically" takes advantage of the word's etymology, meaning "masterly" in Occitan.

*** See p. 535.

LEGS

A Flora Högman

Pour qu'un passant s'arrête, un jour, extasié
Devant sa floraison fragile,
Sur la colline j'ai planté cet amandier
Avec mes mains débiles.

Pour qu'au seuil du verger, un jour, quelque inconnu
Se délecte de figues mûres,
J'ai fait croître un jeune figuier sur le talus
Au bord de la clôture.

Et pour toi qui viendras, lorsque je dormirai,
Jouer du pipeau sous mes chênes,
Petit pâtre, j'ai fait jaillir du roc muet
L'écho d'une fontaine.

BEQUESTS

For Flora Högman *

Hoping that, on this hill, some passerby
Will take delight, one day, to see
Its fragile filigree, weak-fingered, I
Planted this almond-tree.

Hoping that, one day too, some stranger might
Savor ripe figs, by orchard's edge,
I grew a fig-tree from a sprout, set tight
Beside the garden-hedge.

And, shepherd lad, when I must lie, asleep
Beneath the oaks... For you, who bring
Your pipes... For you, sprung from rock-silence deep,
The murmur of a spring.

---

* A child of the Holocaust, Flora Högman was born in 1935 to Czech-Jewish parents. Hidden and protected by various French families—the last of whom, Swedish publisher Carl Högman and artist Andrée Karpelès, adopted her after her mother's death at Auschwitz—she was, eventually, to emigrate to New York in 1959, where she would become a clinical psychologist.

EPINE NOIRE

Déjà Février dissémine
La brume où s'estompaient tes bras,
Rameau noir hérissé d'épines,
Vivant ou mort… On ne sait pas.

Des mille facettes du givre
Un seul rayon t'a dépouillé,
Et nu, menaçant, tu ne livres
Rien du rêve en ton cœur scellé,

Rien du souffle chaud qui réveille
La sève aux veines du bois noir
Ni de l'indicible merveille
Qu'en secret tu peux concevoir.

Mais soudain dans l'aube s'exhale
Ta ferveur, en dépit des ans,
Et tout couvert de blancs pétales
Tu t'éblouis d'être vivant.

BLACK THORN

Dim February's mist lies spread
In fog blurring your limbs... Black bough,
Spiked round with thorns... Living or dead?
No one can quite be certain now.

A single ray cast by the sun
Dispersed frost's myriad glitterings.
Menacing, bare, you disclose none
Of your heart's dream-pent fancyings,

None of that warm breath that can wake
Sap in the veins of blackened wood,
Or of the miracle—opaque—
That secretly you understood.

But suddenly, come dawn's first light...
Despite the years, still passion-rife,
You stand once more, clad petal-white,
Dazzled before your newborn life.

NOCTURNE

Deux amants enlacés dans l'ombre d'un jardin…
O vertige, délice, extase… Il n'est plus rien
Pour eux qui ne s'anéantisse en cette étreinte.
—T'en souvient-il ? La nuit palpitante était ceinte
Du bras voluptueux du Printemps endormi,
Et tu passais en t'appuyant sur ton ami.
L'odeur des buis mouillés et des premiers narcisses
Flottait autour de vous… O vertige, délice,
Extase ! Entre vos mains jointes vous étreigniez
Le monde. L'ombre ouvrait des yeux émerveillés.
Le rire, le sanglot mêlés sur votre bouche,
Vous étiez à la fois si tendres, si farouches,
Et vous voyiez, les yeux mi-clos, entre vos cils,
Des palpitations d'astres… T'en souvient-il ?

SOURCE

Cette source cachée en ton âme, entends-la
Si pure, frissonner comme une aube. Là-bas
L'air souple t'apportait le parfum des lavandes,
L'odeur du buis, du thym, des fraises, de la menthe…
Source ! Jaillissement d'onde au creux des rochers,
Rire de l'ombre, éclat des verdures rayé
Par le verre filé, fluide des cascades,
O source, redis-moi d'anciennes ballades
Où je retrouverai l'écho mystérieux
Des profondeurs, le chant d'un invisible dieu.

NOCTURNE

Two lovers in a garden-shade embrace...
O dizzying ecstasy! This face-to-face,
This sheer delight... Nothing left is there now
For them but this... Do you recall? And how
Night lay asleep as Spring throbbed low its charms,
Enlacing you in bliss-enraptured arms,
And how, as you caressed your lad, there spread
Moist boxwood fragrance, hovering round your head,
With the perfume of first narcissus? O
Dizzying ecstasy! Your hands—below,
Above—pressed, clasped the world between. Night's shade
Opened wide-wondering eyes. Sobs, laughter played
Together on your lips. You two, so wild,
Yet tender... You—so fierce, so meekly mild—
Peeked through your lashes, eyes dimmed, and saw all
That shimmering of stars... Do you recall?

FOUNT

That fount within your soul, deep hidden... Hear
How pure it murmurs, like a dawn... How clear...
The supple breeze brought you the fragrant scent
Of boxwood, thyme, mint, strawberry, redolent
Lavender... Trickles spurting to cascades
From rocks' recesses... Fount of laughing shades
And bursts of green, striped with the twists and flows
Of liquid glass... Fount! Sing me once more those
Lays of the deep. Let me their echoes glean:
Mysterious singing of a god unseen.

FLOTTILLES A L'ANCRE

Départ de voiles et de mâts
Dans le crépuscule améthyste...
La mer tout à coup s'anima.
Pourquoi mon cœur fut-il si triste ?

Plus n'iront errer sous le vent,
Ailes blanches, coque légère,
Mes flottilles souples rêvant
D'un port lointain dans la lumière.

La chaîne grince au long du quai,
La voile pend, le mât se brise,
Et la mer jette un lourd paquet
D'écume dans la barque grise.

FLEET AT ANCHOR *

In amethystine twilight, rife
With masts and sails about to spread...
Why, when the water came to life,
Was my heart so dispirited?

Nevermore will my supple craft,
Wind-blown, go wandering where they might,
Dreaming of sun-bathed port—fore, aft—
Lissome of keel and winged in white.

The chain goes clanging on the quay... **
Mast cracks... Sail, ragged in the spray,
Sagging low, as the heavy sea
Hurls foam against my barque, sea-gray...

---

* I translate the title in the singular, more faithful to the scenario, I think, than the poet's curious plural.

** The reader will appreciate that, notwithstanding its spelling, the word "quay" rhymes in English with "sea," not with "spray" and "gray" of succeeding lines.

COUCHANT

Contre le ciel d'un bleu de lin
Les blonds transparents et les cuivres,
Le roux, le chrome, le carmin
D'orgiaques rayons s'enivrent.

Entrelacs de soleil, d'azur,
Vibre, flamboie, Esprit que guette
La mort et son cortège impur.
Dans cette fantastique fête

Où l'or spiritualisé
Aux veines de l'ombre circule,
Sois l'arbre jailli du brasier
Où s'effondre le crépuscule.

Annecy

SUNSET

Against the sky, flax-flower blue:
Transparent gilts and coppers... Spree
Of ruby's, chrome's, vermilion's hue,
Drunk in a glut of revelry...

Azure and sun entwined, sky-spanned...
Flames trembling... Spirit stalked and trolled
By death and her vile minion-band
In this phantasm-feast of gold,

Coursing, distilled, through shadows' veins...
Pray be the tree, forever growing,
Sprung from the brazier's ash-remains,
Where now must sink the twilight, glowing...

Annecy *

* Situated in the *département* of Haute-Savoie in south-eastern France, close to the Swiss border, Annecy is a picturesque tourist resort on the lake that bears its name.

BRUME

Comme une barque vaporeuse
Au fil de l'eau lisse s'en va
Flotter mollement sous les yeuses
La brume glisse. Le ciel bas

Argente l'herbe des prairies
Et les arbres des vergers roux.
Invisible, un oiseau pépie.
Tout est mélancolique et doux.

Et l'on entend frémir à peine
Au-dessus des sentiers mouillés
Où le vent épuisé se traîne
Les fantômes des peupliers.

Sommeille, apaise-toi, ma vie ;
Laisse flotter quelques instants
Tes souvenirs, tes rêveries
Sans dévoiler leurs yeux changeants.

Et que nul éclat ne précise
Tout ce qui dort sous le réseau
De la brume à l'âme indécise
Où pépie en rêve un oiseau.

Guîtres.

MIST

Like one of those haze-shrouded skiffs
Gliding over the smooth sea... So,
In floats the mist, grazing the ifs,
And hovering... The heavens hang low,

Silver the russet orchard-trees,
Becloud the meadow-grasses, and—
Unseen—a bird's trilled melodies...
Sweet melancholy fills the land.

As the wind lopes along, above
The fog-moist paths, ruffling the air,
One scarce can hear the shudder of
The phantom poplars swaying there...

Slumber in peace, my life... Like these
Mist-beings, for a few moments, may
Your memories, your reveries,
Eyes closed, conceal their fickle play.

And may no sudden flash make clear
To soul somnolent what lies deep
In doubt, haze-netted, bleak and drear,
Where peeps a dreaming bird, asleep...

Guîtres *

---

* See p. 365.

PHARES

Certains jours on se sent las et triste à mourir.
On ne peut plus porter aucun fardeau. Tout croule.
L'ombre s'étend ; la nuit totale peut venir
Et la mer recouvrir la terre de ses houles.

Le gris sombre du ciel se mêle au gris de l'eau.
Tout se confond, tout va s'éteindre, disparaître…
On n'a plus même un geste, un appel, un sanglot.
On laisse aveuglément s'anéantir son être.

Mais regarde : le vent et la mer conjurés
Et ta douleur n'ont pu créer de nuit si noire
Que ne puissent, dans un éclair, la traverser
Les rayons allumés, très loin, en haut des phares.

BEACONS

Certain days, one feels deathly low, so sad
That burdens are too much to bear. You see
Things crumble, night-shades spread... Nor ever had
Waves' dread engulfed the earth so utterly.

No flailing arms... No sob, nor wail, nor cry...
The sky's glum gray and the sea's gray are one.
Everything disappears beneath that sky...
Blindly, you let your being go all undone.

But look! Your woe is not so dire, nor are
Conspiring wave and wind able to keep
Those beacon-lights' bright fire—burning afar—
From sweeping through the night sky, dark and deep.

CREPUSCULE

A André Germain

Vois, les flambeaux du jour sur les monts se concertent
Pour jeter sous les pas de la nuit leurs trophées.
Mais dans le lit profond d'une combe déserte
Tu t'enivres de clair-obscur aux ombres vertes,
De mousse, de fontaine et de torche étouffée.

Gorgé d'azur, tu guettes l'impalpable cendre
Qui neigera d'un ciel aux langueurs d'élégie
A l'heure où le rayon clignotant va descendre
De la première étoile à l'orient surgie
Ainsi qu'un regard d'ange évadé d'une orgie.

TWILIGHT

For André Germain *

See how day's hilltop torches now conspire
To fling beneath the footfalls of the night
Their trophies! Yet, still drunk on your desire,
In barren vale's green-shadowed darkling light,
You gorge on fount, on moss, on muted fire.

Glutting on azure, you await the snow
Of phantom ash that, from the languorous skies,
Will fall with elegiac pace, as, lo!
The first star blinking in the east will rise
Like fleeting orgy-glance from angel-eyes. **

---

* André Germain was the author of literary appreciations of Aragon, Gide, and Proust. (See especially his *De Proust à Dada* [1924].) It is possible that Périn admired his anti-World War I sentiments, which she appeared to have shared, at least in her collection *Les Captives*.

** Although the poet's change in rhyme scheme between the two stanzas (ababa/ababb) has no obvious formal justification, I follow it in my translation.

L'ETOILE

Ame éprise de lumière
Un mur clôt ton horizon
Et tu te sens prisonnière
Dans une morne maison.

Ici nul rayon ne danse ;
Ici nul éveil d'oiseau.
Seul le glas dans le silence
Ebranle parfois l'écho.

Pâle, muette, transie,
Les regards emplis d'effroi,
Où te blottir, Poésie ?
Sous quel arbre, en quel sous-bois ?

Nul ne sait que tu grelottes
Auprès d'un poêle brûlant
Ni qu'en secret tu sanglotes ;
Nul ne t'entend, mon enfant.

Viens ; nous monterons ensemble
A ma chambre, sous les toits.
Dans le ciel nocturne tremble
Le feu d'une étoile... Vois...

Montélimar, février 46.

THE STAR

Soul in love with light, a wall
Pens you in the dark, as thus
You lie prisoner in the thrall
Of this house lugubrious.

Here no beam of dancing sun;
Here, no waking bird, no bell,
No sound breaks the silence... None
Save, at times, the mourning-knell...

Poetry! Pale—in the chill
Silence, cowering in the hush—
Under what tree, fearful, will
You lie still? What underbrush?

No one sees you shiver—though
Hot the stove, burning there near you—
Nor that you sob, hidden... No,
No, my child. For none can hear you.

Come... Let us go, you and I,
Climbing to my attic nook.
Far off, in the evening sky,
Burns a trembling star... Come, look...

Montélimar, February 1946 *

* See p. 545.

BLANCHEUR

Reste frileusement dans ta demeure. Il neige.
Le silence est sur toi posé comme un oiseau
Qui n'ose plus chanter, mais dont l'âme s'allège,
En se taisant—mieux qu'en chantant—de son fardeau.

Dormiras-tu ? La nuit est plus douce à ton âme
Dans sa candeur de lys qu'un somptueux couchant.
Et tu vois s'estomper, se transmuer les flammes
De ta mémoire en tourbillons de flocons blancs.

JOIE

Ne cherche pas de mots pour traduire ta joie.
Le torrent chante, à plein gosier, sous le ciel bleu,
Si jeune encor ! Il chante, danse, se déploie
Cascade, au flanc du précipice, aventureux.

Et, fil fluide, intarissable, la fontaine
Livre son âme au vent, bruit au moindre appel.
Mais le beau lac, caché dans la montagne, à peine
Frémit, car dans sa coupe il reflète le ciel.

WHITENESS

Huddle at home, you who so fear the cold,
The falling snow... Silence lights on your head
Like bird who dares not sing, grown soundless-souled—
Unburdened—in the calm hush, quieted...

Will you sleep? Sweeter to your soul is night—
Lily-pale innocence—than burnishing
Sunset's lush-glowing flames, blurred by the white
Flakes in your mind's eye, whirling, eddying...

JOY

Seek no words to express your joy. So young—
Blue-skied—the torrent sings, full-throated, dances,
Rushes headlong, astride the cliff, unstrung,
Unfurled... Cascade adventuresome advances,

Forming an endless liquid thread, fed by
The falls... Soul bending to winds' merest will...
And hidden mountain-lake, beneath the sky
Reflected on its face, serene and still.

FLAMME

Pour Annette et Fernand Dauphin

Dans le feu j'ai jeté le bouquet de bruyères
Qu'ensemble nous avons, un jour faste, cueilli.
La flamme l'emporta, rien ne l'ensevelit.
Comme un parfum il flotte encor dans la lumière.

Souvenez-vous de la senteur qui sous les pins
Naissait, montait de tant de brindilles, de plantes !
Tout était harmonie et beauté sur les pentes
Du mont d'où l'on voyait briller la mer, au loin.

Pensifs, les jours passés dans leur gangue s'endorment.
Ah ! ranimons leur souffle exaltant, leur éclat,
Et, comme ce bouquet qui dans le vent flamba,
Que tout beau souvenir en flamme se transforme.

Supercannes.

FLAME

For Annette and Fernand Dauphin *

I fed the fire with one of those bouquets
Of briar we picked one happy day together.
Vanished now, borne off by the flame, the heather
Still floats, perfume-like, on the sunshine's rays.

Fragrance rose high beneath the pines, and all
About the hill, plants' fragrance filled the air.
Beauty and harmony were everywhere.
And far off shore, the sea... Do you recall?

Bygone days sleep, enwrapped in pensive slumber...
Ah! But to rouse their breath once more... Flared bright
As that bouquet, fired by the wind... We might
Transform to flame fair memories without number!

Supercannes **

---

* See p. 175.

** Usually written now as two words, Super Cannes is the elegant hill section overlooking the Côte d'Azur resort, where Périn apparently wrote this poem, even more luxurious today than in 1953, date of its publication.

COUP DE MISTRAL

A Angèle et Marcel Warnimont.

Sur le plateau le vent martyrisait les branches,
Dépouillait l'amandier de ses jeunes amandes,
Jonchait le sol des pétales roses et blancs
De la couronne et des guirlandes du Printemps.
Tout chancelait : les fines feuilles transparentes,
La rose, la glycine et les plus humbles plantes,
La cime fracassée et l'herbe du sillon
Et l'âme en proie à l'implacable tourbillon.

‡‡‡

Mais voici que tout s'ordonne
Avec grâce ; tout rayonne,
Feuilles et fleurs délivrées
De ces serres acérées…
Et l'âme qui s'extasie
Comme le Printemps oublie
Que le mistral lacéra
Son beau rêve et l'emporta.

Mougins

MISTRAL ATTACK *

For Angèle and Marcel Warnimont **

On the plateau the bitter wind was stripping
Young almonds from their boughs, untimely ripping
Roundabout—here, there—covering the ground
With Springtime's pink-white petals, garland-crowned.
Everything shook: fine, slender leaves of rose,
Tender wisteria... Even the plateau's
Most humble grasses roared and rumbled, whirled,
Tumbling their soul about in storm unfurled.

‡‡‡

But soon, with accustomed grace,
Everything falls back in place,
Radiant... Leaves, flowers, rescued from
Racking, steel-clawed martyrdom...
Soul ecstatic, like the Spring,
Soon forgets the plundering
Of its sundered dreams, a-scatter,
Mid mistral's gust, gale, and clatter.

Mougins ***

---

* See p. 595.

** Efforts to identify the dedicatees, apparently members of the widespread Warnimont family with likely roots in Luxembourg, have been unsuccessful. Likewise, a specific reason for Périn's dedication.

*** The village of Mougins, in the hills close to Cannes, has long been a favorite retreat for prominent personalities, especially musicians and artists. (Picasso spent the last years of his life there.) Like all of southern France, it often falls victim to the mistral. I suspect—admittedly with no proof—that these Warnimonts may well have been casual acquaintances who shared Périn's experience during one of its attacks.

Paroles à l'enfant

(1954)

La plus belle aventure

Ronde / Roundelay
Chagrin d'enfant / Child's Woe
Pas légers / Light Tread
« Près de toi . . . » / "Close to you . . . "
Printemps / Spring
« Dans tes beaux yeux . . . » / "Deep in your pretty eyes . . . "
« Ouvre ta porte . . . » / "Open your door . . . "

Aubes et aurores

La Chaîne / The Chain
Convoitise / Greed
Luxembourg d'antan / The Luxembourg of Yesteryear
Source / Fount
Vœu / Wish
Incantation / Incantation
L'Etoile filante / The Shooting Star

RONDE

Sous les arbres du parc frivole
Tournent les rondes des enfants,
Et de leur rythme, ingénûment,
Un peu de bonheur vrai s'envole.

Tournent les rondes des enfants...
Rose ou blanche la mousseline
S'enroule autour des jambes fines,
Petits plis et petits volants.

Rose ou blanche la mousseline
Dans l'ombre où rit du soleil blond
S'enroule, entraînant des rayons,
L'éclat de la joie enfantine.

Dans l'ombre où rit du soleil blond
Minois jolis et grâces frêles,
Sans but, sans souci, sans querelles,
Pour le plaisir tournent en rond.

Vichy

ROUNDELAY *

In the park's tree-shade, frolicking,
Little ones dance their roundelay,
As, in their innocence at play,
Pleasure goes fluttering on the wing.

Little ones dance their roundelay,
All muslin—pink, white—flounced a-swirl,
Furled round thin legs, each boy and girl,
Dancing day's joyful hours away.

All muslin—pink, white—flounced a-swirl,
Shadows in sun's blond-laughing sound,
Furled round, as rays flash and resound
Amid their gentle joys a-whirl...

Shadows in sun's blond-laughing sound,
Pert, dainty, friendly little faces...
No quarrels, cares... Mere pleasure graces
Their sheer delight as they dance round...

Vichy

* If the reader finds this poem familiar, it is because it is previously included elsewhere. (See p. 85.) Convinced of the obvious—that no translation is ever definitive—I offer this version as well. *Decidat lector.*

CHAGRIN D'ENFANT

Ce soir, un gros chagrin a gonflé ton cœur tendre,
Petite, un gros chagrin... Et l'on a ri, disant :
Chagrin d'enfant qu'apporte et remporte le vent...
Et nul ne s'est penché vers toi pour te comprendre.
Tu nous as regardés avec de grands yeux sombres
Où le reproche, la tristesse et le mépris
Mêlaient leurs feux secrets. Et tu n'as plus rien dit.
Mais entre nous et toi s'étendit un peu d'ombre.
Pourtant je me souviens d'avoir jadis pleuré
Comme toi, longuement, pour quelque bagatelle.
O mes peines d'enfant ! vos puériles ailes
Pesaient lourd sur mon cœur avant de s'envoler.
Enfant, pardonne-moi. Lorsque la Douleur pose
Sa main de reine obscure et puissante à ton front,
Nous n'avons pas besoin d'en savoir la raison,
Car des pleurs répandus toujours grave est la cause.
Reviens ! Je me tairai... Puis au creux de mes bras
Je te dorloterai jusqu'à l'heure irisée
Où, soudain arc-en-ciel des larmes apaisées,
Un neuf espoir à l'horizon scintillera.

CHILD'S WOE

Tonight your heart swelled with a grievous woe,
Little miss... Yes, a grievous woe! We grinned
And said: "Child's woe flies on the fickle wind!"
But none of us bent low to ask you... No,
Not one... And you looked up with somber eyes—
Fire-lit within—open wide, with an air
Of sadness, of reproach, as we stood there
Not caring what had been the what's, the why's
Of your chagrin. And you said nothing more.
But, betwixt us, a shred of shadow crept,
For I could well remember when I wept,
Like you, over some trifle, years before!
O childhood woes of mine! Your youthful wings
Weighed heavy on my heart before they spread
In flight! Forgive me! When Pain bows your head
And, like some queen arcane, harrows and stings
You, brow held low... Why ask the cause? You cry?
Enough! Come... No more shall I say, but will
Lull, comfort you till tears have wept their fill,
And new hope sparkles in your rainbowed sky.

PAS LEGERS

Pas légers d'un enfant dans la maison pensive,
Rire timide ainsi qu'un clavier effleuré
Dans l'ombre... O le recul de la joie impulsive
Sur le seuil de la chambre où la mère a pleuré...

On sent qu'il ne faut pas parler haut. On s'étonne,
—Si fugitifs étaient les chagrins du passé !—
De découvrir un mal qui dure et que personne
Encore entre ses bras n'osa prendre et bercer.

On hésite... Et pourtant on avance en silence ;
Une petite main frôle la joue en pleurs
D'un geste si câlin que la détresse immense
De la mère sourit au tendre intercesseur.

« PRÈS DE TOI . . . »

Près de toi qui souris et t'éveilles, j'ai peur
De tout ce que je sais, de tout ce que j'ignore,
De tout ce qui se jette entre nous deux. J'ai peur...
Un crépuscule rose évoque en vain l'aurore.

Ah ! pouvoir appuyer mon amour doucement
Sans l'opprimer ni le meurtrir sur ton cœur tendre !
Mais je suis une femme et tu n'es qu'un enfant.
Hélàs ! Comment s'aimer assez pour se comprendre ?

LIGHT TREAD

House deep in thought... Happy child, padding toward
His mother's room... Joy premature! Light tread,
Shy laugh, like shadow-tinkled harpsichord...
But stop... Bedroom where mother's tears lie shed...

Shhh!... Keep our voices low, they said... Surprise
At finding woes' distress... But—unlike one
Of those past, fleeting griefs—one no one tries
To lull, embraced in arms' oblivion...

Hesitant, he advances silently...
Reaches out with child's hand to pat, caress her
Cheek, wet with tears... So lovingly that she,
Though deep her pain, smiles at her intercessor...*

* At this distance, the details of this personal scenario cannot even be guessed at.

"CLOSE TO YOU . . ."

Close to you—waking, smiling—I'm afraid
Of all I know and don't know: vast terrain
Of all that comes between us, I'm afraid...
My twilight, pink, calls to your dawn, in vain.

Would I could gently press my love, and do
Your heart no hurt! Ah, but my little friend,
Woman am I, and a mere child are you.
How can we love enough to comprehend?

PRINTEMPS

Le cortège léger des cerisiers en fleur
Descend en frissonnant la pente des collines.
Le bleu naïf du ciel encadre la candeur
Du paysage où la rivière aux courbes fines
Se glisse en miroitant sous les arbres en fleur.

L'aurore vient vers toi, rieuse, émue et rose,
Comme une jeune vierge au visage voilé
Qui n'ouvre pas encor son cœur, qui rêve et n'ose,
Sachant que le bonheur est l'oiseau qui se pose
Et qui, déjà, bat des ailes pour s'envoler.

« DANS TES BEAUX YEUX . . . »

Dans tes beaux yeux graves et doux
Je vois parfois renaître et rire
Ta gaîté d'enfant tout à coup.
Le passé s'éveille et se mire
Dans tes beaux yeux graves et doux.
Mais je me penche et je soupire...
L'enfant a vingt ans tout à coup.
Et ce n'est plus le même rire.

SPRING

With lightsome pace, the flowering cherry-trees,
Cortege-like, gently shudder down the hills.
Sky's naive blue wraps in simplicity's
Embrace the landscape white, where brook's curves, frills
Glide with its glints beneath the flowering trees.

Rosy dawn—laughing, fervid—comes to you
Like a young virgin, face all veiled, and who,
Dreaming, dares not her hidden heart display,
Sure what the bird of happiness will do:
Once perched, it flaps its wings... And flies away.

"DEEP IN YOUR PRETTY EYES . . ."

Deep in your pretty eyes, I see,
Reborn, your laugh, now and again,
Your childish joy, burst suddenly...
The past awakes and gazes then,
Deep in your pretty eyes... And me?
I look and sigh, and sigh again.
The child is twenty suddenly...
It's not the laugh it was back then...

« OUVRE TA PORTE . . . »

Ouvre ta porte à ceux que le sort exila.
Que sera ton foyer si l'amour ne l'éclaire ?
Ouvre ton cœur à ceux qui souffrent. De ton bras
Soutiens cet inconnu qui chancelle : ton frère.

Ne capitonne pas les murs de ta maison
Pour que n'y siffle pas le vent né dans la plaine.
Et lorsque sous ton toit des gerbes brilleront
Songe aux champs dévastés de la détresse humaine.

LA CHAINE

Quand je marche, tenant votre main dans ma main,
O filles de ma fille,
Moi qui vis tant de fois déjà sur les chemins
S'effeuiller les charmilles,

Je regarde vos yeux où mon rêve aperçoit
Des aurores nouvelles.
Et je sens que frémit sans bruit entre mes doigts
Une chaîne immortelle.

"OPEN YOUR DOOR . . . "

Open your door to fate's outcast cohort.
How dark your home with no love for another!
Open your heart to those in pain. Support
That poor, tottering nameless soul: your brother...

Don't pad your walls to shield them from the cold
Wind that comes whistling from the plain. Ah, no!
And when, beneath your roof, sheaves flash their gold,
Think of the fields laid waste with human woe.

THE CHAIN

When, with your hands in mine, I stroll with you—
          My daughter's daughters—I,
Who know so many a bower-lane, a-strew
          With leaves that fall and die,

I gaze into your eyes, dreaming, and see
          Dawns rise... Again, again...
And, in my grasp, there quivers, noiselessly,
          Life's long, undying chain...

CONVOITISE

Le petit enfant nu titube sur la plage.
La vague qui l'attire, onduleuse, il la craint.
Il tend vers le ciel son visage ;
Vers l'eau fuyante il tend les mains.

Tout s'offre à lui, tout se dérobe... Convoitise
Innocente que rien jamais n'apaisera,
Jeux où l'ombre à peine conquise
Echappe aux griffes de l'éclat...

Tout glisse, tout s'écoule entre les doigts avides,
Le sable blond, la vague... Et perplexe, surpris,
L'enfant contemple ses mains vides,
Puis, comme un homme, pleure — ou rit.

GREED

The naked tot toddles along the beach's
Rippled expanse, tempted, but—frightened—lingers,
    Face to the sky... Then, eager, reaches
    Toward the fleet waves with craving fingers.

They seem to yield, then flee this childish greed
Of his, this sport that nothing satisfies,
    As small fists flash with lightning speed
    And shadows fade before his eyes.

Everything slips between his clasping hands,
Escapes his grasp... The wonder! The surprise!
    He gazes... Where, the waves, the sands?...
    Laughs like a man... But first, he cries...

LUXEMBOURG D'ANTAN

Un petit air vieillot tourne dans ma mémoire.
La girafe, le cerf et les chevaux de bois
S'ébranlent. Et déjà, le bras tendu, victoire !
Enfilant des anneaux, l'enfant rit d'être adroit.

Les fleurs des marronniers roses sur les allées
Glissent. Le vent d'avril joue avec les pigeons ;
Et toute la douceur du printemps s'est mêlée
Au petit air vieillot qui grince, tourne en rond.

Un visage ravi de fillette s'anime,
Tacheté d'or par les caprices palpitants
De l'ombre, du soleil, du vent parmi les cimes...
—O petit air vieillot, nostalgique et touchant !

THE LUXEMBOURG OF YESTERYEAR *

A little bygone air runs round my head,
Giraffe, deer, wooden horses, child astride,
Arm outstretched... Turning... Turning... Fingers spread,
Grasping the ring, laughing, beaming with pride...

The April breeze plays with the pigeons. There,
Falling, pink chestnut blossoms strew the ground,
And all of spring's sweet breath blends with that air—
A creaking little bygone air... Round... Round...

A young girl's face sparkles to life, aglow,
Flecked gold by the caprice of shade, of sun,
Of wind, pulsing among the hilltops... O
Sweet little bygone air, longed-for, long done!

---

* See p. 71.

SOURCE

Mon petit-fils rit et chante.
Source fraîche ! Ame d'enfant
Qui babille et qui s'enchante
De jaillir en découvrant
Les ombres et la lumière
Qui mêlent dans le cristal
De l'eau pure, le mystère
Et la grâce de leur bal !

Fraîcheur dansante et nacrée,
Cascade dans le sous-bois,
De mille feuilles mirées,
De mille subtils émois,
Tu t'enivres, et tu tisses
Sans le savoir, irréel,
Pour que nos yeux s'éblouissent,
Le prisme d'un arc-en-ciel.

O promesse qui s'irise,
Source où s'abreuve l'esprit,
Voix claire dans l'heure grise,
Mon petit-fils chante et rit.

FOUNT

My grandson laughs and sings.
Cool fount! Soul of a child
Who, midst his mutterings,
Sees bursting forth, beguiled,
The crystal purity
Of light and shade, entrancing,
Joined in the mystery
Of water's graceful dancing.

Rushing cascade, you stream
Your shimmerings through the brush...
Myriad leaves a-gleam,
Myriad passions... Lush
With waters cool, a-prance,
You weave a giddy mood,
And, for our dazzled glance,
Glimmerings, rainbow-hued.

O promise! Pearl-tinged vow!
Fount where the spirit quaffs
Its fill... Dusk settles now...
My grandson sings and laughs.

VŒU

Que s'entrelacent les feuillages
Pour étouffer autour de vous
L'aboiement des meutes sauvages,
L'appel du cor, les cris des fous.

Que la mousse ouate la sente
Où vous vous enfuyez, cherchant
Un refuge dans la tourmente,
Loin des fourbes et des méchants.

Que dans la forêt solitaire,
O douce biche au cœur battant,
Le silence vous désaltère
Dans ses mystérieux étangs.

WISH

May leafy boughs about you twine,
To mute the barks of savage hounds,
The blaring horns' loud-blasting whine,
The cries of madmen's hunting-rounds.

May the moss quilt and line the lane
Where you flee, yearning for a spot
Protected from the lashing rain,
Far from the false, ill-scheming lot.

May the wood, with it lonely peace—
O gentle doe of pounding heart—
Slake your thirst, grant the calm surcease
That its mysterious pools impart.

INCANTATION

Courez dans la clairière,
Farfadets et lutins,
Apportez aux sorcières
La lavande, le thym,

La blonde camomille,
Le mélilot doré,
Les simples qui fourmillent
Dans les bois, dans les prés,

Afin qu'elles composent
De leurs subtiles mains
Avec les fleurs décloses
Un baume souverain

Pour apaiser ma Mie
Qui soupire en rêvant
Et pour qu'elle sourie
A l'aube en s'éveillant.

INCANTATION

Spirits and spiritesses,
Elves, sprites of woodland clime,
Lavish on sorceresses
Your lavender, your thyme,

Your chamomile and clover—
Simples, herbs—that abound,
In gold buds bursting over
Forest and field, all round,

So that, art-fingered, they
Might steep a precious balm
From blooms' blossom-bouquet,
To pacify and calm

My Pet—who, dreaming, sighs—
And her chagrin beguile...
Who, opening wide her eyes,
Might smile a sunrise smile... *

---

* The "pet" in question is, we may assume, one of the poet's young granddaughters.

L'ETOILE FILANTE

Peut-être quand le temps aura tout aboli
De ce qui fut mon souffle et mes traits éphémères,
A l'heure où sombrera mon nom même en l'oubli,
Une enfant ouvrira des yeux pleins de mystère.

Je pense à cette enfant qui me ressemblera,
Qui, pour voir fuir l'essaim des étoiles filantes
Parmi les champs du ciel d'été, s'accoudera
Aux rampes de la nuit devant l'ombre émouvante.

Le parfum des tilleuls montera du jardin ;
Un cri d'oiseau de nuit percera le silence.
Sur elle pèseront l'inquiétude immense
Et le trouble de l'être en face du divin.

Un cœur gonflé d'amour battra dans sa poitrine.
Elle dira : Qui donc va venir ? Et ses pleurs
Et ses chants jailliront sous la nue où s'incline
L'astre qu'engloutit l'ombre et qui jamais ne meurt.

THE SHOOTING STAR

Perhaps, when time has turned me featureless,
Breathless, with nothing left of what was me...
When my name too sinks in forgetfulness,
A child will gaze with eyes of mystery.

I think of her, looking much as I do,
Leaning against the balustrade of night,
Watching the swarms of shooting stars streak trough
The summer meadow-sky, to her delight.

The garden-breeze will waft the linden-scents...
A night-bird's cry will pierce the silence... She
Will bear the burden of the weight immense
Of facing, thus, life's sheer divinity.

Her breast will beat with a love-swelling heart.
She will say: "Who comes next?" Her songs, her sighing,
Weeping, will reach the clouds, where nods, apart,
That star, engulfed in shade... Deathless, undying...

Regards vers l'ombre

(1956)

« Un être a disparu . . . » / "A being has died . . . "
La Pente / The Slope
Dans la nuit / In the Dark of Night
Devant l'océan / Before the Ocean
La Loi / The Law
Sous un ciel serein / Under a Peaceful Sky
Soir d'hiver / Winter Evening
Dans la cathédrale / In the Cathedral
L'Etincelle / The Spark
Passants / Passers-by
Lampes / Lamps
Des Ombres / Shades
L'Enigme / The Riddle
Nobles présents / Majestic Gifts
Clarine / Sheep-Bell
Sous un ciel de Provence / Under a Provence Sky
Fraîcheur d'Avril / April Freshness
L'Invisible Grève / The Unseen Shore
Etre humain / Human Being
Feuille morte / Dead Leaf
Passant halluciné / Passer-by, Raving
Dialogue / Dialogue
« Ceux qui sont nés . . . » /
"Those who, three or four thousand years ago . . . "
Après l'orage / After the Storm

« UN ETRE A DISPARU . . . »

Un être a disparu qui chérissait le monde,
Que chaque heure écoulée éblouissait d'amour,
Dont l'âme était ainsi qu'une source profonde
Riche de mille éclats que révélait le jour.

Un être a disparu... Vers toi nulle paupière
Ne se leva plus recueillie à chaque instant,
Ne t'apporta des yeux plus rayonnants, Lumière.
Cet être a disparu... Tu luis, paisiblement.

Et pourtant plus jamais pour quelques-uns la terre
Au visage éternel n'aura le même aspect,
Car pour eux, sans recours, se voila sa lumière
A l'heure où s'éteignait le regard qu'ils aimaient.

LA PENTE

A pas lents je descends la pente
Qui conduit au royaume obscur,
Portant une manne pesante
De rameaux roux et de fruits mûrs.

Mais je vois fléchir la lumière
Et s'éteindre au long du chemin
Toutes les flammes coutumières.
Les fruits mûrs tombent de mes mains.

J'aurais pu chérir la vieillesse.
L'hiver a des couchants si beaux !
Mais rien n'égale la détresse
D'avancer entre des tombeaux.

“A BEING HAS DIED . . . ”

A being has died, who prized the world, and whom
Every hour dazzled with its love; who shone
With fount-like soul, from which, flaring, would loom
The myriad joys day shed its light upon.

A being has died... No eyes were ever raised
Upon you, Light, with deeper gravity,
Nor with more radiance upon you gazed.
This being has died... Yet you shine, peacefully.

For some, earth’s deathless face never again
Will shine as once it did... For them—no doubt,
No hope—its light stood dimmed the moment when
That glance that they so loved went flickering out.

THE SLOPE

I stroll the slope’s descent, *en route*
Down to the gloom, the shadow-land;
And heavy manna, ripened fruit,
And russet branches fill my hand.

But I can see the light about
To fail, give way... And all around,
As life’s flames gently peter out,
The fruit goes falling to the ground.

I might have found old age to be
A boon: sunsets in winter loom
So fair! But no woe harries me
More than a stroll from tomb to tomb...

DANS LA NUIT

Prends garde. Le soir tombe. Et le vent tout à coup
Roule à travers le ciel d'automne les nuages.
L'Océan hurle, s'enfle, et l'ombre autour de nous
Etouffe sous ses plis les contours du rivage.

Nous errons sans nous voir dans la nuit, dans le vent.
Un mur de brume aussi tout à coup nous sépare.
Mais l'Amour angoissé nous cherche, balayant
L'ombre avec le faisceau magique de ses phares.

DEVANT L'OCEAN

Je t'apporte, Océan, des yeux tristes qui sont
Dépeuplés de l'extase, un cœur que tout offense,
La grâce des vergers fleuris, l'insouciance
De la nature, et, seul, tu bats à l'unisson
De ma douleur.
                                        La vague au loin s'élance, monte
Et couvrira bientôt la pointe des écueils.
Dans un grand chœur ici tant de cris se répondent
Que rien n'y vient heurter ma détresse et mon deuil.
—Et pourtant sur la lutte acharnée et féroce
Qui se livre sans cesse entre les éléments,
Sur ce chaos on sent régner une humble force :
Le vœu mystérieux d'un vaste apaisement.

IN DARK OF NIGHT

Beware. Night falls. And the wind, suddenly,
Blows through the autumn skies the rolling clouds.
Before us roars the rising, swelling sea,
And shadows blur the shore beneath their shrouds.

Through dark and wind we tread. A fog-wall keeps
Us from each other's sight: solid it seems.
But Love, chagrined, would find us, and he sweeps
The blackness with his magic beacon-beams.

BEFORE THE OCEAN

Ocean, I bring you gloom-eyed looks, undone,
Bereft of ecstasy... A heart of doom
That everything affronts: fair orchard's bloom,
Lethargic nature... You alone are one
With my despair.
Out there, the waves break, rise,
And soon will spread, blaring from reef to reef...
So great the chorus, echoing your cries,
That naught can swell, well up against my grief...
—And yet, above the struggle waged, increasing,
Raging midst air and tide without surcease—
This chaos!—one can sense, humble, unceasing,
The vast, mysterious will to lie at peace.

LA LOI

Même quand nous marchons doucement sur la mousse,
Le pas le plus léger écrase ce qui vit,
Entrave l'humble effort de la plante qui pousse,
Le labeur patient de l'herbe, des fourmis.

Nous sommes le hasard brutal, l'aveugle force
Qui passe, brise, et qui souvent n'y songe pas.
C'est nous la mort, c'est nous la puissance féroce
Par qui tant de bonheurs sont voués au trépas.

Mais la terrible loi nous régit et nous guette
Dans le vivant tombeau du monde et, sans pitié,
Elle nous jettera, peut-être un jour de fête,
Sans la roue invisible où nous serons broyés.

SOUS UN CIEL SEREIN

Septembre d'or, derniers prestiges de l'Eté
Où sous un ciel suave et sous de blonds feuillages
L'idyllique rivière accueille la clarté,
De quelles grâces vous parez un paysage !

On ne sait quoi d'heureux, de paisible, d'exquis
Flotte dans l'air encor léger comme une haleine.
La fièvre tombe enfin de l'effort accompli
Et, pour une heure au moins, la nature est sereine.

Mais sur le bord de l'eau lumineuse un pêcheur
Capture, éclair d'argent, un poisson qui halète
Et, dans le champ voisin, bondissant et vainqueur,
Entre ses dents un chien rapporte une alouette.

THE LAW

When we over the moss go tiptoeing,
However light our tread, our every pass
Condemns the strivings of each living thing:
The patient labor of the ants, the grass...

We play dire fate—that brutal power and blind,
Who, unbeknownst, must shatter and destroy.
Yes, we are death, that fearsome force, designed
Blithely to put an end to every joy.

But the same frightful law imperious,
In this world's living tomb—all pity hushed—
Will, on some festive day, perhaps, fling us
Under the wheel unseen, there to lie, crushed.

UNDER A PEACEFUL SKY

Golden September, Summer's final prize...
Idyllic brooklet, welcoming the sheen
Of flaxen foliage under flawless skies...
How gracefully you paint the landscape-scene!

A feeling—happy, peaceful, exquisite—
Floats on the air, work done... No care, no qualm,
No feverish labors call to vie with it,
And for an hour at least, nature lies calm.

But... By the shore, up from the glittering deeps,
A gasping fish hangs caught. A silver spark,
Flashing... And in the field—triumphant—leaps,
Bounds a dog, fetching in clutched jaws, a lark.

SOIR D'HIVER

La flamme doucement joue au fond du foyer
Et, ronronnant et rond, le chat dans sa corbeille
S'endort. Chante à mi-voix un chant tendre et léger
Et berce dans tes bras l'enfant qui s'ensommeille.
La lampe jaune rit sous sa corolle d'or ;
La braise luit ainsi qu'un regard qui s'allume.

—C'est l'heure où dans la nuit la bise acide mord
Les vagabonds couchés au grabat de la brume.

DANS LA CATHEDRALE

Un clair soleil d'Avril inonde le parvis
Où se dresse la cathédrale immense et sombre.
J'entre, les yeux encor clignotants, éblouis,
Et je sens sur mon front peser les siècles d'ombre.

Tant de morts, tant de morts avec vous enlacés,
Sublime élancement des piliers vers les voûtes,
Tant de morts avec vous devant moi sont dressés !
Ce sont toutes leurs voix éteintes que j'écoute.

Sublime élancement des hommes vers le ciel !
Ah ! de leurs doigts noués, de leurs doigts morts demeure
Du moins ce monument d'espoir surnaturel,
Le vœu d'éternité de ces passants d'une heure...

WINTER EVENING

The flame plays gently on the hearth. With meow
And purr, the cat—round mass—sleeps, basketed...
Croon low your tender lullaby, as now
You coddle in your arms the sleepyhead...
The lamp laughs in its gold corolla-light;
Coals flare, like sudden glance... And flare again...

—Hour when the homeless feel the acrid bite
Of night-winds' blast on fog-bound beds of pain...

IN THE CATHEDRAL

An April sun bathes warm the portico
Of the cathedral, rising somber, vast.
I enter, dazed eyes blinking, head bowed low
By weighty shadows of long ages past.

So many dead, so many dead in your
Heavenward thrust, vaulting before my eye...
So many dead, in your mute sepulture—
Voices hushed in your pillars, rising high...

Heavenward thrust of men! Dead hands, now ever
Clasped tight in prayer... At least this monument
Remains—their pious hope to live forever.
Mere passers-by, long stilled, but eloquent...

L'ETINCELLE

Quand l'âme en nous se tait, il n'est plus que silence.
Qu'est la rumeur du sang hors de la conscience ?
A sa lumière seule un accord s'établit,
Puissant et grave, entre la nature et l'esprit.

A nos sens ignorants c'est l'âme qui révèle
Un ordre harmonieux et, comme une étincelle
Allume au fond des soirs le phare lumineux,
Elle éclaire l'espace et nous relie à Dieu.

PASSANTS

Geste ébauché, sourire, inflexion de voix,
Regard qui se dérobe et se donne à la fois,

Un être passe, un autre... Et l'on voit sur la route
Des hommes se parler. Mais nul d'entre eux n'écoute.

On s'arrête un instant, on se serre la main
Et vite l'on s'en va vers de nouveaux chemins.

Déjà s'estompe en nous la fugitive image.
On n'a pas su fixer les traits de ces visages.

Et c'est parfois lorsque leurs yeux se sont fermés
Qu'on sent de quel amour on eût pu les aimer.

THE SPARK

When spent our soul, about us all lies still.
How sounds the blood when mute the sense's will?
Spirit and flesh, together—solemnly—
Tethered, firm in a splendid harmony...

The soul displays before our feeble sense
An orderly and well-tuned immanence,
Lighting night's distant beacon, like the spark
That, joining us to God, brightens the dark.

PASSERS-BY

Wave of the hand, a tone of voice, a smile
That parts the lips but holds back all the while...

A passer-by... Another... And we see
Men chatting down the road, casually.

Passer-by stops, shakes hands, then off will go,
Quickly, with many another row to hoe.

Next moment, how the image dims! No traces—
None at all—of those unknown, passing faces...

But lo! At times, when sounds their requiem,
We sense the love we might have felt for them.

LAMPES

Le crépuscule éveille au secret des maisons
L'esprit du feu qu'on voit clignoter aux fenêtres.
La ville ouvre un millier d'yeux lumineux, rayons
Dans le cercle desquels nul passant ne pénètre.

Qu'éclairent-ils ? Qui sait ? Joie, extase ou tourment ?
Car la même lueur jaillit dans les ténèbres
De la lampe qui brûle au chevet des amants,
De flambeau du penseur et du cierge funèbre.

DES OMBRES

Quel sommeil ne serait troublé si dans la nuit
Montait le cri de ceux que nul amour ne berce,
Enfants abandonnés, filles, gueux ou proscrits ?
Mais le vent porte au loin leur plainte et la disperse.

Quel gîte chaud accueillerait ces dévoyés ?
Ombres dans l'ombre, ils vont vers la berge prochaine,
Et la ville s'endort sans entendre, à ses pieds,
S'accoupler en grondant la Misère et la Haine.

LAMPS

Dusk. In the inmost bosoms of the houses,
Fire's spirit wakes. Through panes of blinking glass.
The city, with its myriad eyes, arouses
Beams that weave space no wary soul dares pass.

What do they light? Who knows? Woes? Pleasures sought?
For the same flame it is that lights the bed
Of lovers, of the thinker lost in thought,
Or heats the candle flickering for the dead.

SHADES

What sleep would be untroubled if, each night,
The groans of those whom love forgot should rise—
Abandoned waif, slut, beggar, parasite?—
But the wind carries off, sweeps clean their cries.

What refuge wants this human residue?
Shades in the shadows, on and on they flee.
The city sleeps, unmindful of these two—
At its feet, moaning—Hate and Poverty.

L'ENIGME

Nous marchons sans savoir vers quel but. Nous errons,
Chargés de rêves, de désirs, de passions,
Ivres d'aller de découverte en découverte,
De féconder le sable et les terres désertes.
Nul domaine à jamais ne nous semble interdit.
Vers les astres déjà s'élance notre esprit.

—Mais, penché vers l'étrange énigme que nous sommes,
Quel flambeau scrutera jamais l'âme de l'homme ?

NOBLES PRESENTS

Bien que tu ne sois plus qu'une forme illusoire
Ce mot que tu disais résonne encore en moi.
Peut-être ignorais-tu son pouvoir. Mais ta voix
Qui s'est tue à jamais habite ma mémoire.

Nobles présents dont se nourrit longtemps l'esprit,
Un geste, un mot qui nous inspirent, nous dirigent,
Corolles que le vent arrache de leur tige,
Mais dont l'âme demeure au jardin défleuri...

THE RIDDLE

We stray with never a notion where we wander,
Bearing dreams, passions, yearnings... Hither, yonder
We go, drunk with discovery, land to land,
Eager to bring to bloom the barren sand.
No domain seems to us forever barred...
Our spirit leaps, already heaven-starred.

But, bent over the riddle that is Man,
What torch will scan his soul... Or ever can?

MAJESTIC GIFTS

Though you are but a spectral form for me,
That word you often spoke rings in my ear.
You little know its power. But I shall hear
Your voice—now hushed—live in my memory.

Majestic gifts, ever our spirit's fare:
Inspiring gesture, word... These shepherd us—
Corollas, stem-pared by the wind, who thus
Leave their souls in the garden, barren, bare...

CLARINE

Au cou de quelque chèvre ou de quelque mouton
Ce n'est rien qu'un grelot tintant dans la prairie,
Musical, un grelot qui vibre au creux des monts...
L'air sent l'herbe foulée et la menthe fleurie.

La cascade bondit, rugit en s'écroulant
Ecumante dans l'ombre. Et ce chant de clarine
Tinte au loin, tinte encore, et, si faible, domine
Le bouillonnant fracas de l'orgueilleux torrent.

SOUS UN CIEL DE PROVENCE

Debout dans le jardin où tant de lueurs dansent,
Toi qui te tais, songeur, et que rien n'éblouit
Quand s'effeuille déjà l'amandier de Provence,
Ne serais-tu, drapé dans ta cape d'ennui,
Tel qu'un cyprès frustré de ses roses grimpantes,
Hostile, et qui s'isole, alors qu'autour de lui
Tout s'aventure, essaime, alors que chaque plante
Bondit hors d'elle-même et, jetant un défi
Au vent, au gel, à l'ombre, apparaît rayonnante ?
Etranger taciturne, encor vêtu de nuit,
Ne feras-tu jaillir la guirlande de roses
Qui, nouée au cyprès, suave, resplendit
Sur sa sombre dentelle et la métamorphose ?

SHEEP BELL

Tinkling its music there, a modest bell—
Round sheep's or goat's neck—in the meadowland
Or hills' divide... A simple sheep bell... And
Flowering mint, and grass-scents spread pell-mell...

The cascade tumbles, crumbles mountainside
In shadowed froth. Yet, with its fragile sound—
Tinkling afar, still tinkling—it has drowned
The thunder-rumbling torrent's haughty pride.

UNDER A PROVENCE SKY

A Provence garden. As the almond-tree,
Musing, un-dazzled—stoic through and through—
Amid dancing reflections, silently,
Already sheds her leaves... Will you not, too—
Standing aloof, gloom-cloaked in your ennui
Like cypress twined with clinging rose-vines, who,
Angry, would slough them off and flourish free,
While every plant, with nature's derring-do
Spurts from the prison of its being, to be
A shining gauntlet to night's wind, frost... You,
Mute stranger, clothed in dark obscurity,
Will you not wreathe the cypress, gently knit
With roses?... Bathe, in its soft brilliancy,
Its somber-shadowed lace, transforming it?

FRAICHEUR D'AVRIL

Que tout est beau ! L'azur comme une coupe épanche
Un air vif qui scintille et fait frémir les branches
Des cytises en fleur et des jeunes lilas.
Et toute la douceur d'Avril palpite là.
Les cygnes et les paons aux rayonnantes queues
Boivent à petits coups la fraîcheur de l'eau bleue.
L'espace chante et tout s'élance, vibre, luit.
Tout m'émeut, le brin d'herbe et la frêle fourmi
Qui le courbe... Oh ! j'ai peur de meurtrir un brin d'herbe,
De détruire la moindre vie, humble ou superbe ;
J'ai peur de respirer trop fort cet œillet blanc.
Je voudrais tout étreindre entre mes bras tremblants
Et je crains de briser tout ce que mes doigts touchent
Et je retiens mon souffle même sur ma bouche.

L'INVISIBLE GREVE

Grande onde soulevée au large par le vent,
On vous voit accourir, vague de l'Océan.
On vous entend rugir quand vous heurtez les roches
Et quand tout votre effort se disperse et ricoche.
Une autre encore, une autre se gonfle et bondit.
—Et toi qu'attirent le mystère et l'infini,
Homme, ne tente point de comprendre leurs rites.
Contemple-les silencieusement. Palpite
Comme le vent, le flot et les oiseaux marins.
Une âme habite en toi. Pensif, tu t'en souviens
Quand un souffle venu du large te soulève
Vers le sable et les rocs d'une invisible grève.

APRIL FRESHNESS

How fair everything seems! The azure sky,
Cup-like, spills sparkling air... Boughs—by the by,
Young lilac buds, wisteria's new blooms—
Shiver and sway. All April's freshness looms
Before me. Swans, bright fan-tailed peacocks dip
Sly beaks into the water's blue, to sip
Its freshness! Space sings, quivers, gleams... All things
Move me... A blade of grass, the ant who brings
It down under her fragile weight, as it
Bends low... Oh! Let my trembling arms commit
No harm to any life, humble or proud.
I fear the white carnation finds too loud
My breath! I would hug everything!... But I
Must not, lest all I touch, alas! might die!

THE UNSEEN SHORE

Great wave, wind-borne out yonder, who begin
Your shore-bound course... Vast surge, come crashing in
From sea beyond... We hear your roar as you
Lash at the rocks, and as all you can do
Is smash and scatter through the air... Another's
Surging roll pounds... Again... Each, like the others,
Clatters, resounds... And you, Man, lured on by
The endless wonder of it all! Why try
To understand their rites? Gaze silently
Upon their deep and boundless mystery.
Shudder, like sea-birds, winds, and tides. Yes, set
Your passion free... But you cannot forget
The soul within you, when one last gust's roar
Spirits you cliff-ward toward an unseen shore.

ETRE HUMAIN

Etre humain, être humain prompt à t'enorgueillir,
Etre humain qui te veux immortel et t'efforces
De percer l'étouffante et l'immuable écorce
Dont ton esprit mystérieux cherche à jaillir,

Oh! tu ne voudrais pas t'effacer dans l'espace
Comme un nuage éparpillé parmi l'azur
Ni vivre, aimer, créer, chanter sans être sûr
De laisser ici-bas après toi quelque trace.

Mais la ronde, regarde, à jamais continue
Sans qu'un seul être soit indispensable au monde.
Qu'est-ce, un pin fracassé dans la forêt profonde ?
Qu'est-ce, sur l'Océan, une barque perdue ?

HUMAN BEING

Human being... Human being, strong in your pride...
Human being, who would be immortal... Who
Would pierce the changeless shell that stifles you,
And keeps your shroud-dark spirit pent inside...

No! You would not go vanishing in space's
Azure, like cloud spun thin, spread out of sight...
Nor live, love, sing, create—unless you might
Be sure to leave behind at least faint traces.

But look. The round goes circling endlessly...
What matters that one being is lost for good,
That one pine shatters in the deepmost wood?
Or that one barque sinks, swallowed by the sea?

FEUILLE MORTE

Tu n'es qu'une feuille morte
Et je t'ai livrée au vent ;
Mais ton vol crisse et m'escorte
Sur la route, obstinément.

J'ai dit : « Que rien ne survive
De ce qui blesse et meurtrit ;
Je descendrai vers la rive
Où l'eau de l'oubli guérit.

En me levant, à l'aurore,
J'ai déchiré mes liens.
Que me reste-t-il encore
A sacrifier ? Plus rien.

J'ai jeté dans la poussière
La défroque du passé
Et sur la route, légère,
Je vais pouvoir m'élancer. »

Mais ton vol crisse et m'escorte
Comme un reproche obsédant
Et tu me suis, feuille morte,
Tu me suis obstinément.

DEAD LEAF

Leaf... Now dead... Mere lifeless thing,
Flung upon the wind, blown free...
But you float, on crinkled wing,
Haunt my footsteps, doggedly...

I said: "Let no grief, no woe
Linger. I shall seek, anon,
Banks where healing waters flow—
Waters of oblivion...

Rising up at dawn, I tore
Loose my bonds. What now the price?
What else can I give? No more
Have I yet to sacrifice.

On the dusty scrap-heap, I
Threw my past... Now, lighter grown,
Cast upon the road, I ply
Onward, surge on high, alone..."

But you float, on crinkled wing,
Wagging finger, scolding me...
Dead leaf, you come following,
Following me, doggedly...

PASSANT HALLUCINE

Désir de la vallée et regret du sommet ;
Qui font de l'homme un être à jamais inquiet ;

Au bout du continent tentation des îles
Vers lesquelles l'esprit nostalgique s'exile ;

Espoir tenace, espoir déçu de jours meilleurs,
Ivresse de marcher sans cesse vers ailleurs,

De voir dans le désert luire l'eau du mirage
Qui ne saurait t'offrir qu'illusoire breuvage,

Passant halluciné par le mystère et qui
Rêves toujours d'y découvrir un Paradis !

PASSER-BY, RAVING

Summit and valley... Craving both, yet spurning
Each one in turn: man, creature ever yearning...

At continent's far end, isles temptingly
Beckon his spirit thirsting to roam free...

Stubborn desire—deceived—for days more fair,
Drunk on the hope to reach them... Anywhere...

Desert mirage... Water before your eyes,
Shining... And nothing but a brew of lies...

Passer-by, raving, mystery-mad, and who
Dream that a Paradise waits there for you!

DIALOGUE

A Delphine Marti.

Vous me parlez tout bas dans la nuit, ombres chères.
Avec vous je m'en vais errer dans la bruyère
Ou, sous les hauts cyprès, plonger encor les mains
Dans la fontaine, entre les brins de romarin.
Je vais sur les caps nus, sur les grèves sauvages
Où mon esprit sait retrouver votre sillage,
Ame du compagnon qui jadis avec moi
Devant cet horizon connut de tels émois,
Ame du bien-aimé que l'on croyait muette
Mais que j'entends frémir dans le silence, en quête
Sous le bandeau scellé par l'ange de la nuit
De tout ce qui nous exalta, nous éblouit.
Je frôle en vous parlant les portes du mystère.
Suis-je vivante ? Suis-je morte ? En quelle sphère.
Dans quel abîme ou sous quel ciel, au sein des nuits,
S'échange ce poignant dialogue d'esprits ?

DIALOGUE

*For Delphine Marti **

Dear shades, you whisper low as we, together,
Wander off in the night amid the heather,
Or as, once more, betwixt the rosemary's
Slim twigs—beneath the lofty cypress-trees—
I plunge my hands into the stream... I take
High road and low, and find again your wake
On naked peaks, on wild-grown shores and shoals...
You, who were—long before—my very soul's
Companion, as horizon-passions dwelt
Within you, my beloved... Passions we felt
Lay ever stilled... And yet, somehow, I sense
The quivering accents of your eloquence,
Though the night-angel presses tight his band
Against your muffled lips, a-tremble, and
Hushes you, lifeless-limbed, yet covetous
Of all the things that thrilled and dazzled us.
And I? Alive or dead? What sphere is this?
Under what black night-sky? In what abyss,
Grazing the gates of mystery, do we
Share in this searing spirit-colloquy?

* Delphine Marti, born in Ajaccio in 1884, was a much-respected lyric poet who wrote in both French and the Corsican dialect of Italian. She died in Paris in 1972 with many published collections and honors to her credit. I have no evidence of any connection—other than one of admiration—between her and Périn, though, given the latter's broad circle of literary acquaintances, the possibility cannot be discounted.

« CEUX QUI SONT NES . . . »

Ceux qui sont nés voici trois ou quatre mille ans
Sentaient-ils sur leur front s'accumuler les âges
Et portaient-ils à leur poignet l'anneau pesant
D'une chaîne forgée en de lointains servages ?

Songeaient-ils : Nous avons épuisé les secrets
De l'univers. Nous sommes vieux ; et nos ancêtres
Seuls ont connu la grâce chaste et les attraits
D'un monde jeune où tout semblait heureux de naître.

Songeaient-ils : Nous traînons un écrasant passé.
Tout fut dit ; il n'est plus que des paroles vaines.
Et laissaient-ils parfois mourir leur chant lassé
De moduler toujours la grande plainte humaine ?

APRES L'ORAGE

Nul bruit, sinon le chuchotis de la fontaine,
Un cri d'oiseau, le pas de passantes en deuil...
Par l'orage emperlés scintillent la verveine
          Et les longs sceptres des glaïeuls.

Mémoire, ouvre tes mains d'où notre offrande glisse,
Jonche de lys la tombe où par toi rien ne meurt,
Et que le souvenir du bonheur resplendisse
          Ainsi qu'un cimetière en fleur.

“THOSE WHO, THREE OR FOUR THOUSAND YEARS AGO . . . ”

Those who, three or four thousand years ago,
Were born... Did they feel on their brows the rude
Weight of the ages? Did their wrists hang low
Under the chains of long-forged servitude?

Did they muse: “All the universe’s lore
Lies plumbed. We are too old; the world, too worn.
Gone, the chaste grace our simple forebears bore
In a young world still happy to be born...”?

Did they muse: “In our wake, a crushing past...”?
Words were vain. Did they let their “ahs” and “ohs”
Of long-intoned lament, dim, die at last,
Surfeited with the chant of mankind’s woes?

AFTER THE STORM

No sound but fountain’s whistled whispering,
Bird’s cry, mourning-clad women trudging by...
Pearled by the storm, verbena glistening,
    And scepter-long gladioli...

Memory, open wide your hands, and strew
Death-conquering lilies’ tribute on the tomb.
Let happiness—remembered, thanks to you—
    Shine like a graveyard, buds in bloom...

NORMAN R. SHAPIRO has been honored as one of the leading contemporary translators of French. He holds the B.A., M.A., and Ph.D. from Harvard University and, as Fulbright scholar, the *Diplôme de Langue et Lettres Françaises* from the Université d'Aix-Marseille. He is Professor of Romance Languages and Literatures and Distinguished Professor of Literary Translation at Wesleyan University and is currently Writing and Theater Adviser at Adams House, Harvard University.

Shapiro's many published volumes span the centuries, medieval to modern, and the genres: poetry, novel, and theater. Among them are *Four Farces by Georges Feydeau* (nominated for the National Book Award); *The Comedy of Eros: Medieval French Guides to the Art of Love; One Hundred and One Poems of Paul Verlaine* (recipient of the Modern Language Association's Scaglione Award); *Négritude: Black Poetry from Africa and the Caribbean;* and *Creole Echoes: The Francophone Poetry of Nineteenth-Century Louisiana.*

A specialist in French fable literature, Shapiro has also published several translated collections of Jean de La Fontaine. He was awarded the MLA's prestigious Lewis Galantiere Prize for *The Complete Fables of Jean de La Fontaine*. His monumental collection *French Women Poets of Nine Centuries: The Distaff and the Pen* won the 2009 National Translation Award from the American Literary Translators Association.

Recent titles include *Fables in a Modern Key* by Pierre Coran; *New Orleans Poems in Creole and French* by Jules Choppin; *A Life of Poems, Poems of a Life* by Anna de Noailles; *To Speak, to Tell You? Poems by Sabine Sicaud; Préversities: A Jacques Prévert Sampler* and *Fe-lines, French Cat Poems through the Ages.*

TITLES FROM BLACK WIDOW PRESS

TRANSLATION SERIES

A Life of Poems, Poems of a Life by Anna de Noailles. Translated by Norman R. Shapiro. Introduction by Catherine Perry.

Approximate Man and Other Writings by Tristan Tzara. Translated and edited by Mary Ann Caws.

Art Poétique by Guillevic. Translated by Maureen Smith.

The Big Game by Benjamin Péret. Translated with an introduction by Marilyn Kallet.

Boris Vian Invents Boris Vian: A Boris Vian Reader. Edited and translated by Julia Older.

Capital of Pain by Paul Eluard. Translated by Mary Ann Caws, Patricia Terry, and Nancy Kline.

Chanson Dada: Selected Poems by Tristan Tzara. Translated with an introduction and essay by Lee Harwood.

Essential Poems and Writings of Joyce Mansour: A Bilingual Anthology. Translated with an introduction by Serge Gavronsky.

Essential Poems and Prose of Jules Laforgue. Translated and edited by Patricia Terry.

Essential Poems and Writings of Robert Desnos: A Bilingual Anthology. Edited with an introduction and essay by Mary Ann Caws.

EyeSeas (Les Ziaux) by Raymond Queneau. Translated with an introduction by Daniela Hurezanu and Stephen Kessler.

Fables in a Modern Key by Pierre Coran. Edited and translated by Norman R. Shapiro. Full-color illustrations by Olga Pastuchiv.

Forbidden Pleasures: New Selected Poems 1924–1949 by Luis Cernuda. Translated by Stephen Kessler.

Furor and Mystery & Other Writings by René Char. Edited and translated by Mary Ann Caws and Nancy Kline.

The Gentle Genius of Cécile Périn: Selected Poems (1906–1956). Edited and translated by Norman R. Shapiro.

Guarding the Air: Selected Poems of Gunnar Harding. Translated and edited by Roger Greenwald.

The Inventor of Love & Other Writings by Gherasim Luca. Translated by Julian & Laura Semilian. Introduction by Andrei Codrescu. Essay by Petre Răileanu.

Jules Supervielle: Selected Prose and Poetry. Translated by Nancy Kline and Patricia Terry.

La Fontaine's Bawdy by Jean de La Fontaine. Translated with an introduction by Norman R. Shapiro. Illustrated by David Schorr.

Last Love Poems of Paul Eluard. Translated with an introduction by Marilyn Kallet.

Love, Poetry (L'amour la poésie) by Paul Eluard. Translated with an essay by Stuart Kendall.

Pierre Reverdy: Poems, Early to Late. Translated by Mary Ann Caws and Patricia Terry.

Poems of André Breton: A Bilingual Anthology. Translated with essays by Jean-Pierre Cauvin and Mary Ann Caws.

Poems of A. O. Barnabooth by Valery Larbaud. Translated by Ron Padgett and Bill Zavatsky.

Poems of Consummation by Vicente Aleixandre. Translated by Stephen Kessler.

Préversities: A Jacques Prévert Sampler. Translated and edited by Norman R. Shapiro.

The Sea and Other Poems by Guillevic. Translated by Patricia Terry. Introduction by Monique Chefdor.

To Speak, to Tell You? Poems by Sabine Sicaud. Translated by Norman R. Shapiro. Introduction and notes by Odile Ayral-Clause.

Forthcoming Translations

Earthlight (Clair de Terre) by André Breton. Translated by Bill Zavatsky and Zack Rogrow. (New and revised edition.)

Fables of Town and Country by Pierre Coran. Translated by Norman R. Shapiro. Full-color illustrations by Olga Pastuchiv.

MODERN POETRY SERIES

ABC of Translation by Willis Barnstone

An Alchemist with One Eye on Fire by Clayton Eshleman

An American Unconscious by Mebane Robertson

Anticline by Clayton Eshleman

Archaic Design by Clayton Eshleman

Backscatter: New and Selected Poems by John Olson

Barzakh (Poems 2000–2012) by Pierre Joris

The Caveat Onus by Dave Brinks

City Without People: The Katrina Poems by Niyi Osundare

Clayton Eshleman/The Essential Poetry: 1960–2015

Concealments and Caprichos by Jerome Rothenberg

Crusader-Woman by Ruxandra Cesereanu. Translated by Adam J. Sorkin. Introduction by Andrei Codrescu.

Curdled Skulls: Poems of Bernard Bador. Translated by Bernard Bador with Clayton Eshleman.

Disenchanted City (La ville désenchantée) by Chantal Bizzini. Translated by J. Bradford Anderson, Darren Jackson, and Marilyn Kallet.

Endure: Poems by Bei Dao. Translated by Clayton Eshleman and Lucas Klein.

Exile Is My Trade: A Habib Tengour Reader. Translated by Pierre Joris.

Eye of Witness: A Jerome Rothenberg Reader. Edited with commentaries by Heriberto Yepez & Jerome Rothenberg.

Fire Exit by Robert Kelly

Forgiven Submarine by Ruxandra Cesereanu and Andrei Codrescu

from stone this running by Heller Levinson

Grindstone of Rapport: A Clayton Eshleman Reader

The Hexagon by Robert Kelly

Larynx Galaxy by John Olson

The Love That Moves Me by Marilyn Kallet

Memory Wing by Bill Lavender

Packing Light: New and Selected Poems by Marilyn Kallet

The Present Tense of the World: Poems 2000–2009 by Amina Saïd. Translated with an introduction by Marilyn Hacker.

The Price of Experience by Clayton Eshleman

The Secret Brain: Selected Poems 1995–2012 by Dave Brinks

Signal from Draco: New and Selected Poems by Mebane Robertson

Soraya (Sonnets) by Anis Shivani

Wrack Lariat by Heller Levinson

Forthcoming Modern Poetry Titles

Dada Budapest by John Olson
Fractal Song by Jerry Ward
Funny Way of Staying Alive by Willis Barnstone
Memory by Bernadette Mayer
Geometry of Sound by Dave Brinks
Penetralia by Clayton Eshleman

LITERARY THEORY / BIOGRAPHY SERIES

Barbaric Vast & Wild: A Gathering of Outside and Subterranean Poetry (*Poems for the Millennium,* vol. 5). Eds: Jerome Rothenberg and John Bloomberg-Rissman

Clayton Eshleman: The Whole Art by Stuart Kendall

Revolution of the Mind: The Life of André Breton by Mark Polizzotti